U0153558

思想的・睿智的・獨見的

經典名著文庫

學術評議

丘為君　吳惠林　宋鎮照　林玉体　邱燮友
洪漢鼎　孫效智　秦夢群　高明士　高宣揚
張光宇　張炳陽　陳秀蓉　陳思賢　陳清秀
陳鼓應　曾永義　黃光國　黃光雄　黃昆輝
黃政傑　楊維哲　葉海煙　葉國良　廖達琪
劉滄龍　黎建球　盧美貴　薛化元　謝宗林
簡成熙　顏厥安（以姓氏筆畫排序）

策劃　楊榮川

五南圖書出版公司 印行

經典名著文庫

學術評議者簡介（依姓氏筆畫排序）

- 丘為君　美國俄亥俄州立大學歷史研究所博士
- 吳惠林　美國芝加哥大學經濟系訪問研究、臺灣大學經濟系博士
- 宋鎮照　美國佛羅里達大學社會學博士
- 林玉体　美國愛荷華大學哲學博士
- 邱燮友　國立臺灣師範大學國文研究所文學碩士
- 洪漢鼎　德國杜塞爾多夫大學榮譽博士
- 孫效智　德國慕尼黑哲學院哲學博士
- 秦夢群　美國麥迪遜威斯康辛大學博士
- 高明士　日本東京大學歷史學博士
- 高宣揚　巴黎第一大學哲學系博士
- 張光宇　美國加州大學柏克萊校區語言學博士
- 張炳陽　國立臺灣大學哲學研究所博士
- 陳秀蓉　國立臺灣大學理學院心理學研究所臨床心理學組博士
- 陳思賢　美國約翰霍普金斯大學政治學博士
- 陳清秀　美國喬治城大學訪問研究、臺灣大學法學博士
- 陳鼓應　國立臺灣大學哲學研究所
- 曾永義　國家文學博士、中央研究院院士
- 黃光國　美國夏威夷大學社會心理學博士
- 黃光雄　國家教育學博士
- 黃昆輝　美國北科羅拉多州立大學博士
- 黃政傑　美國麥迪遜威斯康辛大學博士
- 楊維哲　美國普林斯頓大學數學博士
- 葉海煙　私立輔仁大學哲學研究所博士
- 葉國良　國立臺灣大學中文所博士
- 廖達琪　美國密西根大學政治學博士
- 劉滄龍　德國柏林洪堡大學哲學博士
- 黎建球　私立輔仁大學哲學研究所博士
- 盧美貴　國立臺灣師範大學教育學博士
- 薛化元　國立臺灣大學歷史學系博士
- 謝宗林　美國聖路易華盛頓大學經濟研究所博士候選人
- 簡成熙　國立高雄師範大學教育研究所博士
- 顏厥安　德國慕尼黑大學法學博士

經典名著文庫131

思想錄(下)

Pensées

【論宗教和其他主題的思想】

帕斯卡爾 著
(Blaise Pascal)
何兆武 譯

經典永恆・名著常在

五十週年的獻禮・「經典名著文庫」出版緣起

總策劃 楊榮川

五南，五十年了。半個世紀，人生旅程的一大半，我們走過來了。不敢說有多大成就，至少沒有凋零。

五南忝為學術出版的一員，在大專教材、學術專著、知識讀本出版已逾壹萬參仟種之後，面對著當今圖書界媚俗的追逐、淺碟化的內容以及碎片化的資訊圖景當中，我們思索著：邁向百年的未來歷程裡，我們能為知識界、文化學術界做些什麼？在速食文化的生態下，有什麼值得讓人雋永品味的？

歷代經典・當今名著，經過時間的洗禮，千錘百鍊，流傳至今，光芒耀人；不僅使我們能領悟前人的智慧，同時也增深加廣我們思考的深度與視野。十九世紀唯意志論開創者叔本華，在其〈論閱讀和書籍〉文中指出：「對任何時代所謂的暢銷書要持謹慎的態度。」他覺得讀書應該精挑細選，把時間用來閱讀那些「古今中外的偉大人物的著作」，閱讀那些「站在人類之巔的著作及享受不朽聲譽的人們的作品」。閱讀就要「讀原著」，是他的體悟。他甚至認爲，閱讀經典原著，勝過於親炙教誨。他說：

「一個人的著作是這個人的思想菁華。所以，儘管一個人具有偉大的思想能力，但閱讀這個人的著作總會比與這個人的交往獲得更多的內容。就最重要的方面而言，閱讀這些著作的確可以取代，甚至遠遠超過與這個人的近身交往。」

爲什麼？原因正在於這些著作正是他思想的完整呈現，是他所有的思考、研究和學習的結果；而與這個人的交往卻是片斷的、支離的、隨機的。何況，想與之交談，如今時空，只能徒呼負負，空留神往而已。

三十歲就當芝加哥大學校長、四十六歲榮任名譽校長的赫欽斯（Robert M. Hutchins, 1899-1977），是力倡人文教育的大師。「教育要教眞理」，是其名言，強調「經典就是人文教育最佳的方式」。他認爲：

「西方學術思想傳遞下來的永恆學識，即那些不因時代變遷而有所減損其價值的古代經典及現代名著，乃是眞正的文化菁華所在。」

這些經典在一定程度上代表西方文明發展的軌跡，故而他爲大學擬訂了從柏拉圖的《理想國》，以至愛因斯坦的《相對論》，構成著名的「大學百本經典名著課程」。成爲大學通識教育課程的典範。

歷代經典．當今名著，超越了時空，價值永恆。五南跟業界一樣，過去已偶有引進，但都未系統化的完整舖陳。我們決心投入巨資，有計畫的系統梳選，成立「經典名著文庫」，希望收入古今中外思想性的、充滿睿智與獨見的經典、名著，包括：

- 歷經千百年的時間洗禮，依然耀明的著作。遠溯二千三百年前，亞里斯多德的《尼各馬科倫理學》、柏拉圖的《理想國》，還有奧古斯丁的《懺悔錄》。
- 聲震寰宇、澤流遐裔的著作。西方哲學不用說，東方哲學中，我國的孔孟、老莊哲學，古印度毗耶娑（Vyāsa）的《薄伽梵歌》、日本鈴木大拙的《禪與心理分析》，都不缺漏。
- 成就一家之言，獨領風騷之名著。諸如伽森狄（Pierre Gassendi）與笛卡兒論戰的《對笛卡兒沉思錄的詰難》、達爾文（Darwin）的《物種起源》、米塞斯（Mises）的《人的行爲》，以至當今印度獲得諾貝爾經濟學獎阿馬蒂亞．

森（Amartya Sen）的《貧困與饑荒》，及法國當代的哲學家及漢學家余蓮（François Jullien）的《功效論》。

梳選的書目已超過七百種，初期計劃首爲三百種。先從思想性的經典開始，漸次及於專業性的論著。「江山代有才人出，各領風騷數百年」，這是一項理想性的、永續性的巨大出版工程。不在意讀者的眾寡，只考慮它的學術價值，力求完整展現先哲思想的軌跡。雖然不符合商業經營模式的考量，但只要能爲知識界開啓一片智慧之窗，營造一座百花綻放的世界文明公園，任君遨遊、取菁吸蜜、嘉惠學子，於願足矣！

最後，要感謝學界的支持與熱心參與。擔任「學術評議」的專家，義務的提供建言；各書「導讀」的撰寫者，不計代價地導引讀者進入堂奧；而著譯者日以繼夜，伏案疾書，更是辛苦，感謝你們。也期待熱心文化傳承的智者參與耕耘，共同經營這座「世界文明公園」。如能得到廣大讀者的共鳴與滋潤，那麼經典永恆，名著常在。就不是夢想了！

二〇一七年八月一日　於

五南圖書出版公司

導讀

國立清華大學通識教育中心副教授　吳俊業

人只不過是一根葦草，是自然界最脆弱的東西；但他是一根能思想的葦草。用不著整個宇宙都拿起武器來才能毀滅他；一口氣、一滴水就足以致他死命了。然而，縱使宇宙毀滅了他，人卻仍然要比致他於死命的東西更高貴得多；因爲他知道自己要死亡，以及宇宙對他所具有的優勢，而宇宙對此卻是一無所知。因而，我們全部的尊嚴就在於思想。

——帕斯卡爾《思想錄》

將人比喻爲能思想的蘆葦——這或許是除了「賭徒論證」（le pari de Pascal）以外，帕斯卡爾（Blaise Pascal, 1623-1662）的《思想錄》（*Pensées*）中最廣爲人知的想法了。蒹葭亦蘆葦，《詩經．蒹葭》由「蒹葭蒼蒼」起興，賦成思慕伊人的名篇，而同是葦草，帕斯卡爾念及的不是在水一方的伊人，而是人的脆弱的存在，以及足以讓這個脆弱的存在屹立面對宇宙的思想尊嚴。

這種兩重的存在處境（duplicité）既折射出帕斯卡爾在這部晚年代表作中的核心關注，也同時反映了他的基本觀點。人的存在境況一方面是悲慘可憐的，其命造與生死存亡都必須聽命於種種外在的、偶然的因素，但另一方面，他也具有內在的獨特性，有著足以讓人的生命變得偉大的品賦，這種品賦就是人的思想。在浩瀚宇宙之中，人生不過方寸微塵，宇宙可以「囊括了我並吞沒了我，有如一個質點」，但由於能夠思想，「我卻囊括了宇宙」。（348）[1]人既渺小又偉大，既有限又無限，這種兩重性的交錯使得人彷彿是一頭「不可理解的怪物」（un monster incompréhensible），讓人同時感到恐懼和欽佩：

人是怎樣的虛幻啊！是怎樣的奇特、怎樣的怪異、怎樣的混亂、怎樣的一個矛盾主體、怎樣的奇觀啊！既是一切事物的審判官，又是地上的蠢材；既是眞理的貯藏所，又是不確定與錯誤的淵藪；是宇宙的光榮而兼垃圾。（434）

熟稔西方思想傳統的讀者會指出，人類存在的二元性並不是個罕見的想法，它甚至可說是貫串西方哲學發展的主導觀念。但對於帕斯卡爾而言，承接與思考這個傳統觀念不但是理論立場上的選擇，還有著來自切身生命經驗的印證。

帕斯卡爾自幼喪母，其父艾提安・帕斯卡爾（Étienne Pascal）父兼母職，照顧他及其兩位姐妹吉爾帕特（Gilberte）與賈桂林（Jacqueline）的成長。半因先天體弱，半因後天缺乏照料，帕斯卡爾自少多病，孩童時就險因腹腔之疾而夭折。帕斯卡爾被診斷和推斷曾患疾病包括結核、癲癇、偏頭痛、腦瘤、腹腔病、血腫、憂鬱症等等，而據吉爾帕特的傳略記載，在直至三十九歲英年早逝前，帕斯卡爾從未曾完全擺脫病痛的折磨，「從十八歲起，他就沒有活過一天是不痛的。」[2]除了疾病以外，帕斯卡爾傳聞在一六五四年還差點因爲交通事故而喪命。依據報導，他乘坐的馬車經過塞納河上的訥伊橋（Pont de Neuilly）時，馬匹受驚，突從橋側跳入河中，幾乎連人帶車拖至墜河。幸虧馬車的主聯軸器剛巧斷裂，車廂奇蹟般懸掛在橋邊，才讓帕斯卡爾險死還生、逃過一劫。

這種種折磨身心的疾厄和瀕死經歷的創傷是否左右了帕斯卡爾的性格發展，甚至促成了他的思想轉折？伏爾泰（Voltaire）、佛洛伊德（Sigmund Freud）以及威廉・詹姆士（William James）等皆認爲答案是肯定的。在車禍事故後，宗教和哲學思考的確戲劇性地成爲了帕斯卡爾生命最後十年的焦點，即使我們對粗糙的病理學或心理學解釋有所保留，

---

1 本文依據當前中譯本的段落編號引用《思想錄》，編號直接放在括號外，附於引文之後。

2 參：Pascal, *Oeuvres complètes*, M. Le Guern (ed.) (Paris: Gallimard, 1998-2000), vol. I, p. 67。

但帕斯卡爾的人生經歷卻無疑讓他深刻體會到人類存在的脆弱和偶然性，滋養他的思想發展。《思想錄》中一則關於英倫名臣克倫威爾（Oliver Cromwell）的記述鮮明地反映了這種的體會：

> 克倫威爾要蹂躪整個的基督教世界：王室被推翻了，而他自己的王朝則是永遠強盛的；只是有一小塊尿沙在他的輸尿管裡形成了。就連羅馬也在他的腳下戰慄；然而這一小塊尿沙既經在那裡面形成，於是他就死了，他的王朝也垮臺了，一切又都平靜了，國王又復辟了。（176）

可是，如蘆葦般卑微脆弱只是帕斯卡爾生命的一面，它的另一面則見證了人類思想的崇高偉大。帕斯卡爾早慧，在短促的一生中，他在數學、物理學、氣象學、哲學、神學、文學、工程等領域皆開創出非凡的成就，即使在號稱「天才世紀」的十七世紀歐洲內，我們也難以找到一位同樣天資出眾、同樣廣博和成就耀眼的學問全才。帕斯卡爾自幼被父親悉心教育，年僅十一歲便獨立寫成一篇論物體振動發聲的論文，十六歲寫出重要射影幾何學（Geometry）研究，提出關於圓錐形截面的「帕斯卡爾定理」，精深之處竟讓笛卡兒（René Descartes）懷疑論文是否其父親冒充寫成。帕斯卡爾在一六五四年更因受熱衷於賭博問題的朋友影響，與費馬（Pierre de Fermat）書信往來，討論如何計算賭博勝負的可能性，因而創立了概率的數學理論。在自然科學上，他研究過水力學、氣壓和真空問題，發現了重要的「帕斯卡爾原理」，以實驗證明氣壓與真空的存在，顛覆了亞里斯多德（Aristotle）與笛卡兒之傳統形上學，他的名字成爲後世用以量度壓力的計量單位。此外，帕斯卡爾還發明了針筒注射器、首部機械計算器，並爲巴黎設計了首個公共交通系統。

實存的經驗使得帕斯卡爾本人同時體會到人的虛無渺小與尊貴巨大，而將他領向宗教和哲學思想的關鍵事件，則是發生在一六五四年十一月二十三日晚上，被其傳記作者稱其爲「火夜」的事件。事發在帕斯卡爾傳稱遭遇車禍後數個月，當時他安躺家中，突然經歷了神祕的、宗教式的狂喜和啓示，事後他用羊皮紙記錄了這宗神祕經驗，並把紀錄縫在外套的內襯裡，隨身攜帶，當作祕密信物與私人見證，用來證明他的新生命以及提醒他對耶穌基督的承諾。沒有人，甚至連他的姐妹都不知道這份文件的存在，要直到他死後，文件才被發現。

之後，帕斯卡爾將他的才能幾乎完全轉向了宗教寫作與思想論著。從一六五六年到一六六二年去世這段時間裡，他寫下了《致外省人信札》（*Les provinciales*）和《思想錄》。《致外省人信札》包括十八封書信，透過它們，帕斯卡爾介入了他認同的詹森教派（Jansenism）的異端爭議，他一方面諷刺敵對的耶穌會，另一方面則爲詹森教派的教義辯護。《致外省人信札》雖然無法扭轉詹森教派的命運，但在發表的當時卻大受歡迎，被廣爲閱讀，帕斯卡爾受到鼓舞，便進而著手撰寫《思想錄》，試圖更系統地表述他的想法，在詹森教派立場上為眞正的基督宗教辯護。

然而，《思想錄》之所以能夠引起了每一代哲學家和嚴肅讀者的欽佩和批評的興趣，毋寧是因爲它除了狹義的基督教護教學（Apologetics）外，還對於上述普遍的人類存在議題有深刻的思考。如何理解人的脆弱與偉大？面對人生的苦痛，什麼才是人的救贖之道？在基督宗教的思想脈絡下，帕斯卡爾嘗試回答這些意義深遠的人性問題，他詳細剖析了人類實存的兩重性、深刻揭示出一般人面對人生苦痛的實踐策略的侷限、並探討了宗教救贖之道的可能性。

我們先看看帕斯卡爾如何剖析人類實存的兩重性：帕斯卡爾常以「可悲」（la misère）去形容人的存在處境的現實面，人的生命中充斥著「變化無常、無聊、不安」（127），人們平常雖然以無意義的消遣作樂來掩飾這種眞相，然而只要他們一旦思考，認識到這個眞相，便會「處於一種不堪忍受的悲哀境地」（164）。對於這種纏繞著人類存在的不幸與虛無，帕斯卡爾一方面提出可以預期的神學解釋，將之訴諸原罪的後果；另一方面卻更具哲學旨趣地將之溯源於人類實存生命的時間性格。帕斯卡爾指出，人的虛無和可悲來自於他對於「現在」的遺忘：人生於世，不時透過記憶回顧過去，不時又苦心謀劃，投向未來，致使人的思想「完全被過去和未來所占據」，卻從沒有想到「現在」。他視未來爲唯一的

「目的」，而現在則只是「手段」（172）。「我們永遠也沒有在生活著，我們只是在希望著生活；並且既然我們永遠都在準備著能夠幸福，所以我們永遠都不幸福也就是不可避免的了。」（172）人不停地瞻前顧後、疲於奔命，無法止息，但過度關注過去和籌劃未來，便錯過了活在當下，犧牲了現在來換取那永遠僅是未來的幸福。

人類的原罪、疏於正視當下的天性，以及種種人性缺陷如愚蠢、無知、虛榮、卑鄙、驕傲等是如此根深蒂固，彷彿它們是源自「我們人類脆弱得要命的那種狀況的天然不幸（le malheur naturel de notre condition faible et mortelle）」。這種處境是「如此之可悲，以至於當我們仔細地想到它時，竟沒有任何東西可以安慰我們」（139）。

但人的存在除了這可悲的一面外，還有著其獨特的「偉大」（grandeur），構成人的偉大之處在於他的思想，特別和首先正是他對於自己存在的可悲之思想：

> 人的偉大之所以爲偉大，就在於他認識自己可悲。一顆樹並不認識自己可悲。因此，認識（自己）可悲乃是可悲的；然而認識我們之所以爲可悲，卻是偉大的。
> （397）

思想能力構成人之爲人，使之有別於一塊頑石、一頭畜牲（參339），透過思想，人可以認識到宇宙人生、萬事萬物的種種眞理，帕斯卡爾本人的學問成就正是見證著人性在這方面的偉大。但更重要是，思想能夠讓人履行「認識你自己」（*γνῶθι σεαυτόν*）的古訓，使人了解到自己存在的眞實，認識到它的虛無、可悲與不幸。

然而或許有人會質疑，認識了又如何？即使認識到自己可悲，不是依然是可悲嗎？認識到不幸的難免，不就只是更爲不幸嗎？難道人的偉大最終只是加深了人生的可悲與不幸？帕斯卡爾完全明白這種侷限，他指出，就是因爲如此，所以我們平常往往會採納「鴕鳥」的手段，去面對人生苦痛的現實；我們以「不去面對」來面對人生之可悲。爲了避免思想到自己實際的境況，我們利用種種「娛樂」（divertissement）讓自己分神，如賭博、田獵、酒色、消遣、戰爭、爭名逐利、追逐權位等等；我們透過當中的追逐、忙亂與營營役役，去掩飾自己的不幸。「人生的可悲就奠定了這一切；既然他們看到了這一點，他們就從事排遣」（167）。故此，常人沉迷於這些聲色追逐，其實不是由於它們將會帶來什麼快樂和享受，而是因爲追逐的過程就可以讓人分心和忙亂。帕斯卡爾說：

> 正是因此，賭博、交女朋友、戰爭、顯赫的地位才是那麼樣地爲人所追求。並不是那在實際上有什麼幸福可言，也不是人們想像著有了他們賭博贏來的錢或者在他們所追獵的兔子裡面會有什麼眞正的賜福：假如那是送上門來的話，他們是不願意要的。人們所追求的並不

是那種柔弱平靜的享受（那會使我們想到我們不幸的狀況），也不是戰爭的危險，也不是職位的苦惱，而是那種忙亂，它轉移了我們的思想並使我們開心。

人們之所以喜愛打獵更有甚於獵獲品的理由。（139）

人一旦思考，便會意識到自己的存在是可悲的，但避免思考，沉溺於娛樂，又只會加深我們的可悲，「唯一能安慰我們之可悲的東西就是消遣，可是它也是我們可悲之中的最大的可悲」（171）。於是，人無論思想與逃避思想，皆無法找到幸福，如此一來，哪裡才是人的救贖之道？對於這個問題，《思想錄》的答案可說明列於其寫作的宗旨，直接呈現在撰寫計畫當中。帕斯卡爾把《思想錄》分爲兩大部分，分別配以正反兩面的論旨：

第一部：人沒有上帝的可悲。

第二部：人有了上帝時的幸福。

或：

第一部：論天性是腐化的。根據天性本身。

第二部：論有一位救主存在。根據聖書。（60）

帕斯卡爾相信，只有重建人神關係，我們方能找到救贖和眞正的幸福，而重要的是，對於認識和回歸上帝、重建人神關係，理性思考既是必要，又是不足。在理性以外，我們還需要「心」（le coeur）。

雖然帕斯卡爾認爲，基督教信仰不僅不違背理性，而且是唯一與理性完全相容的宗教信仰，他羅列了種種歷史證據，甚至認可神蹟，認爲它們爲基督教提供了有力的見證，但他也承認，這些證據不會是決定性的。在宗教上，帕斯卡爾在底子裡是承接了奧古斯丁（Augustine）的傳統，強調愛、感受至於理性知識的優先性。

> 感受到上帝的乃是人心，而非理智。而這就是信仰：上帝是人心可感受的，而非理智可感受的。（278）

由心而非理智去體驗和感受的上帝才是信仰，基督教永遠不能僅靠理性或權威來證明。「我們認識眞理，不僅僅是由於理智而且還由於內心」（282）。帕斯卡爾以爲「心」、「智」分立，兩者如平面和三維空間那樣，各自擁有不同的「秩序」，數理與自然科學須遵從理智的秩序，但在宗教事情上，唯有「心」能夠直接地獲得「第一原理」。若理性不承認自己的有限性，「竟彷彿唯有理智才能教導我們似的」（282），那麼理性是不合理的。

但只有「心」而無「智」是否就能引領人走向救贖？如果「心」之用爲認識上帝，而「智」之用爲認識人生可悲，則《思想錄》一些段落似乎可以詮釋爲基督宗教是一種「心」、「智」並濟的宗教信仰：

> 認識上帝而不認識自己的可悲，便形成驕傲。認識自己的可悲而不認識上帝，便形成絕望。認識耶穌基督則形成中道，因爲我們在其中會發現既有上帝又有我們的可悲。（527）
>
> 基督宗教就把這兩個眞理一起教給了人類：既存在著一個上帝是人類能夠達到的，又存在著一種天性的腐化使他們配不上上帝。認識這兩點的每一點對於人類都是同等地重要；一個人認識上帝而不認識自己的可悲，與認識自己的可悲而不認識救主能夠加以救治，乃是同樣地危險。這兩種認識若只有其一，就會造成要麼是哲學家的高傲，他們認識上帝，卻不認識自身的可悲；要麼便是無神論者的絕望，他們認識自身的可悲但沒有救主。（556）

總的來說，《思想錄》的護教學並不是建立在客觀論證、系統邏輯和上帝存在的形而上學證明上。除了少數例子，帕斯卡爾避開了大多數傳統的上帝證明，甚至奧古斯丁的證明。相反，他更多地論及基督教信仰的歷史，詮釋它在新舊約中的教義。此外，從今天我們見到的《思想錄》筆記來說，帕斯卡爾眞正詳盡闡述主要是撰寫計畫第一部分的消極論旨，即無神的人生之可悲，以及天性的敗壞。帕斯卡爾的重點在於直接訴諸對人類存在狀態的剖析與細緻描述，強調人的有限與不足，並在一定程度上，讓讀者回想其實際人生體驗，以印證這些描述是否可信和有說服力。

但《思想錄》並不是完全沒有談論到信仰的理性證明，然而帕斯卡爾提出的獨特論證卻不是訴諸《聖經》的內容，又不是依據抽象的形上學理論，而是那讓他享有盛名的「賭徒論證」。帕斯卡爾認爲，即使我不能理性地、確切無疑地證明上帝的存在，但我還是得決定相信還是不相信上帝，面對信仰的賽局，我必須「下注」。此時，下注賭上帝存在便比賭祂不存在來得合理，因爲我若賭上帝存在並信奉祂，一旦我贏了，我的靈魂便會得到救贖，獲得永恆的福報，即使我輸了，我也沒有什麼重要損失；反之，我若賭上帝不存在並過無神論的生活，縱使我贏了，我賺取的東西可說無足輕重，但萬一我輸了，我可是會蒙受可怕的懲罰。由此，對於一個理性的人生博奕者來說，相信上帝存在才是合理的。

「賭徒論證」揉合「神學、機率和賽局理論思考，巧妙地避開直接的上帝存在論證，同時又提出了一個有力的辯解，讓信仰上帝的選擇不顯得是盲目無理的。總體來說，帕斯卡爾在《思想錄》承接他在《致外省人信札》的風格，文理並茂，無傳統護教學常見的學究氣，而「賭徒論證」就正好活潑地展現了帕斯卡爾書寫策略的重要特點，它避開了枯燥和瑣碎的邏輯論證與概念辯解，而直接從面對信仰的具體問題入手，爲猶豫不決的現代人提供有說服力的建言，引導他們作出合理的人生選擇。

在〈導讀〉的最後部分，我們會對《思想錄》的成書和版本補充幾點案語。《思想錄》的文體獨特，影響廣泛，但這部著作其實並未完成，我們今天所讀到的都只是作者草擬的一些筆記，但單是這些吉光片羽，便使得《思想錄》被後世尊奉爲經典。據傳聞，這部經典著作的起點是一六五六年三月二十四日發生在皇港修道院（Port-Royal des Champs）的「聖荊棘奇蹟」（miracle de la Sainte Épine），以皇港修道院爲重鎮的詹森教派當時正陷於異端爭議之中，帕斯卡爾的侄女患眼疾，觸碰過皇港修道院號稱是基督王冠荊棘的聖物之後，竟然奇蹟般痊癒，此事被教會追認爲神蹟，因而舒緩了人們對詹森教派的攻訐，同時也使得帕斯卡爾對這個教派的認同更爲堅定，進而決定立足於詹森教派的立場，撰寫他對基督教的思考。

帕斯卡爾大約是從一六五七年開始撰寫與《思想錄》相關的筆記的，他的原來計畫是撰寫一部從詹森主義的立場出發，爲基督宗教信仰辯護的護教學著作。在一六六九年即帕斯卡爾身故後七年，他的朋友將這些筆記分門別類摘錄起來，以《帕斯卡爾先生論宗教及其他議題的思想錄》（*Pensées de M. Pascal sur la religion, et sur quelques autres sujets*）爲題付梓出版。在帕斯卡爾去世前，筆記遺稿約有千頁，合成六十捆左右，在他死後，帕斯卡爾的親人明智地馬上命人於一六六二至一六六三年分抄了兩個謄抄本，分送不同地方保存和使用，這兩個抄本保持了帕斯卡爾對原稿最後的安排整理的順序，而其手寫原稿則在一七一一年被他的侄子 Louis Périer 以剪刀剪裁編纂，統一拼貼在一本剪貼簿冊之中。

在過去，這些筆記的編輯者並沒有從中看到什麼應有的順序，也並未嚴格恪守什麼學術編輯的規範，於是往往就各按不同的標準——包括基於節省紙張篇幅的緣由——，把筆記條目作不同的剪裁排列。今天，人們一般認爲至少在二十七捆手稿當中，一些筆記段落是可以找到合理的內部順序的，而在剩下的三十多捆當時被稱爲「附錄」的筆記中，也比過往所認爲的更有系統。因此，當代《思想錄》編輯們往往會盡可能依據一六六三年的兩份謄抄本，即使他們明白，它們所呈現的既不必就是帕斯卡爾心中的理想順序，也不能保證就是帕斯卡爾終定的措辭方式。

一六六九年初版的《思想錄》又稱爲「皇港修道院版」，它對於帕斯卡爾的遺稿做了些篩選，只包含了主題最清晰的片段，而避免收入一些有爭議的篇章，而有些片段甚至重寫過。隨後各種編定版本相繼問世，直至一八九七年著名哲學家萊昂・布倫士維格（Léon Brunschvicg）總合其成，將所有片段按邏輯和主題順序分爲十四個部分，並詳加注疏，確立二次大戰以前最佳的《思想錄》版本，這也是眼前中譯本所依據的版本。然而，從一九三五年起，一些學者開始意識到，兩個抄本反映了帕斯卡爾本人對筆記的分類，基於這些發現，Louis Lafuma 於一九三五年和 Philippe Sellier 於一九七六年分別依據兩個謄抄本編成了《思想錄》新版本，這兩個版本是現代的帕思卡爾思想研究的主要依據，有必要的話讀者可以參考，以滿足學術研究之需求。

譯 序

本書作者帕斯卡爾是十七世紀最卓越的數理科學家之一，他對於近代初期的理論科學和實驗科學兩方面都做出了巨大的歷史貢獻。他的以《眞空論》爲代表的一系列科學著作，基本上是唯物主義（Materialism）的並充滿了戰鬥風格，三個多世紀以來已成爲科學史上和思想史上的光輝典籍。

帕斯卡爾的思想理論集中地表現在他的《思想錄》一書中。此書於笛卡兒的理性主義（Rationalism）思潮之外，別闢蹊徑：一方面它繼承與發揚了理性主義傳統，以理性來批判一切；同時另一方面它又在一切眞理都必然以矛盾的形式而呈現這一主導思想之下指出理性本身的內在矛盾及其界限，並以他所特有的那種揭示矛盾的方法（即所謂「帕斯卡爾方法」），從兩極觀念（他本人就是近代極限觀念的奠基人）的對立入手，考察了所謂人的本性以及世界、人生、社會、歷史、哲學知識、宗教信仰等多方面的理論問題。其中既夾雜有若干辯證思想的因素，又複濃厚地籠罩著一層悲觀主義（Pessimism）的不可知論。

本書的體系是唯心主義（Idealism）的，但在繼承蒙田（Montaigne）等「人性學家」

的思想傳統並宣揚資產階級人性論而與以耶穌會爲代表的天主教會官方的神學理論進行尖銳論戰這一點上，卻有其鮮明的反封建的歷史進步意義。它（和作者本人的另外一部書《致外省人信札》）反映了近代初期西歐大陸中等階級反對派的思想體系的一個重要活動方面。

書中有大量進行神學論戰的地方，乍看起來會使一個現代的讀者感到氣悶；然而他思想中的一些光輝的片段往往就存在於神學的夾縫之中。他所繼承的詹森（Jansenius, 1585-1638）派教義，實質上是宗教改革中喀爾文（John Calvin）派的一個變種，代表著資本原始積累的要求。一切神學理論都不外乎是世俗利益的一種僞裝；只要把神學還原爲世俗，就不難發現掩蓋在神學外衣之下的思想實質。此外，詹森派與耶穌會的論戰雖然是在一個狹小的神學領域範圍之內進行的，帕斯卡爾本人的思想卻在許多重要問題上突破了這個狹小的範圍，既在思想內容方面，也在思想方法方面。

近代辯證法奠基於康德（Immanuel Kant），康德的來源之一是萊布尼茲（Gottfried Wilhelm Leibniz）。萊布尼茲於一六七二至一六七六年僑居巴黎時，結識了詹森派的主要代表人物之一阿諾德（Antoine Arnauld, 1612-1694）並深入研究了帕斯卡爾的手稿，受到他很大的影響。如所周知，萊布尼茲對自動機的研究就是由於受帕斯卡爾設計電腦直接啓發的結果：這是近代計算技術的開端。極限概念則是又一個影響，它奠定了近代微積分學的基礎。但帕斯卡爾對萊布尼茲的影響遠不止此。近代思想史上的一個重要契機是古代奧古斯丁

（St. Aurelius Augustinus）觀點的復活。據控制論創始人維納（N. Wiener, 1894-1964）的看法，現代物理科學革命並非始自普朗克（Max Karl Ernst Ludwig Planck）或愛因斯坦（Einstein），而是始自吉布斯（J. W. Gibbs, 1839-1903）；控制論就是在宇宙的概率熵之不斷增加這一吉布斯的觀點以及更早的萊布尼茲的信息觀念的基礎之上建立起來的。維納認為吉布斯所提出的概率世界在承認宇宙本身結構中就有著一種根本性的機遇因素這一點上，非常之接近於奧古斯丁的傳統。帕斯卡爾本人既是近代概率論的創始人；同時作為詹森派最突出的理論代表，他又在思想史上重新提出了奧古斯丁的觀點。從而帕斯卡爾的思想就構成為古代與近代之間的一個重要的中間環節。從帕斯卡爾經萊布尼茲至康德的這一線索，提供了近代思想史上最值得探索的課題之一。然而這樣一條線索，以及一般的近代思想的發展之與思想方法論之間的相互關係，卻常常為歷來的研究者們所忽視。此外，由於時代的、階級的和他本人傾向性的侷限，在他思想中所不可避免會出現的許多消極因素，以及它們與現代唯心主義某些流派的密切淵源，——這些也都還有待於研究者們以歷史批判的眼光加以進一步的探討。

* * *

帕斯卡爾《思想錄》一書本來是一部作者生前尚未完成的手稿，其中有些部分業已大致成章，斐然可讀、文思流暢、清明如水；另有些部分則尚未定稿或僅有標目或提綱，言簡意賅或竟至不成語，使讀者索解爲難。十九世紀以來整理和注釋帕斯卡爾著作的，前後已有多家，而以布倫士維格本最爲精審，大體上已可以爲《思想錄》一書清出一個眉目。譯文凡遇疑難之處，基本上均依據布倫士維格的解說；譯文的注釋部分也大多採自布倫士維格的注釋而有所增刪，有時也兼採他書或間下己意，以期有助於理解原文。這是譯文之所以根據布倫士維格本，而沒有根據較晚出的《帕斯卡爾全集》本（J. Chevalier 編，巴黎，Gallimard 版，一九五七年）的原因。

布倫士維格本、布特魯（Boutroux）本和《全集》本三種本子中有關《思想錄》的部分，前兩種本子的編排次序完全一樣，而與後一種出入甚大；但是各本中每一段的文字內容並無不同。書中有引用拉丁文的地方，各種本子多未加翻譯，個別地方雖有譯文，但也很不忠實。因此凡遇拉丁文，譯文都重新譯出；但由於自己水準所限，錯誤之處尚希讀者教正。書中引《聖經》的地方，因作者係憑記憶信筆寫出，往往與經文原文有出入，而且中文官話本文字也嫌過時；所以書中凡引經文的部分，譯文均根據作者的原文重行譯出，而以官話本作爲譯注附入，以供參考。書中有幾頁是談猶太經學的，布倫士維格本以及其他幾種通行本子於此均未加注釋；我自己於此是外行，只能酌加少量必要的注釋，是否確切，不敢自信。有關於帕斯卡爾的生平和他的科學貢獻以及書中一些術語譯文的說明，詳見附錄。

第二次世界大戰後，先後出過四種《帕斯卡爾全集》，它們是：

1. Chevalier 編，一九五七年。

2. Louis Lafuma 編，一九六〇年。

3. Jean Mesnard 編，一九六四年。

4. L. Brunschvicg 與 F. Boutroux 編，一九六六年重印（1908-1925）。

另外，關於帕斯卡爾的科學著作是：

R. Taton 編《帕斯卡爾科學著作集》，一九四八年。

本書翻譯，承友人商務印書館顧壽觀學長多所鼓勵和幫助，並此致謝。

譯者

一九七九年　北京

目錄

【上冊】

【下冊】

第八編　基督宗教的基礎

602—17*（556）618—659

……他們褻瀆他們茫無所知的東西。基督宗教就在於兩點；認識這兩點對人類是同等地重要，不認識這兩點又是同等地危險；而上帝則同等仁慈地給出了這兩者的標誌。

可是他們卻借題得出結論說，根據使他們應該結論出其中之一的東西，這兩者的另一就並不存在的。宣稱只有一個上帝的智者們曾經遭受迫害，猶太人遭到仇恨，基督徒則更其如此。他們依據自然的光明看出了，假如大地上有一種眞正的宗教的話，那麼萬物的行動就應該趨向它作爲自己的中心。

萬物的一切行動都應該以宗教的建立與偉大爲其目的。人在自己身上應該有著符合於宗教所教誨於我們的那些感情。[1]最後，宗教應該是那樣地成爲萬物所趨向的目的與中心，從而凡是懂得宗教原則的人就都既能特殊地解說全部的人性，又能普遍地解說世界全部的行爲。

而在這種基礎之上，他們就乘機褻瀆基督宗教，因爲他們錯誤地理解了基督宗教。他們想像著它單純地就在於崇拜一位被認爲是既偉大又全能而又永恆的上帝；確切地說，這是自然神論，它之遠離基督宗教差不多就和全然與基督宗教背道而馳的無神論一樣。而他們卻由此結論說，這種宗教是不眞實的；因爲他們並沒有看到萬事萬物都一致在確立如下這樣一點，即上帝並不以其所可能做出的全部證據來向人們顯示他自己。[2]

然而即使他們得出了他們所要反對於自然神論的那種結論，他們也得不出任何結論來反對基督宗教；基督宗教確切地說就在於救主的神祕，救主一身結合了人性與神性這兩種性質，他挽救人類免於罪惡的腐蝕，好讓他們在他的神身之中與上帝調諧。

因而，基督宗教就把這兩個眞理一起教給了人類：既存在著一個上帝是人類能夠達到的，又存在著一種天性的腐化使他們配不上上帝。認識這兩點的每一點對於人類都是同等地重要；一個人認識上帝而不認識自己的可悲，與認識自己的可悲而不認識救主能夠加以救治，乃是同樣地危險。這兩種認識若只有其一，就會造成要麼是哲學家的高傲，他們認識上帝，卻不認識自身的可悲；要麼便是無神論者（Atheist）的絕望，他們認識自身的可悲但沒有救主。

既然人類之認識這兩點有著同等的必要性，所以上帝之使我們認識到它們也就有著同等

1 布倫士維格注：「宗教所教誨於我們的感情」並非指宗教命令我們所應該具有的感情，而是指宗教啓示我們並爲我們已經具有的感情，即「既偉大而又可悲」的那種感情。

2 可參看本書下冊第557、585段。

的仁慈。基督宗教做了這件事，它之成爲基督宗教也就正在於此。

讓我們就根據它來檢查一下世界的秩序吧，讓我們來看是不是萬事萬物都趨向於確立這種宗教的這兩個要點：即耶穌基督是萬物的目的，又是萬物所趨向的中心。凡是認識了他的，也就認識了萬事萬物的道理。

凡是錯了的人，都只不過是錯在未能看到這兩種東西之中的一種。因而，我們很可能認識上帝而不認識自己的可悲，或認識自己的可悲而不認識上帝；然而我們卻不可能認識耶穌基督而不同時既認識上帝又認識自己的可悲的。

這便是何以我並不準備在這裡以自然的原因來證明上帝存在或三位一體或靈魂不朽以及任何這類性質的事物的緣故了；不僅是因爲我覺得自己沒有力量足以在自然界中找到有什麼東西可以說服最頑固的無神論者，而且還因爲這種知識缺少了耶穌基督便是無用的而又空洞的。當一個人被說服相信數目的比例乃是非物質的、永恆的、依賴於第一眞理而存在的眞理，而那就叫作上帝；我並不以爲這時候他在自己的得救方面就更加前進了多少。

基督徒的上帝並不單純是個創造幾何學眞理與元素秩序的上帝；那是異教徒與伊比鳩魯（Epicurus）派的立場。他並不僅只是個對人類的生命與幸福行使其天命的上帝，爲的是好賜給崇拜他的人們以一連串幸福的歲月；那是猶太人的東西。但亞伯拉罕的上帝、以撒（Isaac）的上帝、雅各[3]的上帝、基督徒的上帝，乃是一個仁愛與慰藉的上帝；那是一個充滿了為他所領有的人們的靈魂與內心的上帝，那是一個使他們衷心感到自己的可悲以及他的無限仁慈的上帝；他把自己和他們靈魂的深處結合在一起；他以謙卑、以歡愉、以信心、以仁愛充滿了他們的靈魂；他使得他們除了他自身之外就不可能再有別的歸宿。

凡是到耶穌基督之外去尋求上帝並且停留在自然界之中的人，要麼便不能發現任何可以使他們滿意的光明，要麼便走向為自己形成一套不要媒介者就能認識上帝並侍奉上帝的辦法；並且他們便由此不是陷入無神論便是陷入自然神論，而這兩種東西幾乎是基督宗教所同樣憎惡的。

沒有耶穌基督，世界是無法生存的；因為那必然要麼就是世界毀滅，要麼就是世界活像一座地獄。

假如世界的生存就是為了把上帝教給人類，那麼上帝的神聖性就會以一種無可辯駁的方式照亮著世界上的每一個部分；然而，既然世界只是因耶穌基督並且為耶穌基督而生存，並且是為了把人類的腐化與人類的贖罪教給人類，所以萬物就都在閃爍著這兩條眞理的證明。

3 《馬太福音》第一章、第二節：「亞伯拉罕生以撒，以撒生雅各。」

世上所呈現的事物既不表示完全排斥神明，也不表示神明之昭彰顯著的存在，而是表示有一個隱蔽的上帝的存在。萬物都帶有這種特徵。

難道唯一認識天性的人之認識天性，就只是爲了淪於悲苦嗎？難道唯一認識它的人將是唯一的不幸者嗎？

他絕不會是根本什麼都看不見，他也絕不會是看到多得足以相信自己已經把握到了它，而是他所看到的足以使他認識到自己已經淪亡：因爲要能認識我們已經淪亡，就必須是既能看得到而又看不到；而這正好是他天生的狀態。

無論他站在哪一邊，我都不會讓他安安逸逸地……。

603—315*（557）630—660

因此，這就是眞的：萬物都在把人的情況教導給人，然而他卻必須好好地理解；因爲既不是眞的萬物都顯示出上帝，也不是眞的萬物都隱蔽起上帝。而是上帝既向那些試探他的人隱蔽起自己來，又向那些追求他的人顯示出自己來，這兩者同時一起都是眞的；[4]因爲人類既配不上上帝，同時又能得到上帝，由於他們的腐化而配不上，由於他們最初的本性而能得到。

除了我們的不配之外，我們從自己全部的蒙昧之中還能得出什麼結論呢？

604—316*（558）391—684

606，446—319*，453（559）750—685

假如上帝從不曾顯現過任何東西，那麼這種永恆的缺陷就會是曖昧可疑的，並且可以同樣聯繫到並不存在任何神明，正如聯繫到人們不配認識上帝一樣；然而他卻有時候——但不是永遠——顯現，這就勾銷了曖昧可疑。假如他顯現過一次，那他就是永遠存在的；[5]於是我們就只能由此結論說，既存在著一個上帝而人們又配不上他。

---

4 可參見《馬太福音》第四章、第七節，《馬可福音》第十章、第十五節。

5 此處抄本作：「永恆者是永遠存在的，假如他曾一度存在的話。」

640—14，16*（560）766—643

我們既不理解亞當的光榮狀態，也不理解他罪惡的性質，更不理解它之被傳遞給了我們。[6]這些事情所經歷的狀態，其性質是與我們自己全然不同的並且是超出我們目前的能力狀態之外的。

我們之想知道這一切都無補於我們從其中脫身出來；而全部我們所需要認識的就只是我們是悲慘的、腐化了的、脫離了上帝但又被耶穌基督所贖救；而正是關於這些，我們在大地上卻有著種種可驚嘆的證明。

因此，腐化與贖救這兩種證明就是從對於宗教無動於衷而生活著的不信教者那裡得來的，也是從成爲宗教之不可調和的敵人的猶太人那裡得來的。[7]

814—378（561）859—645

有兩種方式可以說服人相信我們宗教的眞理：一種是以理智的力量，另一種是以發言者的權威。

我們並不使用後一種方式，而是使用前一種方式。[8]我們並不說：「必須相信這些，因爲敘述它們的聖書乃是神聖的」；反倒是說，根據如此這般的原因就必須相信它，而這些原因又都是脆弱的論證，因爲理智對一切都是百依百順的。[9]

74—43*（562）858—654

大地上的事物無一不在表明：或則人類可悲，或則上帝仁慈；或則人沒有上帝就毫無能力，或則人有了上帝就有能力。

---

6 此處「亞當的光榮狀態」、「他罪惡的性質」以及「它之被傳遞給了我們」，係指樂園、墮落與人類的原罪。可參看《創世紀》第二章、第三章。

7 此處抄本作：「因而全宇宙都教訓人說，要麼他是腐化了的，要麼他是被贖救的；一切都向人教導了他的偉大或他的可悲；上帝的遺棄出現在異教徒中間，上帝的保佑出現在猶太中間。」

8 可參看詹森《奧古斯丁》第二部卷首第四章，又帕斯卡爾《眞空論》。

9 讀作：「因爲理智對一切官能都是百依百順的。」

2—360（563）612—675

沉淪者的迷亂之一就是看到他們遭受自己本身的理智所譴責，而他們本來是想以它來譴責基督宗教的。

831—736（564）632—676

我們宗教的預言乃至奇蹟本身以及證明並不具有這樣的性質，以致我們可以說它們絕對令人信服。然而它們又具有這樣一種性質，以致我們不能說相信它們是沒有理由的。這樣便既有證據，[10]又有蒙昧；既可以照亮某些人，又可以蒙蔽另一些人。然而證據卻是這樣的：它超過了，或者至少也是相等於相反的證據；從而能夠決定不去追隨它的就並不是理智，因而那就只能是內心的慾念或惡意了。由於這種方式，所以便有足夠的證據可以譴責，卻沒有足夠的證據可以信服；於是就表現爲，對於那些追隨它的人來說，則使他們追隨的便是神恩而不是理智；而對於那些迴避它的人來說，則使他們迴避的便是慾念而不是理智。

Vere discipuli, vere Israëlita, vere lieri, vere cibus.[11]

因此，就在宗教幽晦不明的本身之中、就在我們對宗教所具有的微弱的光明之中、就在我們對認識宗教所具有的漠不關心之中，去認識宗教的眞理吧！

588—452（565）633—677

假如我們不把上帝有意要蒙蔽一些人和照亮一些人當作是原則，我們就不理解上帝的任何創造物。

573—439（566）634—678

---

10 布倫士維格注：「證據」（evidence）指人心中的光明。

11 〔眞的門徒，眞的以色列人，眞的自由，眞的糧食。〕《約翰福音》第八章、第三十一節：「你們若常常遵守我們的道，就眞是我的門徒」；第一章、第四十七節：「看哪，這是個眞以色列人，他心裡是沒有詭詐的」；第八章、第三十六節：「天父的兒子若叫你們自由，你們就眞自由了」；第六章、第三十二節：「我實實在在地告訴你們，那從天上來的糧不是摩西賜給你們的，乃是我父將天上來的眞糧賜給你們。」

791—460（567）626—679

兩種相反的理由。

我們必須由此著手；否則我們就什麼都不理解，於是一切就都成爲異端；並且甚至於在每個眞理的盡頭我們也必須補充說，我們要記取相反的眞理。

587—916，938，658（568）587—680

反駁：聖書中顯然易見充滿著並非由聖靈所口授的東西。——**答辯**：然而它們一點也無損於信仰。——**反駁**：但是教會已經斷定一切都出自聖靈。——**答辯**：我答覆兩點，一是教會從不曾這樣斷定過，一是如其教會這樣斷定過，它就可以成立。[12]

福音書中所引的預言，你以爲提出它們來是爲了使你信仰嗎？不是的，那是爲了使你脫離信仰。[13]

785—590（569）624—683

•教典——異端在教會開始時，是爲證明教典而服務的。[14]

571—430（570）204—692

•教典——

在〈論基礎〉這一章之上，必須再增加能構成〈論象徵〉的一章，論述象徵的成因：何以要預言耶穌基督的第一次降臨；何以在方式上要預言得幽晦不明。

12 按此處原有如下兩條：1.「有許多虛妄的精神」，（可能即指上述的反駁者）。2.「丟尼修是仁愛的，他是正當的」，可能指《使徒行傳》第十七章、第三十四節。

13 可參見本書下冊第566段。

14 據布倫士維格解說：異端所依據的是對聖書的錯誤解釋，因此也證明了聖書的權威。

574—518（571）703—570

何以故的理由。象徵——〔他們要接待的乃是一個肉慾的民族，卻要使之成為精神約束的受託人。〕[15]要對彌賽亞有信心就必須要有事先的預言，而預言又應該由無可懷疑的、既勤勉又誠懇、具有非凡的熱誠並為舉世所知的人們來傳佈。

為了成就這一切，上帝便選擇了這個肉慾的民族，委託他們來預告彌賽亞是救主並且是這個民族所喜愛的種種肉慾事物的解脫者的那些預言。因此，他們便對他們的先知們懷有一種非凡的熱情，並在全世界的面前傳播了這些預告他們的彌賽亞的書籍，向一切的邦國保證彌賽亞必當到來，並且將以他們公之於全世界的書籍中所預言的那種方式到來。因此，這個民族便被彌賽亞的不光彩的而又可憐的來臨所欺騙，竟成了他的最兇惡的敵人。從而這便是世界上最無可懷疑會偏愛我們的那個民族，並且以其法律及其先知而可能被人稱道為最嚴謹、最熱誠的那個民族；他們完好無缺地傳播了這些書籍。從而那些摒棄了並釘死了遭受他們誹謗的耶穌基督的人，便是那些傳播見證著他並且說他將被人摒棄並遭受誹謗的那些書籍的人。從而他們就表明了，正是他自己在拒絕自己；而且他又同等地既被那些接受了他的正義的猶太人所證實，也被那些摒棄了他的不義的猶太人所證實，兩者都是被預言了的。

正是因此，預言才有一種隱蔽的意義，在精神方面這個民族便是它的敵人，但在肉慾方面則這個民族又是它的朋友。假如精神的意義被揭示出來，他們便不可能愛它，他們既不會傳播它，也不會有熱情來保存他們的書籍與他們的儀式；而且假如他們愛這些精神的諾言，並完好無缺地保存下來直迄彌賽亞的時代，那麼他們的見證就不會有力量，因爲他們乃是它的朋友。

這就是何以精神的意義最好是被掩蓋起來；然而，另一方面，假如這方面的意義竟是那樣地隱蔽以致全然不曾顯現的話，那麼它就不能用以證明彌賽亞了。然而，又是怎麼辦的呢？它在大部分的章節裡都被掩蓋在塵世的意義之下，但在有幾段裡卻又被揭示得那麼明白；此外，世界的各個時代和國家也都被預告得如此明白，乃至比太陽還要明亮。在某些地方，這種精神的意義是被解說得那麼明白，以至於必須是就像精神屈服於肉體時肉體所加之於精神的那樣一種盲目，才會認識不到它。

而這就是上帝怎樣在行動的了。這種意義在無數的地方都被另一種意義所掩蓋著，只是在極其罕見的幾個地方才被揭示出來而又是採取那樣的方式，從而凡是它被隱蔽的地方都是

15 括弧中的話原被作者刪去，一六七八年版本又恢復了這句話。

曖昧的並能適用於兩種意義，反之凡是它被揭示的地方都是毫不含混的，並只能適用於精神的意義。

從而它就不可能引向錯誤，並且唯有那樣一個肉慾的民族才能加以誤解。

因爲當美好大量地被允諾時，若不是他們的貪婪——它把那種意義限定爲地上的美好，——又有什麼能妨礙他們去理解眞正的美好呢？然而那些只在上帝之中才得到美好的人，則把它們整個都歸之於上帝。因爲有兩條原則劃分了人們的意志，即貪婪與仁愛。並不是貪婪不能夠與信仰上帝同在，或仁愛不可以和地上的事物同在；而是貪婪要利用上帝並享受現世，而仁愛則相反。

最後的目的才是賦予事物以名稱的東西。一切妨礙我們達到目的的，便叫作敵人。因此，無論是多麼好的人，當其背棄上帝的時候，就都是正義者的敵人；而上帝本身則是上帝打亂了其貪心的那些人的敵人。

這樣，敵人這個名詞既然取決於最後的目的，所以正義者就以之理解自己的感情，而肉慾者則理解爲巴比倫人；[16]因此，這些名詞就只有對於不義的人才是幽晦難明的。而這便是以賽亞所說的：Signa legem in elctis meis，[17]並且耶穌基督也將成爲絆腳石。[18]但是，「那些在他那裡不會絆倒的人有福了」。《何西阿書》末尾說得最好：「智者在哪裡？他能理解我說的話。義人將理解它；因爲上帝的道是正直的，但惡人卻將在那上面跌倒。」[19]

589—513（572）629—673

使徒是騙子的這一假說——時間明白確切，方式則幽晦難明。——象徵的五項證明。

2000

1600 先知。

400 分散者。[20]

---

16 按「巴比倫」一詞爲腐化墮落的同義語，《舊約》中屢見。

17 〔法律的封印在我的選民中間。〕《以賽亞書》第八章、第十六節：「在我門徒中間封住教誨。」

18 《以賽亞書》第八章、第十四節：「向以色列兩家作絆腳的石頭、跌人的磐石。」

19 《何西阿書》第十四章、第九節：「誰是智慧人，可以明白這些事。誰是通達人，可以知道這一切。因爲耶和華的道是正直的；義人必在其中行走，罪人卻在其上跌倒。」

20 關於本段含義，詳見以下各段。

578—905（573）625—566

•聖•書•的•盲•目——猶太人說：「聖書說我們不會知道基督要從哪裡來。（《約翰福音》第七章第二十七節與第十二章第三十四節）聖書說基督永存，而基督卻說自己是要死的。」[21]

因此，聖約翰說，儘管基督做出了那麼多的奇蹟，可是他們根本就不相信，爲的是使以賽亞的話得以應驗[22]：「他使他們盲目」[23]等等。

579—320*（**574**）**702—571**

•偉•大——宗教是如此之偉大的一種東西，以致那些不肯費力去追求它的人——假如它幽晦難明——就應該被剝奪其宗教，這是十分公正的。因而，我們又有什麼可怨尤的呢，假如它是只要我們去追求便可以找得到的話？

580—321（575）283—663

一切都有利於選民，甚至於是聖書中的幽晦；因爲他們是由於神聖的明確性而尊崇它們的。一切都不利於其他的人，甚至於是明確性；因爲他們是由於他們所不理解的幽晦而褻瀆它們的。

581—461（576）742—664

世人對教會的一般行爲：上帝想要蒙蔽與照亮——事情既已證明了這些預言的神聖性，

---

21 《約翰福音》第七章、第二十七節：「只是基督來的時候，沒有人知道他從那裡來。」同書，第十二章、第三十四節：「我們聽見律法上有話說，基督是永存的。」

22 《約翰福音》第十二章、第三十七節：「他雖然在他們面前行了許多神蹟，他們還是不信他。這是要應驗先知以賽亞的話。」

23 《以賽亞書》第六章、第九節：「你們聽是要聽見，卻不明白；看是要看見，卻不曉得。」

所以其餘的就應該爲人相信了。我們由此便看到世界的次序是這樣的：創世紀與洪水的奇蹟既被遺忘，上帝便遣送來了摩西的法律與奇蹟、預言具體事物的先知們；並且爲了準備一場持久的奇蹟，他便準備了預言及其實現；但是預言既然可以受到懷疑，所以他就要使得它們不受懷疑等等。

510—457*（577）786—662

上帝使得這個民族的盲目服務於選民的利益。

582—443（578）772—573

既有足夠的明白確切足以照亮選民，也有足夠的幽晦不明足以屈卑他們。既有足夠的幽晦不明足以蒙蔽被遺棄者，也有足夠的明白確切足以譴責他們並使得他們無可寬恕。奧古斯丁、蒙田、賽朋德。[24]

《舊約》中耶穌基督的家譜摻雜了那麼多其他無用的東西，以致成爲無法辨別的了。假如摩西僅僅記錄下來耶穌基督的祖先，那就會太明顯了。假如他不曾指出耶穌基督的祖先，那又會不夠明顯了。然而凡是仔細閱讀它的人終究會看出，耶穌基督的祖先是很可以根據他瑪[25]路澤[26]等等辨識出來的。

凡是規定這些犧牲的人，都知道它們無用；凡是宣稱它們無用的人，都不曾放棄對它們的實踐。[27]

如果上帝僅僅允許有一種宗教，那就太容易認識了；然而我們若仔細加以觀察的話，我們就很可以從這種雜亂無章之中辨別出眞理來。

原則：摩西是個聰明人。因而假如他以自己的精神在控制自己，他就不會明晰地說出任何直接違反精神的話來。

因此，任何非常明顯的弱點就都是力量。例如：聖馬太（St. Matthew）[28]與聖路加（St.

---

24 讀作：見蒙田書〈賽朋德自辯篇〉一章（按即《文集》第二卷、第十二章）有關奧古斯丁的部分。

25 見《創世紀》第三十八章、第二十四至三十節。

26 見《路得記》第四章、第十七至二十二節，又可參閱本書下冊第743段。

27 見《希伯來書》第十章、第五至十二節。

28 見《馬太福音》第一章、第二至十七節。

Luke）[29]中的兩種家譜。難道還能有什麼比這一點講得不一致更加明白的了嗎？

787—695（579）809—574

上帝（以及使徒）預見到驕傲的種子會誕生出異端，又不願意給它們得以根據適當的詞句而誕生的機會，於是就在聖書中和教會的祈禱中安置了相反的字句，[30]以便到時候可以產生出它們的結果來。

同樣地上帝也把仁愛賦給了道德，它產生了與慾念相反的結果。

416—262（680）799—575

天性具有某些完美，可以顯示它是上帝的影子，也具有某些缺陷，可以顯示它只不過是上帝的影子。

596—441（581）743—576

上帝想要安排意志更有甚於精神[31]。完全的明晰有助於精神而有害於意志。讓高傲者[32]謙卑吧。

597—738（582）638—578

我們使得眞理本身成了一種偶像；因爲眞理脫離了仁愛就不是上帝而只是上帝的影子或者一個偶像，那是我們根本不應該愛也不應該崇拜的；而它的反面，也就是謊言，我們就更

---

29 見《路加福音》第三章、第二十三至三十八節。

30 按作者認爲異端的誕生是由於只考慮到眞理的一端而不顧眞理的另一端；見本書下冊第569、775、845、886、891各段。

31 「精神」此處指理智。

32 「高傲者」稿本中作「驕傲」。

不應該愛或者崇拜了。

我很可以愛全然的幽晦；[33]但是如果上帝把我約束在一種半幽晦的狀態，那麼其中所有的那一點幽晦卻使得我不愉快；並且又因爲我在其中看不到通體都幽晦不明的那種便利，所以它使得我不愉快。這是一個錯誤，並且是我把自己弄成爲脫離了上帝秩序的一個幽晦不明的偶像的一種標誌。我們必須僅只崇拜他的秩序。

792—463*（583）763—670

病弱者[34]乃是雖認識眞理但其擁護眞理卻僅以其自己利益所涉及的範圍爲限的那種人；可是超出此外，他們便放棄了眞理。

647—734*（584）764—671

世界的存在乃是爲了要實現仁慈與審判，並不像人類是出於上帝之手而生存在世上，反倒像人類是上帝的敵人；上帝由於神恩而賜給人類以足夠的光明可以復歸於上帝（假使他們想要尋求他並追隨他的話），但是也可以懲罰他們[35]（假使他們拒絕尋求他並追隨他的話）。

598—449（585）793—672

論上帝想要隱蔽自己——假如只有一種宗教，上帝就會很好地在其中顯現。假如只有在我們的宗教裡才有殉道者，情形也是一樣。

上帝既然是這樣地隱蔽起來，所以凡是不說上帝是隱蔽起來了的宗教就不是眞的；凡是沒有對此講出道理來的宗教，就不是有教益的。我們的宗教則做到了這一切：Vere tu es Deus absconditus[36]。

---

33 布倫士維格注：因爲「全然的幽晦」就意味著完全委身聽命於天意。

34 「病弱者」即「脆弱者」。「病弱者」（malingres）一詞係手稿中原文，但本段並非出自作者親筆，故不能確定「病弱者」一詞是否有誤。阿韋認爲「病弱者」應讀作「莫里尼派」（molinistes），布倫士維格則認爲作者不會同意莫里尼派也認識眞理。

35 讀作：「但是也賜給人類以足夠的光明可以讓他們受到懲罰。」

36 〔你實在是隱蔽的上帝。〕《以賽亞書》第四十五章、第十五節：「你實在是自隱的上帝。」

599—317*（**586**）**797—673**

如果根本就沒有幽晦，人類也就根本不會感到自己的腐化；如果根本就沒有光明，人類也就根本不會期望補救之道。因此，上帝既是部分地隱蔽起來而又部分地顯現出來，這就不僅是正義的而且還對我們是有用的；因爲只認識上帝而不認識自己的可悲與只認識自己的可悲而不認識上帝，這兩者對於人類乃是同等地危險。

827—568（**587**）**801—568**

這種宗教在奇蹟、聖者、無可指責的信徒，學者和偉大人物、見證，殉道者，確立的王（大衛），流血的君主以賽亞各個方面，都是那樣偉大；在顯示了其全部的奇蹟與其全部的智慧之後，在知識方面是那樣偉大；而它卻否定了這一切，並且宣稱它既沒有智慧也沒有標誌，而只有十字架和愚蠢。[37]

因爲由於這類標誌和這種智慧而値得你信仰並曾向你證明了他們自己的特性的那些人在向你宣稱，這一切之中並沒有任何東西能夠改變我們並使我們得以認識上帝與熱愛上帝，除非是靠那種既沒有智慧又沒有標誌的十字架的愚蠢的德行；而絕不是靠沒有這種德行的那些標誌。因此，我們的宗教就其有效的原因[38]來看，便是愚蠢的，而就其爲此做準備的智慧來看，則是智慧的。

828—250*，**469**（**588**）**640—565**

我們的宗教是智慧的而又愚蠢的。智慧，是因爲它是最博學的，並且是最建立在奇蹟、預言等等基礎之上的。愚蠢，是因爲使得我們屬於宗教的根本就不是這一切；這一切的確使我們譴責不屬於宗教的人，然而它卻不能使屬於宗教的人信仰。使得他們信仰的乃是十字架，**ne evacuata sit crux.**[39]因此，在智慧與標誌之中而到來的聖保羅就說，他既不是在智慧

---

37 可參看《加拉太書》第五章、第十一節。

38 布倫士維格注：只有十字架才是有效的。

39〔以免十字架落空。〕《哥林多前書》第一章、第十七節：「基督差遣我原不是爲施洗，乃是爲傳福音；並不用智慧的語言，免得基督的十字架落了空。」

之中也不是在標誌之中到來的；因爲他是來自變化的。可是那些僅僅是爲了使人信服而到來的人，則可以說他們是在智慧與標誌之中到來的。[40]

40 見《哥林多前書》第一章、第十九至二十五節，第二章、第一至二節。

第九編　永存性

824—419（589）697—758

論基督宗教並不是唯一無二的——這遠不能成爲使人相信它並不是眞正的宗教的原因，相反地這正使人看出它就是眞正的宗教。1

395—425（590）569—757

各種宗教都得是眞誠的：眞異教徒、眞猶太人、眞基督徒。

394—558（591）639—751

穆罕默德
耶·基
異教徒
——對上帝的無知

396—398（592）752—752

其他宗教的虛妄——它們都沒有見證。後者[2]有見證。上帝不肯讓其他宗教產生出這樣的標誌：《以賽亞書》第四十三章、第九節，第四十四章、第八節。[3]

397—421（593）800—753

中國的歷史[4]——我僅僅相信憑它那見證就扼殺了它本身的各種歷史。

---

1 可參看本書下冊第817、818段。

2 「後者」指猶太人，係與上段的異教徒相對而言。

3 《以賽亞書》第四十三章、第九節：「誰能將此聲明並將先前的事說給我們聽呢，他們可以帶出見證來自顯爲是。」第四十四章、第八節：「我豈不是從上古就說明指示你們嗎？並且你們是我的見證。」

4 此處係指一六五八年出版的衛匡國（P. Martini, 1614-1661）《中國史》一書。此書所敘述的中國紀年，較基督教神話關於洪水的傳說（《創世紀》第七章）早六百年。

〔兩者之中，哪一個才是更可相信的呢？是摩西呢，還是中國？〕

這不是一個可以籠統看待的問題。我要告訴你們，其中有些是蒙蔽人的，又有些是照亮人的。

只用這一句話，我就摧毀了你們全部的推論。你們說：「可是中國使人蒙昧不清」；但我回答說：「中國使人蒙昧不清，然而其中也有明晰性可尋；好好地去尋找吧。」

因此，你們所說的一切就構成爲一種設計，並且一點也不違反另一種設計。因此，它是有用的，也是無害的。

398—416（594）701—754

違反中國的歷史。[5]墨西哥的歷史學家論五個太陽，其中的最後一個才只有八百年。[6]

是一個民族所接受的一部書還是造就出一個民族的一部書，這兩者之間的不同。

399—397（595）755—756

穆罕默德而沒有權威。[7]那時他的道理既然只能憑其本身的力量，就必須是非常之強而有力的。

那時候，他會說什麼呢？是說我們必須信仰他嗎？

404—24（596）699—581

《詩篇》爲全大地所詠唱。

誰給穆罕默德作了見證呢？只有他自己。耶穌基督卻要求他自己的見證應該是什麼都沒有。[8]

---

5 此處「中國的歷史」指的是什麼具體內容，現在尚不能確定。

6 蒙田《文集》第三卷、第七章：「他們（墨西哥王國的居民——譯注）相信世界的存在分爲五個時代，分爲五個相續的太陽的生命，其中四個都已經過去了，現在照耀著他們的乃是第五個。……他們推算第四次的變遷是與大約八百年以前的那場星辰的大匯合相符合，據占星學家的計算那場匯合造成了世上許多重大的變化與革新。」

7 布倫士維格注：「沒有權威」指沒有任何外在的證據。

8 《約翰福音》第五章、第三十一節：「我若爲自己作見證，我的見證就不眞。」

見證的性質就使得它們必須是永遠存在而且到處存在的；但可憐，他[9]卻是孤獨的。

401—401（597）178—582

反*穆罕默德*——《古蘭經》之屬於穆罕默德並不更甚於福音書之屬於聖馬太，因爲福音書曾一個世紀又一個世紀地被許多作家所徵引，甚至於它的敵人塞爾修斯（Celse/Celsus）和蒲爾斐利（Porphyre/Porphyry）[10]也從不曾否認過它。[11]

《古蘭經》說聖馬太[12]是個好人。因而，穆罕默德就是個假先知，因爲要麼他就是把好人稱作壞人，要麼他就是始終不同意他們所說耶穌基督的那些話。

400—412（598）600—585

我要求人們判斷穆罕默德的，並不是根據他那裡面幽晦難明的而我們可以視之爲一種神祕意義的東西，而是根據其中清楚明白的東西，根據他的天堂以及其他；正是在這上面，他是荒唐可笑的。正是有鑒於他的明白確切之點都是荒唐可笑的，所以把他的幽晦當作是神祕，就是不公正的了。

聖書卻不是這樣。我要說其中有些幽晦難明，也像穆罕默德的東西是一樣地兀突可怪；然而其中卻有令人驚嘆的明確性以及已經明顯昭彰被成就了的預言。因此，雙方的情形並不相等。我們絕不可混爲一談，並把僅只是由於幽晦但不是由於明白確切而相似的東西，等同於值得我們去敬仰其幽晦的那種東西。

402—403（599）802—586

耶穌基督與穆罕默德之間的不同——穆罕默德並沒有被預告過；耶穌基督卻被預告過。穆罕默德在殺戮；耶穌基督卻使他自身被殺戮。

---

9 「他」指穆罕默德。

10 塞爾修斯（Celse，即 Celsus）西元二世紀羅馬作家，曾著有《眞道》一書反對基督教；蒲爾斐利（Porphyre，即 Porphyry，約西元二三二至三〇二年）新柏拉圖派哲學家，曾著有《反基督徒》十五卷反對基督教。

11 按這一說法出自格老秀斯《論眞正的宗教》第二卷、第五章。

12 按此處「聖馬太」係泛稱使徒。

穆罕默德禁止人讀書；使徒卻命令人讀書。[13]

最後，他們是那樣地相反，以至於假如穆罕默德採取的是人世上成功的道路，那麼耶穌基督採取的便是人世上敗亡的道路；而且我們不能結論說，既然穆罕默德是成功的，所以耶穌基督也就很可以成功；反之卻必須說，既然穆罕默德是成功的，所以耶穌基督就應該敗亡。

403—598*（600）740—737

人人都能做穆罕默德做過的事；因爲他並沒有做出什麼奇蹟，他根本沒有被預告過；但沒有人能做出耶穌基督做過的事。

413—450（601）546—765

異教徒的宗教是沒有基礎的〔——在今天。據說根據已傳過的神諭，它曾一度是有基礎的。然而向我們肯定這一點的，又都是些什麼書籍呢？憑它們的作者的德行，它們值得信仰嗎？它們是否被保存得那麼謹慎，以致我們可以保證其中絕沒有被竄改過？〕

穆罕默德的宗教以《古蘭經》和穆罕默德為基礎。然而這位應該成為全世界的最後希望的先知曾經被預告過嗎？他具備什麼為一切別人都沒有的標誌，可以自稱為先知呢？他說他自己行過什麼奇蹟嗎？縱使按照他自己的傳說，他曾教導過什麼神祕嗎？他提出過什麼道德和什麼福祉嗎？

猶太人的宗教在聖書的傳說裡與在這個民族的傳說裡，是應該分別看待的。在這個民族的傳說裡，它的道德與福祉是荒唐可笑的；然而在聖〔書的〕傳說裡，那卻是可讚美的。（而一切宗教都是這樣；因為基督教在聖書裡與在決疑論者那裡，也是大為不同的。）它的基礎是可讚美的，那是世界上最古老的書籍又是最權威的書籍；穆罕默德為了使自己的書籍存在而禁止人閱讀它，反之摩西為了使自己的書籍存在，卻命令所有的人都閱讀它。[14]

我們的宗教是那樣神聖，以致另一種神聖的宗教[15]只不過是它的基礎而已。

---

13 「穆罕默德禁止人讀書」見格老秀斯《論真正的宗教》的第四卷、第二章：「使徒命令人讀書」，見《提摩太前書》第四章、第十三節。

14 見《申命記》第三十一章、第十一節。

15 「另一種神聖的宗教」指猶太教。參看本書下冊第603段。

405—31（602）548—556

•順•序——要從猶太人的全部狀態中觀察明白確切的東西以及無可爭辯的東西。

（603）714—557

猶太人的宗教在權威方面、在持久方面、在永恆性方面、在道德方面、在學說方面、在效果方面，都是完全神聖的[16]。

726—379（601）641—558

唯一違反常識與人性的科學，就只是那種永遠存在於人們中間的科學。

唯一違反天性、違反常識、違反我們歡樂的宗教，就只是那種永遠存在著的宗教。

727—543（605）792—511

703—313（606）700—559

除了我們的宗教之外，沒有哪一種宗教教導過人是生於罪惡的，沒有哪一派哲學家曾說過這一點；因而也就沒有哪一個說出過眞理。

除了基督的宗教之外，沒有哪一種派別或宗教是永遠存在於大地之上的。

16 參看本書下冊第736段。

495—546（607）784—784

誰要是根據其粗糙的一面來判斷猶太人的宗教，那他就認識錯了。這在聖書中以及在先知的傳說裡都是顯然可見的，先知們已經充分地使人理解到他們並不是按文字來理解法律的。所以我們的宗教在福音書、使徒和傳說裡都是神聖的；然而它在那些把它弄錯了的人那裡卻是荒唐可笑的。

按照肉慾的猶太人的說法，彌賽亞應該是一位塵世上的偉大的君主。按照肉慾的基督徒[17]的說法，耶穌基督是來解除我們對上帝的愛，並賜給我們以各種無須我們自身便能推動一切事物的聖禮的。無論是前者還是後者，都既不是基督徒的宗教，也不是猶太人的宗教。

眞正的猶太人和眞正的基督徒，永遠都在期待著一個使他們能熱愛上帝並能以那種愛來戰勝他們的敵人的彌賽亞。

496—548*（608）763—665

肉慾的猶太人居於基督徒與異教徒的中間。異教徒根本不認識上帝，他們只愛塵世。猶太人認識眞正的上帝，而只愛塵世。基督徒認識眞正的上帝，而根本不愛塵世。猶太人與異教徒愛的是同樣的東西。猶太人與基督徒認識的是同一個上帝。

猶太人有兩種：一種只具有異教徒的感情，另一種則具有基督徒的感情。

497—545（609）440—739

每種宗教裡都有兩種人．在異教徒之中，有禽獸的崇拜者，又有自然宗教裡對唯一無二的上帝的崇拜者；在猶太人之中，有肉慾的人，也有精神的人，後者是古代法律裡的基督徒；在基督徒之中也有庸俗的人，他們是近代法律裡的猶太人。肉慾的猶太人期待著一個肉慾的彌賽亞；庸俗的基督徒相信彌賽亞解除了他們對上帝的愛；眞正的猶太教徒與眞正的基督教徒則都崇拜一個使他們熱愛上帝的彌賽亞。

17「肉慾的基督徒」指莫里尼派與耶穌會士。

498—554（610）788—768

爲了表明眞正的猶太教徒與眞正的基督教徒只能有同一個宗教——猶太人的宗教看來似乎本質上就在於亞伯拉罕的父親、在於割禮、在於犧牲、在於儀式、在於方舟、在於神殿、在於耶路撒冷，最後還在於法律以及摩西的立約。

我要說：

它並不在於任何這類的東西，而僅僅在於對上帝的愛；並且上帝是鄙棄其餘一切東西的。

上帝絕不接受亞伯拉罕的後裔。

猶太人如若冒犯了上帝，也會像異邦人一樣地爲上帝所懲罰。《申》第八章、第十九節：「你們若忘記上帝，追隨異邦人的神，我就警告你們說：上帝在你們的面前怎樣消滅別的國家，你們也將照樣滅亡。」[18]

異邦人假如愛上帝，也就會像猶太人一樣地爲上帝所接受。《以》第五十六章、第三節：「異邦人不要說：『主不會接受我。』異邦人以自己依附於上帝，也就是在侍奉上帝和熱愛上帝了：我必引他們到我的聖山，並接受他們的犧牲，因爲我的殿乃是祈禱的殿。」[19]

眞正的猶太人認爲自己的優異僅僅來自上帝，而不是來自亞伯拉罕。《以》第五十八章、第十六節：「你眞正是我們的父，而亞伯拉罕卻不認識我們，以色列也不承認我們；然而正是你，才是我們的父和我們的救主。」[20]

摩西本人曾告訴他們說，上帝並不接受什麼人。《申》第十章、第十七節上說，上帝「不接受什麼人，也不接受犧牲」。[21]

安息日只不過是一個標記，見《出》第三十一章、第十五節；[22]並且是紀念逃出埃及

---

18 《申命記》第八章、第十九至二十節：「你若忘記耶和華你的上帝，隨從別神、事奉敬拜，你們必定滅亡！這是我今日警戒你們的。耶和華在你們面前怎樣使列國的民滅亡，你們也必照樣滅亡。」

19 《以賽亞書》第五十六章、第三至七節：「與耶和華聯合的外邦人不要說，耶和華必定將我從他民中分別出來。……那些與耶和華聯合的外邦人，要侍奉他，要愛耶和華的名，……我必領他們到我的聖山，使他們在禱告我的殿中喜樂，他們的燔祭和平安祭，在我壇上必蒙悅納，因我的殿必稱爲萬民禱告的殿。」

20 《以賽亞書》第六十三章、第十六節：「亞伯拉罕雖不認識我們；以色列也不承認我們，你卻是我們的父。耶和華啊，你是我們的父，從萬古以來，你名稱爲我們的救贖主。」

21 《申命記》第十章、第十七節：「上帝……不以貌取人，也不受賄賂。」

22 《出埃及記》第三十一章、第十五節：「六日要做工，但第七日是安息聖日，是向耶和華守爲聖的。凡在安息日作工的，必要把他治死。」

的，見《申》第五章、第十九節。[23]因而它就不再是必要的，因爲一定要忘掉埃及的。

割禮只不過是一個標記，見《創》第十七章、第十一節。[24]因此之故，他們在沙漠中就不行割禮了，因爲他們已不可能與別的民族相混淆；並且在耶穌基督已經到來之後，它就不再是必要的了。

內心的割禮也是規定了的。《申》第十章、第十六節；[25]《耶利》第四章、第四節：「你們要割內心；除掉你們內心多餘的東西，不要再硬著心腸；因爲你們的上帝是一位偉大的、有力的而又可怖的上帝，他不會接受任何人。」[26]

上帝說，有一天他會這樣做。《申》第三十章、第六節：「上帝必將割你和你後裔的內心，好讓你全心全意愛上帝。」[27]

內心沒有受割的人將受到審判。《耶》第九章、第二十六節：因爲上帝將要審判沒有受割的各族人民和以色列的全體人民，因爲他們「心中沒有受割」。[28]

僅有外表而沒有內心，是毫無用處的。《約珥書》第二章、第十三節：Scindite corda vestra[29]等等。《以賽亞書》第五十八章、第三、第四節等等。[30]

上帝的愛，《申命記》全書中都在教誡著。《申》第三十章、第十九節：「我以天和地作見證，我已經把生和死擺在你面前，好讓你選擇生，好讓你熱愛上帝並服從上帝，因爲正是上帝才是你的生命[31]。」

23《申命記》第五章、第十九節：「你也要紀念你在埃及地做過奴僕。耶和華你上帝用大能的手和伸出來的膀臂，將你從那裡領出來，因此耶和華你的上帝吩咐你守安息日。」

24《創世紀》第十七章、第十一節：「你們都要受割禮，這是我與你們立約的證據。」

25《申命記》第十章、第十六節：「所以你們要將心裡的汙穢除掉，不可再硬著頸項。」

26《耶利米書》第四章、第四節：「猶太人和耶路撒冷的居民哪，你們當自行割禮，歸耶和華，將心裡的汙穢除掉。恐怕我的憤怒，因你們的惡行發作，如火著起，甚至無人能以熄滅。」

27《申命記》第三十章、第六節：「耶和華你上帝必將你心裡和你後裔心裡的汙穢除掉，好叫你盡心盡性愛耶和華你的上帝，使你可以存活。」

28《耶利米書》第九章、第二十五至二十六節：「耶和華說，看哪，日子將到，我要刑罰一切受過割禮、心卻未受割禮的，就是埃及、猶大、以東、亞捫人、摩押人和一切住在曠野剃周圍頭髮的；因爲列國人都沒有受割禮，以色列人心中也沒有受割禮。」

29〔撕裂你們的心〕。《約珥書》第二章、第十三節：「你們要撕裂心腸，不要撕裂衣服，歸向耶和華你們的上帝。」

30《比賽亞書》第五十八章、第三至四節：「他們說，我們禁食，你爲何看不見呢？我們刻苦己心，你爲何不理會呢？看哪，你們禁食的日子，仍求利益，勒逼人爲你們做苦工。你們禁食卻互相競爭，以兇惡的拳頭打人，你們今日禁食，不得使你們的聲音聽聞於上。」

31《申命記》第三十章、第十九至二十節：「我今日呼天喚地向你作見證，我將生死禍福陳明在你面前，所以你要選擇生命，使你和你的後裔都得存活，且愛耶和華你的上帝，聽從他的話，專靠他，因爲他是你的生命。」

猶太人缺少這種愛，就會因他們的罪行而被摒棄，並且異教徒就會被挑選出來代替他們。《何》第一章、第十節[32]，《申》第三十二章、第二十節：「有鑒於他們後來的罪行，我要向他們隱蔽起我自己；因爲他們是一個爲非作歹不信上帝的民族。他們以種種不屬於上帝的事情激起我憤怒，我也將以一族不屬於我的子民的人民並以一個無知無識的國家激起他們嫉妒。」[33]《以》第六十五章、第一節。[34]

塵世的美好乃是虛假的，眞正的美好是與上帝相結合。《詩》第一四三篇、第十五節。[35]

他們的節日使上帝厭惡。《阿摩司書》第五章、第二十一節。[36]

猶太人的犧牲使上帝厭惡。《以》第六十六章、第一至三節[37]；第一章、第十一節。[38]《耶利》第六章、第二十節。[39]大衛，Miserere[40]——甚至於是善人方面，Exspectavi[41]。《詩》第四十九篇、第八、九、十、十一、十二、十三與十四節。[42]

他並沒有爲了他們的堅忍，而樹立起他們。《彌迦書》第六章特別可讚嘆。[43]《列》上第十五章、第二十二節；[44]《何西阿書》第六章、第六節。[45]

32 《何西阿書》第一章、第十節：「然而以色列的人數必如海沙，不可量，不可數。從前在什麼地方對他們說，你們不是我的子民；將來在那裡必對他們說，你們是永生上帝的兒子。」

33 《申命記》第三十二章、第二十至二十一節：「我要向他們掩面，看他們結局如何；他們本是極乖僻的族類，心中無誠實的兒女。他們以那不算為神的觸動我的憤恨，以虛無的神惹了我的怒氣，我也要以那不成子民的觸動他們的憤恨，以愚昧的國民惹了他們的怒氣。」

34 《以賽亞書》第六十五章、第一節：「素來沒有訪問我的，現在求問我；沒有尋找我的，我叫他們遇見；沒有稱為我名下的，我對他們說：我在這裡，我在這裡。」

35 按作者所引經文係憑記憶，所以往往與經文有出入，甚至錯誤；此處所引，即是一例。《詩篇》中並無此節。

36 《阿摩司書》第五章、第二十一節：「我厭惡你們的節期，也不喜悅你們的嚴肅會。」

37 《以賽亞書》第六十六章、第一至三節：「耶和華如此說：天是我的座位，地是我的腳凳，你們為我要造何等的殿宇，那是我安息的地方呢？耶和華說：這一切都是我手所造的，所以就都有了，但我所看顧的就是虛心痛悔因我話而戰兢的人。假冒為善的宰牛好像殺人，獻羊羔好像打折狗頸，獻供物好像獻豬血，燒乳香好像稱頌偶像，這等人選擇自己的道路，心裡喜悅行可憎的事。」

38 《以賽亞書》第一章、第十一節：「耶和華說，你們所獻的許多祭物與我何益呢？公綿羊的燔祭和肥畜的脂油，我已經夠了；公牛的血，羊羔的血，公山羊的血，我都不喜悅。」

39 《耶利米書》第六章、第二十節：「從示巴出的乳香，從遠方出的菖蒲，奉來給我有何益呢？你們的燔祭不蒙悅納，你們的平安祭我也不喜悅。」

40 〔憐憫。〕可參閱《詩篇》第十八篇。

41 〔希望。〕

異教徒的犧牲將爲上帝接納，並且上帝將對猶太人的犧牲撤回他的意志。《瑪拉》第一章、第十一節。[46]

上帝將由彌賽亞來訂立新約，而舊的將被廢棄。《耶利》第三十一章、第三十一節。[47]

Mandata non bona[48]。《以西》

舊的東西將被遺忘。《以》第四十三章、第十八至十九節；第四十五章、第十七至十八節。[49]

人們將不再記得約櫃。《耶》第三章、第十五至十六節。[50]

神殿將被廢棄。《耶》第七章、第十二、十三、十四節。[51]

犧牲將被廢棄，而另外的、純潔的犧牲將被確立。《瑪拉》第一章、第二節。[52]

亞倫的祭司秩序將受譴責，而麥基洗德的祭司秩序將被彌賽亞帶來。《詩》Dixit Dominus[53]。

這一祭司職務將是永恆的。同上書。

耶路撒冷將被摒棄，而羅馬將被認可。《詩》Dixit Dominus[54]。

猶太人的名稱將被摒棄，一個新的名稱將被賦予。《以》第六十五章、第十五節。[55]

42 《詩篇》第四十九篇、第八至十四節：「叫他長遠活著，不見朽壞，因爲贖他的生命的價値極貴，只可永遠罷休。他必見智慧人死，又見愚頑人和畜類人一同滅亡，將他們的財貨留給別人。他們心裡思想，他們的家室必永存，住宅必留到萬代，他們以自己的名稱自己的地。但人居尊貴中不能長久，如同死亡的畜類一樣。他們行的這道，本爲自己的愚昧，但他們以後的人還佩服他們的話語。他們如同羊群派定下陰間，死亡必作他們的牧者。到了早晨，正直人必管轄他們；他們的美密必被陰間所災，以致無處可存。」

43 指《彌迦書》第六章、第六至八節：「我朝見耶和華在至高上帝面前跪拜，當獻上什麼呢？豈可獻一歲的牛犢爲燔祭嗎？耶和華豈喜悅千千的公羊或萬萬的油河嗎？我豈可爲我自己的罪過，獻我的長子嗎？爲心中的罪惡，獻我身所生的嗎？世人哪，耶和華已指示你何爲善。他向你所要的是什麼呢？只要你行公義，好憐憫，存謙卑的心，與你的上帝同行。」

44 《列王紀》上第十五章、第二十二節：「於是亞撒王宣告猶太眾人，不准一個推辭，吩咐他們將巴沙修築拉瑪所用的石頭木頭都運去，用以修築便雅憫的迦巴和米斯巴。」

45 《何西阿書》第六章、第六節：「我喜愛良善，不喜愛祭祀，喜愛認識上帝勝於燔祭。」

46 《瑪拉基書》第一章、第十一節：「萬軍之耶和華說，從日出之地到日落之處，我的名在外邦中必尊爲大，在各處人必奉我的名燒香，獻潔淨的獻物，因爲我的名在外邦中必尊爲大。」

47 《耶利米書》第三十一章、第三十一節：「日子將到，我要與以色列家和猶大家另立新約。」

48 〔命令不好。〕

這後一個名稱將比猶太人的名稱更好，並將是永恆的。《以》第五十六章、第五節。[56]

猶太人應該沒有先知（《阿摩司書》），沒有國王，沒有君主，沒有犧牲，沒有偶像。

猶太人將永遠作爲一個民族而存在。《耶》第三十一章、第三十六節。[57]

499—685（611）787—770

•共和國——基督教的共和國，以及甚至猶太人的共和國，只能是以上帝爲主人，正如猶太人菲羅（Philon juif/Philo Judaeus）[58]在《君王論》裡所說的那樣。

當他們作戰時，那只是爲了上帝；〔他們〕根本只能是希望上帝；他們認爲他們的城邦僅只屬於上帝，並爲了上帝而保全它們。《歷代志》上第十九章、第十三節。[59]

500—563（612）179—727

《創世紀》第十七章、第七節。Statuam pactum meum inter me et te foedere

49《以賽亞書》第四十三章、第十八至十九節：「耶和華如此說：你們不要紀念從前的事，也不要思想古時的事。看哪，我要做一件新事，如今要發現，你們豈不知道嗎？我必在曠野開道路，沙漠開江河。」同書，第四十五章、第十七至十八節：「唯有以色列必蒙耶和華的拯救，得永遠的救恩。你們必不蒙羞，也不抱愧，直到永世無盡。創造諸天的耶和華，製造成全大地的上帝，他創造堅定大地並非使地荒涼，是要給人居住。他如此說：我是耶和華，再沒有別神。」

50《耶利米書》第三章、第十七節：「當那些日子人必不再提說耶和華的約櫃，不追想，不紀念，不覺缺少，也不再製造。」

51《耶利米書》第七章、第十三至十五節：「現在因你們行了這一切的事，我也從早起來警戒你們，你們卻不聽從，呼喚你們，你們卻不答應。所以我要向這稱爲我名下，你們所倚靠的殿，與我所賜給你們和你們列祖的地施行，照我從前向示羅所行的一樣。我必將你們從我眼前趕出。」

52《瑪拉基書》第一章、第二節，見前引。

53〔主說。〕

54〔主說。〕

55《以賽亞書》第六十五章、第十五節：「你們必留下自己的名，爲我選民指著賭咒。主耶和華必殺你們，另起別名稱呼他的僕人。」

56《以賽亞書》第五十六章、第五節：「我必使他們在我殿中、在我牆內有紀念，有名號，比有兒女的更美。我必賜他們永遠的名不能剪除。」

sempiterno ...ut sim Deus tuus。[60]

第九節。Et tu ergo custodies pactum meum。[61]

776—540（613）759—735

永存性——相信人是從一種光榮的並與上帝相通的狀態墮落到一種憂傷、懺悔並遠離上帝的狀態，然而今生以後我們將被一位應該到來的彌賽亞所復興，——那種由此所構成的宗教，是始終存在於大地之上的。萬物都已成爲過去，但萬物都爲著的他卻永遠存在。

在世界最初的時代，人類曾沉醉於各式各樣的顛倒狂亂，然而也有過像以諾（Enoch）、拉麥（Lamech）等等[62]那樣的聖人，他們耐心地期待著自從世界的開始以來就被允諾了的基督。挪亞看到了人類極度的惡意；而且他由於希望著彌賽亞——他就是彌賽亞的象徵——而配以他自己一身來拯救全世界。[63]亞伯拉罕被偶像崇拜者所包圍著，當上帝使他認識彌賽亞的神祕時，他就遙遙地向他致敬。[64]到了以撒和雅各的時代，憎恨布滿了整個大地，然而這些聖人卻生活在信仰之中；雅各臨死時祝福他的兒女們，以一種使得自己語不成聲的興奮喊道：「啊我的上帝，我在期待著你所許諾的救主：Salutare tuum exspectabo, Domine。」[65]埃及人是受了偶像崇拜和巫術的傳染的，上帝自己的民族。[66]被他們的先例給帶壞了；可是摩西和別人卻相信爲他們自己所看不見的上帝，並且崇拜他，盼望著他爲他們所準備的永恆的贈禮。

---

57 《耶利米書》第三十一章、第三十六節：「以色列的後裔也就在我面前斷絕，永遠不再成國，這是耶和華說的。」

58 「猶太人菲羅」（Philon juif，即 Philo Judaeus）生於亞歷山大港，於西元三十九年出使羅馬；菲羅曾企圖調和猶太聖書與柏拉圖哲學。

59 《歷代志》上第十九章、第十三節：「我們都當剛強，爲本國的民和上帝的城邑作大丈夫。願耶和華憑他的意志而行。」

60 〔我要在你我之間訂立一個永恆的約，……使我成爲你的上帝。〕《創世紀》第十七章、第七節：「我要與你並與你世世代代的後裔堅立我的約作永遠的約，是要作你和你後裔的上帝。」

61 〔而你必將遵守我的約。〕《創世紀》第十七章、第九節：「你和你的後裔必世世代代遵守我的約。」

62 見《創世紀》第五章。

63 見《創世紀》第六至九章。

64 見《創世紀》第十二至十八章；又見《約翰福音》第八章、第五十六節。

65 〔主啊，我一直期待著你的救恩。〕《創世紀》第四十九章、第十八節：「耶和華啊，我向來等候你的救恩。」

66 指猶太人。

希臘人以及隨後的拉丁人又使假神禦位；詩人們寫下了幾百種不同的神學，哲學家們則分裂爲上千種不同的派別；然而在猶太的懷裡卻永遠都有預言這位彌賽亞來臨的選民，彌賽亞也僅僅爲他們所知。

時候一到，他終於來臨了；而且此後人們便看見產生了那麼多的分裂和異端，那麼多國家被傾覆，一切事物發生那麼多的變化；然而崇拜那位永遠爲人崇拜的上帝的這個教會卻屹然存在未曾中斷。並且成其爲可讚美的、無與倫比的而又全然神聖的，則是這種始終持續著的宗教又是始終遭受攻擊的。它曾一千次地瀕臨於全部毀滅的前夕；而它每一次處於這種狀態，上帝都以其權力的非凡行動扶起它來。這眞是令人驚異的事，何況它還維護了自己而並未卑躬屈節於暴君的意志之下。因爲一個國家有時候要使自己的法律向需要做出讓步才能繼續生存，這是不足爲奇的；但是……（見蒙田書中的這一段。[67]）

777—539（614）773—730

國家是會滅亡的，假如不是經常使法律屈從於需要的話。然而宗教卻從不曾遭遇過這種事，也不曾採用過這種辦法。因此，就必然是有這類的協調或者奇蹟了。人們通過屈從而得以自保，這是不足爲奇的，嚴格說來，這也不是維護自己；何況他們還終歸都要滅亡：絕沒有誰會延續上千秋萬代。然而那種宗教卻可以永世長存而且堅強不屈；這才是神聖的呢。

830—429（615）730—729

不管怎麼說。我們不能不承認基督宗教有著某種令人驚異的東西。有人會說：「那是因爲你是生於其中的緣故。」遠非如此，我正是由於這種緣故而極力在抗拒它，生怕這種偏見會誘惑我；然而儘管我生於其中，我仍然不能不發現它就是那樣。

774—541*（616）733—733

•永•存•性——彌賽亞始終都爲人所信仰。亞當的傳說在挪亞和摩西那時還是新鮮的。此後

---

67 阿韋以爲「這一段」即蒙田《文集》第一卷、第二十三章中如下的一段話：「假如幸運——它那權威永遠是超出於我們的討論之上的——居然有一次向我們提出了如此迫切的需要，以致法律有必要向它做出某些讓步。」

的先知則在不斷地預言著別的事情中預言了他。這些時時出現在人們眼前的事件就標明了他們使命的眞理，並且因此之故也就標明了他們有關彌賽亞的諾言的眞理。耶穌基督行過奇蹟，使徒們也行過奇蹟，他們皈化了所有的異教徒；所有的預言既然都由此而完成，所以彌賽亞也就得到了永遠的證明。

775—550（617）694—732

永存性——讓我們考慮；自從世界開始以來就一直不間斷地存在著對彌賽亞的期待與崇拜；並且我們還發現有人[68]說過，上帝曾向他們啓示，會有一個救主降生來拯救他的人民；而且隨後又來了阿伯拉罕說他得到過啓示，彌賽亞將從他所生的一個兒子那裡誕生；而且雅各又宣布在他的十二個孩子之中，彌賽亞將從猶大而誕生；而且隨後摩西和先知又來宣布了彌賽亞來臨的時間和方式；而且他們說，他們所有的法律只不過是在等待著彌賽亞的法律；並且他們的法律將延續至此爲止，但另一種法律則會永恆地繼續下去；而且因此他們的法律，或者說他們的法律只不過成爲其允諾的彌賽亞的法律，就會永遠存在於大地上；而且事實上它是亙古長存的；而且最後耶穌基督就在這一切被預言了的境況之中來臨了。[69]這眞是值得讚美的。

406—556（618）770—736

這是事實。正當所有的哲學家分裂爲不同的派別時，人們卻發現在世界的一隅有著世界上最古老的種族在宣稱舉世都是錯誤的，宣稱上帝向他們啓示了眞理，宣稱它將永遠存在於大地上。事實上，所有其他的派別都不復存在了，唯有這種宗教卻四千年以來始終長存。

他們宣稱：他們從他們的祖先起，就認爲人類是從與上帝相通之中墮落下來的，完全脫離了上帝，但上帝卻曾允諾救贖他們；而且這種學說會永遠存在於大地上；而且他們的法律有著兩重意義；而且在一千六百年之間他們有過他們信爲先知的人，向他們預言過時間和方式；[70]而且四百年之後他們到處散布開來，因爲耶穌基督是要到處都得到宣告的；而且耶穌基督就在被預言了的方式和時間之中來到了；而且從此之後猶太人就散布到各處，受人咒詛，但卻仍然存在。

68 「有人」指「以諾、拉麥等人」，參看本書下冊第613段。

69 按關於以上所述，見《創世紀》中有關各章。

70 「時間和方式」指彌賽亞來臨的時間和方式。

407—555（619）732—766

我看到基督宗教建立在一種先行的宗教[71]之上，這就是我所發現的事實。

我在這裡不談摩西的、耶穌基督的以及使徒們的奇蹟，因爲它們乍看起來好像不能令人信服，也因爲我只想在這裡提出成爲這種基督宗教之確鑿無疑的而又不可能被無論是什麼人加以懷疑的全部基礎來作爲證據。確鑿無疑的是，我們在世界上許多地方都看到有一個特殊的民族與世界上所有其他的民族分別開來，他們就叫作猶太民族。

我又看到在世界上許多地方並且在一切時代裡都有大量的宗教，然而它們既沒有可以使我悅服的道德，也沒有可以使我心折的證明；[72]因此，我要同等地拒絕穆罕默德的宗教和中國的宗教，以及古代羅馬人的宗教和埃及人的宗教，所依據的唯一理由就是每一種比起另一種來既不具備更多的眞理的標誌，也沒有任何可以必然決定我的東西，所以理智就不可能毋寧傾向於某一種更甚於另一種。

然而，這樣在考慮各個不同時代裡的風尚與信仰之這種變異無常的多樣性時，我卻發現在世界的一隅有一個特殊的民族，他們與大地上一切其他的民族分別開來，而且是一切民族中最古老的，他們的歷史要比我們所有的最古老的歷史還要早許多世紀。

於是我發現了那個源出於單獨一個人但又偉大而人數眾多的民族，他們崇奉唯一的上帝，他們根據他們說是得之於上帝之手的法律而行事。他們堅持：他們是世界上唯一曾受到上帝啓示過他那神祕的人；全人類都腐化了並蒙受上帝的羞辱；他們完全委身聽任自己的感官和自己本身精神的擺布；由此便產生了在人類中間所出現的種種宗教上以及習俗上的稀奇古怪的錯誤與連綿不斷的變化，而同時他們卻在自己的行爲中屹然不動；但是上帝不會永恆地讓其他的民族處於這種黑暗之中的；有一個全人類的解放者將要到來；他們在世上就是爲了要向人們宣告他；而且他們被造就顯然就是爲了要做這一偉大事件的先驅者和傳令官，並爲了召喚所有的民族與他們結合起來一道期待著這位解放者。

遇到這個民族眞是使我驚異，並且看來也值得我注意。我考慮那種他們自詡爲得之於上帝的法律，而我發現它是可讚美的。它是一切法律中最先的法律，從而甚至還早在希臘人使用法律這個名詞以前差不多一千年，他們就已經毫不間斷地接受並遵守法律了。我還覺得奇異的是，這種世界上最先的法律恰好又是最完美的法律，以致最偉大的立法者們也都借鑒於

---

71 「一種先行的宗教」指猶太教。

72 布倫士維格注：此處「證明」係與「學說」相對而言，指外在的證據，亦即預言與奇蹟。

他們的法律，例如：後來爲羅馬人所採用的雅典十二銅表法[73]就是例子，並且假如約瑟夫斯（Flavius Josephus）[74]和別人不曾充分討論過這個題目的話，它也會很容易被別人證明的。

408—552（620）734—838

猶太民族的優異——在這一探討中，猶太民族首先就以他們中間所呈現的大量可讚美的而又獨特無雙的事物吸引了我的注意。

我首先就看到它是一個完全由兄弟所組成的民族，反之其他一切民族都是由無數家庭的集合而形成的；這個民族儘管是繁庶得那麼可驚，卻完全源出於單獨的一個人，並且既然是這樣都屬於同一個血胤，人人互相都是肢體[75]，所以〔他們〕就構成了一個強大有力的、獨自一家的國家。這一點是獨特無雙的。

這個家庭或者說這個民族，是人類知識領域中最古老的一個：我覺得這就使它引起人的特別敬意，而尤其是在我們所進行的這一探討中；因爲假如在一切時代裡上帝曾與人相通的話，那麼就一定要向他們才能求得有關這一傳統的知識。

這個民族不僅是以其古老性而值得重視，並且在其悠久性方面也是獨一無二的，他們自肇始以來一直延續到現今。因爲希臘的和義大利的、拉西第蒙的、雅典的、羅馬的各民族以及其他姍姍來遲的民族都早已經消滅了，反之，唯有這個民族卻始終生存著；並且儘管有過那麼多強大的國王曾經幾百次地力圖把他們消滅，——正如他們的歷史家們所見證的，又正如在如此漫長的一大段年代裡根據事物的自然秩序是很容易推斷的，——然而他們卻始終得以保全（而這種保全是被預言過的）；從他們最初的時代一直延續到最近的那部歷史，在其歷程之中就包含了我們全部的歷史（而他們的歷史又遠遠早於我們的歷史）。

統治著這個民族的法律同時既是世界上最古老的法律，又是最完美的並且也是唯一在一個國家裡始終不斷被維護著的。這是約瑟夫斯在《駁阿皮安書》[76]中極可讚美地指明了的，也是猶太人費羅[77]在許多地方證明了的，他們使人看出它是那麼地古老，乃至法律這個名詞

---

73 按十二銅表法爲古羅馬早期的法律，雅典並無十二銅表法。據阿韋說，這個錯誤可能是因襲格老秀斯的。

74 「約瑟夫斯」指猶太歷史學家弗拉維奧・約瑟夫斯（Flavius Josephus, 37-100?）。此處所提及的事，見約瑟夫斯《駁阿皮安書》第二卷、第十六章。

75 《羅馬書》第十二章、第五節：「我們這許多人在基督裡成爲一身，互相聯絡作肢體。」

76 阿皮安（Apion）爲西元一世紀的希臘文法學家，曾寫過一部攻擊猶太人的著作，受到猶太人歷史學家弗拉維奧・約瑟夫斯《駁阿皮安書》的反駁。此處所指見該書第二卷，第三十九章。

77 見費羅《摩西傳》第二卷。

本身也還是一千多年之後才爲最古老的民族所知悉的；故而那位曾經寫過那麼多國家的歷史的荷馬（Homère/Homerus）[78]就不曾使用過這個名詞。它那完美性是只需讀一遍就很容易判斷的，我們從那裡面可以看出它對一切事物都是如此之備極智慧、備極公道、備極精審，以致對此略有所知的希臘和羅馬的最古老的立法者們也都從其中借取了他們自己的主要法律；這從他們所稱之爲十二銅表法的法律以及約瑟夫斯所提出的其他證明中就可以看到。

然而同時這種法律就其宗教的崇拜而言，又是一切法律中最嚴峻而又最酷烈的；爲了約束這個民族遵守他們的義務，它便對他們加以千百條特殊的而又痛苦的、處之以極刑的規定；從而它竟在那麼多的世紀裡如此之始終一貫地被一個像猶太人那樣叛逆不安的民族所保存下來，而同時所有其餘的國家卻時時都在改變著自己的法律，儘管它們全都要簡便得多；這眞是一件足以令人驚異不止的事。

包含著一切法律中最先的這種法律的那部書，其本身便是世界上最古老的書，荷馬的、赫西俄德（Hésiode/Hesiodus）[79]的以及其他人的書，都是六、七百年以後的事。

409—551*（621）725—830

創世紀和洪水既已成爲過去，上帝既不再要毀滅全世界，不再要重新創造世界，也不再要做出他自己這些偉大的標誌；於是他就著手在地上建立一個故意造就的民族，這個民族要一直持續到彌賽亞以其聖靈而造就的那個民族爲止。

410—458*（622）718—851

創世紀已經開始遠去了，於是上帝便提供了一位當時獨一無二的歷史學家，[80]並委任整個一個民族作爲這部書的守護者，爲的是好讓這部歷史成爲世界上最有權威的歷史，並讓一切人都能從那裡面學得如此之有必要知道的、並且也只有從那裡面才能知道的一件事。

---

78 荷馬（Homère，即 Homerus，約當西元前十世紀）傳說爲古希臘史詩《伊利亞德》的作者。

79 赫西俄德（Hésiode，即 Hesiodus）西元前七世紀希臘詩人。

80 指摩西。

529（a）—666（623）710—829

〔雅弗（Japheth）[81]開始了族譜。〕

約瑟合抱起他的手臂，並且願意要年輕的。[82]

489—569（624）708—811

摩西爲什麼要把人的生命弄得那麼長，而把他們的世代弄得那麼少？[83]

因爲使得事物幽晦難明的，〔並不是〕年代的悠久而是世代的繁多。因爲眞理僅僅是由於人的變更才改變的。然而同時他卻把所可能想像的最可紀念的兩件事，即創世紀和洪水，安放得那麼近，竟至我們可以觸及它們。

490—573*（625）716—812

閃見過拉麥，拉麥見過亞當也見過雅各，[84]雅各見過那些曾經見過摩西的人；因而洪水和創世紀都是眞的。這一點在某些很好地理解了它的人那裡乃是定論。

491—567*（626）[85]**706—815**

祖先生命的悠久並沒有使過去事物的歷史消滅，反而是有助於保存它們。因爲使得人們有時候沒有充分學習好自己祖先的歷史的，就是由於人們幾乎從不曾和自己的祖先生活在一起，並由於在人們到達能思考的年齡之前祖先們往往已經死去了。可是，當人們活得如此之悠久的時候，子孫們就可以長時期和他們的父母生活在一起了。他們可以長時期和父母交

---

81 按挪亞有三個兒子即閃、含、雅弗，他們分別開始了閃族，含族與雅利安族的世系；事見《創世紀》第六章、第十節。

82 事見《創世紀》第四十四章，又可參看本書下冊第711段。

83 按《聖經》所記載的譜系，自亞當至雅各共二十二代，共二三一五年。

84 按此處「也見過雅各」一句與《創世紀》中的記載不符；波・羅雅爾版此處作：「至少見過亞伯拉罕，而亞伯拉罕見過雅各。」

85 手稿中本段開頭尚有「*重複一遍*」的字樣。

談。但是除了他們祖先的歷史之外，他們又能交談些什麼呢？因爲一切歷史都被歸結到這上面來，而且他們又並不研究占據了今天大部分日常生活談話的種種科學與藝術。我們還可以看到，當時各個民族都是特別小心翼翼在保存他們的譜牒的。

524（b）—946（627）709—808

我相信約書亞（Joshua）是上帝的人民中第一個有那個名字的[86]，正如耶穌基督是上帝的人民中末一個有那個名字的。

422—415（628）753—834

猶太人的古老性——一部書和另一部書有著怎樣地不同啊！我並不驚奇希臘人寫過《伊利亞德》，[87]也不驚奇埃及人和中國人寫過他們的歷史。

我們只需看一下這一點是怎樣產生的。這種杜撰的歷史學家們並不是他們所寫的那些事情的同時代人。荷馬寫了一部傳奇，他如是敘述，它也如是爲人所接受，因爲沒有人懷疑特洛伊和阿伽門農（Agamemnon）也像金蘋果一樣是並不存在的。[88]他也並沒有想寫成一部歷史，而僅僅是一種消遣罷了；他是當時唯一寫作的人，但這部作品之美卻使得事情流傳下來：人人都讀它並且人人都談它；人人都需知道它，人人都會背誦它。四百年以後，這些事情的見證人已經不復在世，再沒有人以自己的知識知道它究竟是神話還是歷史了；人們只是從他們的祖先那裡學到它，於是它就可能被當成是眞的了。

凡不是同時代的歷史書，如西倍爾（Sibylles）和特利斯美吉斯特（Trismégiste）[89]的書以及其他許多爲世人信任的書籍，都是假的，並且在以後的時間裡被人發現是假的。但同時代的作家卻並不如此。

一部由一個人所著並公之於全民族的書籍與一部其本身便造就出一個民族的書籍，這兩

---

86 可參見《約書亞記》。「那個名字」指救主。

87 即荷馬史詩《伊利亞德》。

88 按荷馬史詩《伊利亞德》係敘述希臘聯軍進攻特洛伊城的故事，阿伽門農爲希臘統帥；戰爭是由於眾神爭奪金蘋果而引起的。在溫克爾曼（J. J. Winckelmann, 1716-1768）以前，這部書被人認爲只是一部傳奇。

89 按西倍爾（Sibylles）爲古羅馬的女先知，她們所傳的神諭結集爲《西倍爾神論集》（*Oracula sibyllina*, Libri silyllini），據說其中包含有對國家命運的預示；特利斯美吉斯特（Trismégiste）爲埃及的文藝與科學女神 Thoth 的希臘名稱，埃及祭司曾保存以特利斯美吉斯特爲名的四十二卷聖書。

者之間是大爲不同的。我們無法懷疑這部書[90]不像這個民族一樣古老。

511（a）—572（629）724—837

約瑟掩飾他國家的羞恥。

摩西並不掩飾他本人的羞恥。[91]

Quis mihi det ut omnes prophetent?[92]

他已經對人民厭倦了。

512—549*，557（630）738—787

猶太人的眞誠——自從他們不再有先知以來，就有《瑪喀比書》；自從耶穌基督以來，就有《馬蘇拉書》。[93]

這部書將爲你作見證。[94]

那文字是缺欠的而又是最後的。

眞誠地在反對他們自己的榮譽並且爲之而死，這是舉世絕無先例的，在天性之中也是沒有根源的。

511—553（631）720—786

猶太人的眞誠——他們滿懷熱愛與忠誠保存下來了一部書，在這部書早摩西宣布他們終生都是對上帝忘恩負義的，他還知道在他死後他們會更加如此；然而他召喚天和地作爲反對他們的見證[95]，他所〔教給〕他們的是足夠了。

---

90 「這部書」指「一部其本身便造就出一個民族的書籍」，即《聖經》。

91 「約瑟掩飾」與「摩西，並不掩飾」等等，事見《出埃及記》有關部分。

92 〔誰將賦給我們以預言一切的能力？〕《民數記》第十一章、第二十九節：「唯願耶和華的百姓都受感說話。」

93 按《瑪喀比書》與《馬蘇拉書》均爲猶太經解，前者爲西元前三至前一世紀的歷史傳說，後者爲西元後七至十世紀的注釋。

94 《以賽亞書》第三十章、第八節：「現今你去，在他們面前將這話刻在版上，寫在書上，以便傳留後世，直到永永遠遠。」

95 見《申命記》第三十章、第十九節；參看本書下冊第610段注。

他宣布上帝對他們惱怒，終將把他們分散到大地上的一切民族中間去；既然他們由於崇拜根本不是他們的上帝的那些神祇而激惱了上帝，上帝也就同樣地稱他們爲一個根本就不是他的子民的民族來激怒他們，並願意讓他全部的話都能永恆地保存下來並且他的書籍也能置於約櫃之中，[96]以便永遠作爲反對他們的見證。[97]

《以賽亞書》也說過同樣的話，見第三十章。

411（a）—564（632）723—794**

論《艾斯德拉斯書》[98]——傳說：書籍已經與神殿一起被焚毀了。《瑪喀比書》證其虛妄[99]：「耶利米給他們以法律」。

傳說：他是全部背誦的。約瑟和艾斯德拉斯指出他是讀了這部書的。巴倫《編》[100]頁一八〇：Nullus penitus Hebraeorum antiquorum reperitur qui tradiderit libros periisse et per Esdram esse resititutos, nisi in IV Esdrae。[101]

傳說：他篡改了文字。

費羅在《摩西傳》中說：Illa lingua ac character quo antiquitus scripta est lex sic permansit usque ad LXX。[102]

約瑟說，當其被七十賢人[103]譯出的時候，法律用的是希伯來文。

在安提奧古斯（Antiochus/Antiochus Epiphanes）和韋斯巴薌（Vespasien/Titus Flavius Vespasianus）[104]的治下，人們曾想要廢除這些書籍，當時並沒有先知，然而人們卻

---

96 見《出埃及記》有關部分。

97 見《申命記》第三十一至三十二章。

98 「艾斯德拉斯」（Esdras，爲以斯拉 Ezra 的希臘對音），爲經外書（Apocrypha）中的兩卷。

99 見《瑪喀比書》第二章、第二節。

100 指義大利教會史學家巴倫尼烏斯（Baronius，即 Cesare Baronio, 1518-1607）《教會編年史》（*Annales Ecclesiastic*）一書。

101 〔除了《艾斯德拉斯書》第四章之外，古代希伯來的著作中從沒有任何地方記載過這些書是在毀滅之後又被艾斯德拉斯所恢復的。〕

102 〔古代書寫法律所用的那種語言和文字一直保存到 LXX。〕按，LXX 即七十賢人，指希臘文譯本的《舊約》；可參見下一條譯注。

103 按希臘文譯文《舊約》傳說爲七十二人以七十二日譯成，故簡稱 LXX。

104 韋斯巴薌（Vespasien，即 Titus Flavius Vespasianus）爲羅馬皇帝，西元七〇至七十九年在位。安提奧古斯（Antiochus 指 Antiochus Epiphanes）曾助韋斯巴薌進攻猶太人。

做不到。而在巴比倫人的治下，當時既沒有實行任何迫害，又有著那麼多的先知，難道他們還能讓這些書被焚毀嗎？

約瑟嘲笑那些猶太人，他們不肯忍受……。

特土良（Tertullian/Q. Septimus Tertullianus）[105]：Perinde potuit abolefactam eam violentia cataclysmi in spiritu rursus reformare, quemadmodum et Hierosolymis Babylonia expugnatione deletis, omne instrumentum judaicae litteraturae per Esdram constat restauratum。[106]

他說挪亞很可能恢復被毀於洪水的以諾[107]一書的精神，正如艾斯德拉斯可能恢復在被俘[108]時所毀掉的聖書一樣。

（Θεὸς）ἐν τῇ ἐπὶ Ναβουχοδόνοσορ αἰχμαλωσίᾳ τοῦ λαοῦ, διαφθαρεισῶν τῶν γραφῶν… ἐνέπνευσε Ἐσδρᾷ τῷ ἱερεῖ ἐχ τῆς φυλῆς λευὶ τοὺς προγεγονότων προφητῶν πάντας ἀνατάξασθαι λόγους, καὶ ἀποκαταστῆσαι τῷ λαῷ τὴν διὰ Μωσέως νομοθεσίαν。[109]他徵引這一點是爲了證明，七十賢人以我們所崇敬於聖書的那種一致性來解釋聖書並不是不可置信的事。他從聖伊林娜（St. Irénée/St. Irenaeus）[110]書中摘錄了這一點。

聖希賴爾（St. Hilaire）[111]在爲《詩篇》所寫的序言裡說，是艾斯德拉斯編定了《詩篇》。

這一傳說源出於《艾斯德拉斯書》第四卷、第十四章：Deus glorificatus est, et

Scripturae vere divinae creditae sunt, omnibus eamdem et eisdem verbis et eisdem nominibus recitantibus ab initio usque ad fihem, uti et praesentes gentes cognoscerent quoniam per inspirationem Dei interpretatae sunt Scripturae et non esset mirabile Deum hoc in eis operatum: quando in ea captivitate populi quae facta est a Nabuchodonosor,

---

105 特土良（Tertullian，即 Q. Septimus Tertullianus, 160-230）羅馬最早的基督教作家。以下引文見《辯白集》第二卷、第三章。

106 〔正像他能重建被毀於洪水肆虐的東西一樣，耶路撒冷被巴比倫攻滅之後，艾斯德拉斯也有各種辦法恢復猶太的文獻。〕

107 見《創世紀》第五章。

108 「被俘」指猶太人被巴比倫所俘虜，事見《列王紀》下第二十五章。

109 希臘文：〔聖書既然毀於人民被尼布甲尼撒所俘虜的時候，（上帝）就……啓示艾斯德拉斯要告誡利未人所有那些來自先知的話，並爲人民恢復來自摩西的法律。〕按以上引文出自攸色比烏斯（Eusèbe，即 Eusebius, 264-340）《教會史》第五卷、第八章。

110 聖伊林娜（St. Irénée，即 St. Irenaeus），見《教會史》第十卷、第二十五章。

111 聖希賴爾（St. Hilaire，死於西元三六七年）爲波瓦迭埃主教。

corruptis scripturis et post 70 annos Judaeis descendentibus in regionem suam, et post deinde temporibus Artaxercis Persarum regis, inspiravit Esdrae sacerdoti tribus Levi praeteritorum prophetarum omnes rememorare sermones, et restituere populo eam legem quae data est per Moysen。[112]

411（b）—565（633）637—796

反對艾斯德拉斯的傳說，《瑪喀比書》第二卷、第二章；——約瑟夫斯《猶太古事記》第二章、第一節。[113]居魯士（Cyrus）[114]引用了以賽亞的預言來解救人民。猶太人在巴比倫處於居魯士的治下，卻安然無恙地保有他們的財產，因而他們就很可能也有法律。

在艾斯德拉斯的全部歷史中，約瑟夫斯關於這次恢復沒有說過一個字。——《列王紀》下第十七章、第二十七節。

411—566（634）695—764

如果艾斯德拉斯的傳說[115]是可信的，那麼我們就必須相信聖書是一部眞聖書；因爲這個傳說僅僅是以提到七十賢人的權威的那些人的權威爲根據的，他們指出聖書是神聖的。

因此，如果這個敘述是眞的，這裡面就包括了我們的說法；如其不然，我們也可以從別的地方得到它。因此，那些人想要摧毀我們這種建立在摩西的基礎之上的宗教的眞理，他們

---

112 〔上帝是光榮的，聖書被信爲是眞正神聖的，自始至終都是用這樣的文字和名稱，好讓現在的各族人民認識聖書是以上帝的啓示來解釋的，而不必對他的行動感到驚異；當人民被尼布甲尼撒所俘虜的時候，聖書被毀滅了，七十年以後在猶大後裔自己的領土上，在阿塔息修斯君臨波斯之後，艾斯德拉斯祭司就向利未族重複了所有先知的教誡並爲人民恢復了摩西所制訂的法律。〕

阿塔息修斯（Artaxerces）指波斯長手王阿塔息修斯第一（Artaxerxes I, Longimanus，西元前四六五至前四二四年）。

113 約瑟夫斯（Joséphe）即猶太歷史家 Flavius Josephus（37-100），《猶太古事記》是他的主要著作。約瑟夫斯曾參與猶太人反羅馬的叛亂，在被韋斯巴薌俘虜後，曾向韋斯巴薌預言羅馬帝國終有一天將成爲猶太人之子的帝國。

114 居魯士指波斯帝國的建立者居魯士大王（Cyrus，西元前六〇〇至前五二九年）。

115 指《艾斯德拉斯書》第四卷第二十四章中所敘如下的傳說：聖書被毀於巴比倫的被俘；艾斯德拉斯又按照上帝的口授，經過四十天記錄，恢復了聖書。這一傳說與聖書中的許多章節相矛盾，爲特倫特（Trent）宗教大會宣布爲僞書。

也就是以他們所攻擊的那同一個權威在奠定它了。因此，根據這種天意，它便是永世長存的。

512（a）—536（635）756—763

猶太教義的編年。（引文頁數見《劍》[116]一書。）

頁二十七。哈卡多什（西元二○○年）即《米書拿》或投票法或第二法的著者。

《米書拿》的各種注釋（西元三四○年）：其一爲《西夫拉》

《巴拉意多》

《塔木德・希羅項》

《多西鐸》[117]

俄賽・拉巴著《貝萊希・拉巴》，爲對《米書拿》的注釋。

《貝萊希・拉巴》、《巴・納空尼》是精巧有趣的歷史與神學的談話錄。這同一位作者又寫過一部書叫作《拉博特》。[118]

《塔木德・希羅項》成書之後一百年（西元四○○年），阿斯（R. Ase/Rabbi Asi）又寫成了《巴比倫的塔木德》[119]一書，受到全體猶太人的普遍承認，他們就必然有義務遵守其中所包含的一切。

阿斯增補的部分就叫作《革馬拉》[120]，也就是說《米書拿》的「注釋」。

於是《塔木德》就包括著《米書拿》和《革馬拉》兩者在一起。

---

116 「《劍》一書」見本書上冊第446段譯注。

117 按《米書拿》（*Mischna*，即 *Mishnah*）爲猶太經典的重要結集，與其後若干世紀中以《米書拿》爲中心的各種經說合稱《塔木德》（*Talmud*）。《米書拿》爲口授法，有別於成文法。《西夫拉》（*Siphra*，即 *Sifra*），《巴拉意多》（*Barajetot*，即 *Baraitot*），《塔木德・希羅瑣》（*Talmud Hierosol*）與《多西鐸》（*Tosiptot*，即 *Tosefta*），均爲對《米書拿》的注釋與補充，屬塔木德經說系統。

118 按，《貝萊希・拉巴》（*Bereshit Rabah*）《巴・納空尼》（*Bar Nachoni*）與《拉博特》（*Rabot*）均爲猶太經師俄賽・拉巴（R. Osaia Rabah）所著的經解。「拉巴」意謂「大」，言其數量之多。

119 阿斯（R. Ase，即 Rabbi Asi, 352-427）爲猶太經師。按猶太塔木德又分兩個系統，一爲巴比倫的塔木德，一爲巴勒斯坦的塔木德。阿斯所傳爲巴勒斯坦塔木德系統。

120 按《塔木德》經包括兩部分，　部分爲《米書拿》，一部分爲《革馬拉》（*Gemara*）；前者爲經文，後者爲經說。

524（a）—773（636）727—792

假如並不表示漠不關心：馬拉基，以賽亞。

《以賽亞書》，Si volumus[121] 等等。

In quacumque die[122]。

507—633（637）729—795

預言——王笏並沒有因巴比倫的被俘[123]而告中斷，因爲他們的歸來是被允諾過和預言過的。

509—582（638）735—789

耶穌基督的證明——確實有把握會在七十年之內得到解救，這就並不是俘虜。[124]然而現在他們倒成爲沒有任何希望的俘虜了。

上帝允諾了他們，儘管他把他們散布到世界的盡頭，可是假如他們忠於他的法律，他還會把他們聚集在一起。[125]他們是非常忠於他的法律的並且始終遭受迫害。

508—591（639）718—512

當尼布甲尼撒由於害怕人民會相信要取消猶大的王笏因而遷走人民時；他事先向他們說，他們在這裡[126]將是短期的，並且他們將得到恢復。

121（假如我們要）。

122（在每一次）。據布倫士維格注：此處係解說上述的「假如」；「假如」表示作用之間的必然關係，並不表示「漠不關心」。

123 巴比倫的被俘（Captivité de Babylone），指猶太人於西元前六世紀被巴比倫大王尼布甲尼撒所俘虜；事見《列王紀》下第二十五章，又《歷代志》下第三十六章。

124 巴比倫的被俘爲期七十年，事見《歷代志》下第三十六章、第二十一節。

125 見《創世紀》第四十九章、第十節。

126 按本句中「遷走人民」與「在這裡」均指「巴比倫的被俘」。

他們始終受到先知們的安慰，他們的列王也在繼續。然而第二次的毀滅卻沒有有關於恢復的諾言，沒有先知、沒有列王、沒有安慰、沒有希望；因爲王笏是永遠被取消了。

505—588（640）707—560

看到這個猶太民族在此後那麼悠久的歲月中一直生存著，又看到他們始終是悲慘的，那眞是一場驚心動魄而值得特別矚目的事。爲了證明耶穌基督，無論是他們一直生存著以便證明他，還是他們因爲曾把他釘死在十字架上而淪於悲慘，這兩者都是必要的。而且，儘管生活悲慘與繼續生存這兩者是相反的，但他們卻不管自己的可悲而始終繼續生存著。

506—604（641）749—767

他們顯然是一個有意被造就出來好爲彌賽亞作見證的民族（《以》第四十三章，第九節[127]；第四十四章，第八節[128]）。他們保存這些書，熱愛這些書，卻不懂得這些書。而這一切都是被預告過的：上帝的判斷就託付給了他們，但只是作爲一部被封住了的書[129]。

127《以賽亞書》第四十三章、第九節：「他們可以帶出見證來。」

128《以賽亞書》第四十四章、第八節：「你們是我的見證。」

129《以賽亞書》第二十九章、第十一節：「所有的默示，你們看如封住的書卷。人將這書卷交給識字的，說，請念吧。他說，我不能念，因爲是封住了。」

第十編　論象徵

541—508*（642）783—774

同時證明新舊兩約[1]——要一舉而證明這兩部書，我們只需看一看其中一部書的預言是不是在另一部書裡得到了實現。要檢查這些預言，就必須懂得這些預言。因爲，假如我們相信它們只具有一種意義，那麼的確彌賽亞就沒有來臨；然而假如它們具有兩種意義，那麼的確他就是在耶穌基督的身上來臨了。

因而，全部的問題就在於要知道它們是不是具有兩種意義。

耶穌基督和使徒們所傳下的聖書具有兩種意義，其證明如下：

1. 以聖書本身爲證。
2. 以拉比爲證：摩西．梅蒙（Moise Maymon/Moses Maimonides/Rabbi Moses ben Maimon）[2]說它具有兩面，而先知們僅僅預言了耶穌基督一面。
3. 以猶太神祕哲學[3]爲證。
4. 以拉比們自己對於聖書所作的神祕解說爲證。
5. 以拉比們的原則爲證：這有兩種意義；彌賽亞有兩種降臨，即光榮的和屈辱的，視他們的功過而定；先知們僅僅預言著彌賽亞，——法律並不是永恆的，而是到了彌賽亞就要改變，——那時候人們就不會再記得紅海；猶太人和異教徒也將混合。

〔6. 以耶穌基督和使徒給我們的鑰匙為證。[4]〕

560—509（643）717—775

《以賽亞書》第五十一章。紅海，救贖的影子。Ut sciatis quod filius hominis habet potestatem remittendi peccata, tibi dico: Surge。[5]上帝要顯示他可以塑造出來一個具有看

---

1 詹森《奧古斯丁》第三卷、第八章：「《新約》隱蔽在《舊約》之中，《舊約》由《新約》而顯現。」

2 摩西・梅蒙（Moise Maymon，即 Moses Maimonides，全名為 Rabbi Moses ben Maimon, 1135-1204），為西班牙籍猶太拉比哲學家，理性注疏派的創立者。

3 猶太神祕哲學（cabale，源出希伯來文 Kabbale），此字原義為傳說，指某些拉比（猶太教博士或牧師）對聖書所作的祕密解說。「以猶太神祕哲學為證」亦即以猶太人有關《舊約》的傳說為證。

4 按本段六條證明均係根據《信仰之劍》一書，其中的第一條與第六條將在下一段中闡明，其餘的四條則僅僅在此處提到。

5 〔要知道人子有權赦罪，我向你說，起來吧。〕《馬可福音》第二章、第十至十一節：「但要叫你們知道，人子在地上有赦罪的權柄，就對癱子說，我吩咐你起來，拿你的褥子回家去吧。」可參看本書下冊第675段，又《以賽亞書》第五十一章、第十至十一節。

不見的聖潔性的聖潔的民族，並使他們充滿永恆的光榮，便造就了種種可見的事物。既然自然界乃是神恩的一個影子，他就在自然界的繁富之中造就了他在神恩的繁富之中所該當造就的東西；爲的是好讓我們判斷，既然他把可見的東西造就得這麼好，所以他也可以造就看不見的東西。

因而，他就把這個民族從洪水之中拯救出來；他使他們由亞伯拉罕誕生，他把他們從他們的敵人中問救贖出來並使他們得到安息。

上帝的目的並不是要把他們拯救出洪水並使整個民族由亞伯拉罕誕生，只不過爲了把他們帶到一片膏腴的土地上來。

即使是神恩也只不過是光榮的象徵，因爲它並不是最後的歸宿。它是被法律所象徵的，而它本身又象徵著〔光榮〕。但它是光榮的象徵，以及原則或原因。[6]

人們的日常生活和聖者的日常生活是相似的。他們都在尋求自己的滿足，不同的只在於他們爲它所設置的目標；他們都把妨礙自己目標的人稱爲自己的敵人等等。因而，上帝就由於顯示出他對於可見的事物所具有的權力而顯示了他所具有的賜給人以看不見的福祉的權力。

542—512（644）713—755

象徵——上帝願意爲自己造就一個聖潔的民族，他要把他們和其餘的一切國家分開，他要從他們敵人的手裡解救他們，他要把他們安置在安憩的地方；上帝允諾了要做這件事，並且由他的先知們預言了他來臨的時間和方式。可是爲了堅定他的選民的希望，他還使他們在一切的時代裡都看其中的影子，永遠都不讓他們對於他那解救他們的權力和意志缺乏信念。因爲在創造人的時候，亞當就是其見證人，並且是救主將要由一個女人而誕生的這一允諾的受託人[7]，當時人們距創世紀還如此之近，以致他們不可能遺忘自己的被創造和自己的墮落。當見過亞當的人們已經不復在世的時候，上帝就差遣來了挪亞[8]，上帝以奇蹟拯救了他而又淹沒了整個的大地，這一奇蹟就充分標誌了上帝具有拯救全世界的那種權力，以及上

---

6 按詹森派的說法，肉體秩序中的法律象徵著精神秩序中的神恩；然而神恩本身又只不過是對於光榮的一種預備狀態，變即光榮的象徵。

7 見《創世紀》第三章、第十六節。

8 見《創世紀》第六章。

帝一定要這樣做並使上帝所允諾的救主要從女人的種子而誕生的那種意志。這一奇蹟就足以堅定〔人們〕的希望。

當挪亞還活著的時候，對洪水的記憶在人們中間還是那麼新鮮，上帝便向亞伯拉罕做了允諾；[9]而且當閃還活著的時候，便差遣來了摩西等等[10]……。

561—445（645）739—781

••象徵——上帝想要剝奪自己種種過眼雲煙的美好，爲了要顯示這並不是由於無能的緣故，他便造就了猶太民族。

773—520（646）711—780

猶太聚會堂並沒有消滅，因爲它是象徵；但因爲它僅僅是象徵，它就淪於奴役。象徵一直要持續到眞理到來，好使教會——無論是在允諾過它的那種圖畫裡，還是在實際上——可以永遠都被人看得見。

549—479（647）727—584

但願法律是象徵性的。[11]

550—486*（648）714—668

有兩種錯誤：(1)從字面上把握一切；(2)從精神上把握一切。[12]

---

9 見《創世紀》第十二章。

10 見《出埃及記》第二章。

11 詹森《奧古斯丁》第三卷、第八章：「《舊約》的國家是象徵性的。」

12 據布倫士維格解說：前一種指內慾的猶太人的錯誤，後一種指玄想的啓示錄派的錯誤。

551—488（649）714—782

要對過分象徵性的東西論戰。

552—411（650）714—772

有些象徵是明白的而又可指證的，但另有一些則有點不合情理，並且只能是向那些已經被說服了的人作證。後一種就像是啓示錄派[13]，然而這裡的不同就在於它根本就沒有什麼確鑿無疑的東西；從而最不正當的事莫過於他們也表明他們的東西和我們的某些東西是同樣之有根據的；因爲他們並沒有什麼能像我們的某些東西那樣可以指證。因此，雙方並不能等同。絕不能把這些東西等同起來並加以混淆，因爲它們在一端彷彿是相似的，而在另一端卻是那麼地不同；正是那些明確性，當其神聖的時候，才值得我們去尊敬那些幽晦不明。

〔這就好像某些人中間的某種幽晦的語言；凡是聽不懂它的人，就只能理解一種莫名其妙的意義。〕

553—521（651）721—783

啓示錄派與前亞當派、千年福派等等的誇誕[14]——凡是想把誇誕的見解建立在聖書的基礎之上的人，就會把它們建立在例如這樣一點之上：據說「直迄這一切都告成就爲止，這一代是絕不會成爲過去的」。[15]對於這一點我就要說，這一代之後還會出現另一代，而且會永遠繼續下去。

《歷代志》下中談到了所羅門（Solomon）和王，彷彿他們是不同的兩個人。[16]我要說，他們就是兩個人。

13 據波・羅雅爾派的說法，啓示錄派根據《啓示錄》建立他們的預言，並按照他們的幻想解說《啓示錄》。

14 「啓示錄派」見前注；「前亞當派」指信奉一六五五年拉培萊爾的以撒（Isaac de Lapeyrère）所出版的《前亞當派》一書的人；「千年福派」指相信《啓示錄》第二十章中所預言的千年福王國的人。

15 《馬太福音》第二十四章、第三十四節：「這世代還沒有過去，這些事都要成就。」

16 見《歷代志》下第一章、第十四節。

562（**c**）—**665**（**652**）**715**—**769**

特殊的象徵——雙重法律、雙重法律表、雙重神殿、雙重被俘。

562（**d**）—**482**（**653**）**778**—**507**

象徵——先知們以腰帶、鬍鬚和被燒掉頭髮[17]等等象徵做出了預言。

562，**740**—**535**（**654**）**704**—**508**

午飯與晚飯的區別[18]。

在上帝，語言與意圖是沒有區別的，因爲他是眞實的；語言與效果也是沒有區別的，因爲他是全能的；手段與效果也是沒有區別的，因爲他是睿智的。貝；ult. serm in missus。[19]

奧古斯丁《天城論》第五卷，第十章。這條準則是普遍的：上帝能做到一切，除非是有些事情他若能做到，他就不成其爲全能的了，例如死亡、被欺騙與說謊等等。

很多福音傳道派都擁護對眞理的堅信禮；他們的分歧是有用的。

聖餐禮後於最後的晚餐，眞理後於象徵。

耶路撒冷的毀滅是耶穌死後四十年全世界毀滅的象徵。作爲人或者作爲使者，「我不知道」。[20]《馬可福音》第十三章、第三十二節。[21]

耶穌被猶太人和異教徒所懲罰。

猶太人和異教徒被兩個兒子所象徵。奧古・《城》第二十卷、第二十九章。

---

17 見《但以理書》第三章、第二十七節。

18 見《路加福音》第十四章、第十二節。

19 〔所羅門之歌中的最後一篇講道辭〕爲克萊伏的聖貝納爾（St. Bernard de Clairvaux, 1090-1153）所著。

20 讀作：耶穌的「我不知道」這句話，只是作爲人或者作爲使者而說的。

21 《馬可福音》第十三章、第三十二節：「但那日子、那時辰沒有人知道，連天上的使者也不知道，子也不知道，唯有父知道。」又，《馬太福音》第二十四章、第三十六節。

六個時代，六個時代的六個父親，六個時代開始的六種奇觀，六個時代開始時的六個東方[22]。

549（a）—542（655）760—506**

亞當 forma futuri[23]。六天是爲了造就一天，六個時代是爲了造就另一個時代；摩西敘述的塑造出亞當的那六天，只不過是爲了塑造耶穌基督與教會的那六個時代的圖畫。假如亞當不曾犯罪，而耶穌基督也不曾來臨，那麼就只會有一個唯一的聖約，就只會有一個唯一的人類時代，而創世紀也就會被敘述爲是在一個唯一的時刻之內完成的。

549（b）—523*（656）736—505

562（b）—480（657）731—517

象徵——猶太民族與埃及民族顯然是被摩西所遇到的那兩個人預言過的[24]：埃及人打了

猶太人，摩西復了仇並殺死了埃及人，而猶太人卻對此忘恩負義。

562（c）—534（658）568—771

福音書中病態靈魂的象徵便是有病的身體；然而因爲一個身體還不能病得足以很好地表現它，所以就必須用許多的身體。因此，就有聾人[25]、啞巴[26]、瞎子[27]、癱瘓[28]、死掉的拉撒

22 據阿韋解說：這裡所用的比喻出自奧古斯丁《駁摩尼教派論》第一卷、第二十三章。六個時代相當於創世紀的六天；六個父親即亞當、挪亞等等；六個東方（即六個早晨）即創世紀、方舟等，六種奇觀（即六個夜晚）即洪水、語言的混雜等等。

23 〔未來的形象〕。《羅馬書》第五章、第十四節：「亞當乃是那以後要來之人的豫像。」

24 事見《出埃及記》第二章、第十一至十四節。

25 見《馬可福音》第七章、第三十二至三十五節。

26 見《路加福音》第十一章、第十四節。

27 見《約翰福音》第九章。

28 見《馬太福音》第九章、第二至七節。

路[29]、被鬼附著的[30]。這一切全都在有病的靈魂裡。

556—517（659）712—513

象徵——用以表明《舊約》只不過是象徵性的，而且先知們所理解的塵世福祉也是指其他的福祉而言的，便是：

首先，這是與上帝不相稱的。

其次，他們的言論極其明白地表示對塵世福祉的允諾，可是他們卻說他們的言論是幽晦難明的，他們的意義是絕不會爲人理解的。由此看來，這種祕密的意義就並不是他們所公開表示的意義；因此之故，他們的意思就是說另外的犧牲、另一個解放者等等。他們說，只是到了時間的盡頭人們才曾理解它。《耶》，第三十章，末[31]。

第三個證明是，他們的言論是相反相消的，從而我們若是以爲他們的法律與犧牲這些字樣所指的無非就是摩西的這些字樣所指的東西，那就顯然會有重大的矛盾了。因此，他們所指的就是別的東西，有時候並且還在同一章之內自相矛盾。

那麼，爲了理解一個作者的意義[32]……。

557—395（660）698—777

肉慾對我們已經變成天然的了，並且形成了我們的第二天性。因此，我們身上就有兩種天性：一種是善良的，另一種是惡劣的。上帝在哪裡？就在你所不在的地方，上帝的王國就在你的身中。拉比們[33]。

29 見《約翰福音》第十一章。

30 見《路加福音》第九章、第三—八至四十三節。

31 《耶利米書》第三十章、第二十四節：「末後的日子你們要明白。」

32 據布倫士維格解說：此處應讀作：「爲了理解一個作者的意義，就必須是用同時可以解釋這些東西的更高一級的理智來調解互相矛盾的各段文字。」這就是說，它同時應該一方面既是根據精神秩序的原則，即這一學說的內在價值加以解說，另一方面又根據字面秩序的原則，即按字面如實地加以解說。可參看本書下冊第803段。

33 布倫士維格注：這一思想以如下的方式而可以引用於拉比們，即對於在聖書中尋求肉慾形象的肉慾的猶太人來說，上帝就不在聖書之中，但對於包括精神意義在內的仁慈來說，則上帝就在聖書之中。

524—553（661）726—514

一切的神祕之中唯有懺悔[34]是曾經向猶太人明顯地宣告過的，並且是被先驅者聖約翰所宣告過的，然後則是其他的神祕；爲的是好標誌出這種秩序是每一個人以及全世界都是應當遵守的。

577—490（662）722—531

肉慾的猶太人[35]既不懂得他們預言中所預言的彌賽亞的偉大，也不懂得他的屈卑。他們誤解了他那被預言的偉大，例如當他說彌賽亞將是大衛之主，儘管又是大衛之子[36]的時候，以及當他說他既在亞伯拉罕以前而又看見過亞伯拉罕的時候[37]。他們並不相信他那樣偉大；竟至可以永恆；[38]並且他們也同樣地誤解了他的屈卑和他的死亡。他們說：「彌賽亞是永遠存在的，而這個人卻說他會死亡。」[39]因而，他們就相信他既不會死亡，也不會是永恆的：他們在他身上所尋找的只不過是一種肉慾的偉大罷了。

575—526（663）761—518

象徵性的——沒有別的東西像貪婪這樣有似於仁愛，也沒有別的東西與之如此相反。因此，猶太人充滿了足以阿諛他們貪婪心的財富之後，就異常之與基督徒相符合，而又異常與

34 按此處「懺悔」一詞，弗熱與莫里尼埃本均作圖畫（peinture），指形象或圖像；阿維及米灼本則均作「懺悔」（pénitence）。

35 此處「肉慾的猶太人」係與精神的猶太人相對而言。

36 《馬太福音》第二十二章、第四十五節：「大衛既稱他爲主，他怎麼又是大衛的子孫呢？」

37 《約翰福音》第八章、第五十七至五十八節：「猶太人說，你還沒有五十歲，豈見過亞伯拉罕呢？耶穌說，我實實在在地告訴你們，還沒有亞伯拉罕就有了我。」

38 《約翰福音》第十二章、第三十四節：「基督是永存的。」

39 《約翰福音》第十二章、第三十二至三十四節：「（耶穌說）我若從地上被舉起來，就要吸引萬人來歸我。耶穌這話原是指著自己將要怎樣死說的。眾人回答說，我們聽見律法上說基督是永存的，你怎麼說人子必須被舉起來呢？這人子是誰呢？」

之相反。由於這種方式，他們就有了爲他們所必須具備的兩種品質，即異常之與彌賽亞相符合，以便象徵他，而又異常與之相反，以便不會成爲可疑的見證人。

576—525（664）713—514

象徵性的——上帝利用了猶太人的肉慾，使之服務於〔那個傳播對肉慾的補救之道的〕耶穌基督。

608—532（665）652—744

仁愛[40]並不是一條象徵性的教誡。要說耶穌基督來取消象徵以便樹立眞理，就只是來樹立仁愛的象徵以便取消此前所存在的眞實；那就太可怕了。

「假如光明就是黑暗，那麼黑暗又該是什麼呢？」[41]

722—527（666）623—515

幻覺 Somnum suum[42]。Figura hujus mundi[43]。

聖餐。Comedes panem tuum[44]。Panem nostrum[45]。

Inimici Dei terram lingent[46]，罪人舐著土地，那就是說貪戀塵世的歡樂。

《舊約》包含有未來歡愉的象徵，《新約》則包含有獲得它們的辦法。

象徵是歡樂，辦法則是懺悔；可是逾越節的羊羔是要和野萵苣一起吃的，cum amaritudinibus[47]。

---

40 可參看《哥林多前書》第十三章。

41 《馬太福音》第六章、第二十三節：「你我頭的光若黑暗了，那黑暗是何等大呢。」

42 〔他們睡著。〕《詩篇》第七十六篇、第五節：「他們睡了長覺。」

43 〔這個世界的樣子。〕《哥林多前書》第七章、第三十一節：「因爲這世界的樣子將要過去了。」

44 〔你吃的食糧。〕《申命記》第八章、第九節：「你在那地不缺食物，一無所缺。」

45 〔我們的食糧。〕《路加福音》第十一章、第三節：「我們日用的飲食，天天賜給我們。」

46 〔上帝的仇敵必將舐土。〕《詩篇》第七十二篇、第九節：「他的仇敵必要舔土。」

47 〔和苦味同吃。〕《出埃及記》第十二章、第八節：「當夜要吃羊羔的肉，用火烤了，與無酵餅和苦菜同吃。」

Singalaris sum ego donec transeam[48]，耶穌基督在他死前幾乎是唯一的殉道者。

519（a）—484（667）537—522

象徵性的——劍和盾這些名字。Potentissime。[49]

648—745（668）526—516

只是由於疏遠了仁愛，我們才彼此疏遠的。

我們的祈禱和我們的德行假如並不是耶穌基督的祈禱和德行，那麼它們在上帝的面前就是可憎的。而我們的罪惡假如並不是耶穌基督〔的罪惡〕[50]，那麼它們就永遠不會是〔慈悲〕的對象而只會是上帝正義的對象。他容納了我們的罪惡並且〔讓〕我們〔與他〕結合，因爲德行是他〔所固有的，而〕罪惡則與他無緣；但德行〔卻是〕與我們無緣，而我們的罪惡則是我們所固有的。

讓我們來改變一下我們迄〔今〕所採用的準則來判斷什麼是美好吧。我們曾以我們的意志爲其準則，現在讓我們採用〔上帝〕的意志吧：他所想要的一切對我們都是好的而且是公正的，他所不想要的一切都是〔壞的〕。

凡是上帝所不要的東西，都是被禁止的。罪惡是被上帝已經做過的普遍宣言所禁止的，他不要罪惡。其他他所不曾加之以普遍的禁令並且因此之故而被人說成是可以允許的事，卻也並不就總是可以允許的。因爲當上帝對我們疏遠其中某一種的時候，並且根據事情——它是上帝意志的一種體現——看來，上帝是並不想要我們有一件事物的時候，那麼它就應該作爲一種罪惡而加以禁止；因爲上帝的意志是說，我們並不應該更有這一件事而沒有另一件。這兩件事之間只有一個唯一的不同之點，那就是上帝永遠不想要罪惡，這是肯定的；反之上帝是否永遠不想要另一件，則是不能肯定的。但是只要上帝不想要它，我們就應該把它看成是罪惡；只要沒有上帝的意志——唯有它才是全部的善良與全部的正義——就會使它成爲不義的和惡劣的。

---

48 〔我獨自得以逃脫。〕《詩篇》第一四一篇、第十節：「願惡人落在自己的網裡，我卻得以逃脫。」

49 〔極有能力。〕見《詩篇》第四十五篇、第三節，又見本書下冊第760段。

50 按原手稿中本頁殘缺特甚，括弧中的字句係據布倫士維格本補入。

583（a）—522*（669）529—520

由於我們脆弱的緣故而改變象徵。

583—504（670）524—519

象徵——猶太人就在如下的塵世思想裡面老卻了：上帝愛他們的祖先亞伯拉罕，愛他的血肉以及由此而產生的一切；上帝因此便繁殖了他們並把他們與其他一切民族區分開來，不容許他們混淆；當他們在埃及呻吟的時候，上帝就以垂青於他們的全部那些偉大的標誌而把他們解救出來；上帝在曠野之中用嗎哪[51]餵他們[52]；上帝把他們帶到一塊非常肥美的土地上；上帝賜給他們以國工和建造完好的神殿，好在這兒奉獻犧牲，並且以犧牲流血的辦法而使他們得以淨化；最後上帝要給他們差遣來彌賽亞，好使他們成爲全世界的主人，並且上帝還預告了彌賽亞到來的時間。

當世界在這些肉慾的錯誤裡面老卻時，耶穌基督便在預言了的時刻到來了，然而並不是在人們所期待的光輝之中；因此，他們並不以爲那就是他。他死了後，聖保羅出來教導人們說，這一切事情的來臨都是象徵[53]，上帝的王國並不在肉體而在精神；[54]又說人們的敵人並不是巴比倫人，而是情感；又說上帝並不喜歡人手造成的神殿，而是喜歡一顆純潔謙卑的心；[55]又說肉體的割禮是無益的，而是必須要行內心的割禮；[56]又說摩西並不曾賜給他們以天上的麵包[57]等等。

---

51 按瑪哪（Manne）即甘露蜜或木蜜。《出埃及記》第十六章、第三十一節：「這食物以色列家叫瑪哪，樣子像芫荽子，顏色是白的，滋味如同摻蜜的薄餅。」

52 事見《出埃及記》第十六章。

53 《加拉太書》第四章、第二十四節：「這都是比方。」

54 《哥林多前書》第三章、第十六節：「你們是上帝的殿，上帝的靈位在你們裡頭。」第十七節：「上帝的殿是聖的，這殿就是你們。」

55 《希伯來書》第九章、第二十四節：「因爲基督並不是進了人手所做的聖所（這不過是眞聖所的影像），乃是進了天堂。」

56 《羅馬書》第二章、第二十八、二十九節：「他們既然故意不認識上帝，上帝就任憑他們存邪僻的心，行那些不合理的事，裝滿了各樣不義、邪惡、貪婪、惡毒、滿心是嫉妒、兇殺、爭競、詭詐、毒恨。」

57 《約翰福音》第六章、第三十二節：「耶穌說，我實實在在地告訴你們，那從天上來的糧不是摩西賜給你們的。」

但是上帝既不想向一個不配這些事情的民族揭示這些事情，可是又想預告這些事情，爲的是讓它們爲人相信；於是他就明白地預告了它們的時刻，並且有時候是明白地表示了它們，但更多的時候卻是以象徵[58]，爲的是讓那些喜愛象徵性的事物的人可以把握它們，讓那些喜愛象徵化的人可以看見它們。

凡不趨向於仁愛的，都是象徵。

聖書的唯一目的就是仁愛。

凡是不趨向於唯一的鵠的的，便是它的象徵。因爲，既然只有一個鵠的，所以凡是不以確切的字句趨向於它的，便是被象徵化了的。

上帝就這樣地在多方變異著仁愛這一獨一無二的教誡，以便用這種變異多端——它永遠在把我們引向我們唯一必要的事——來滿足我們追求變異多端的那種好奇心。因爲只有唯一的一件事是必要的[59]，而我們又喜愛變異多端；於是上帝就以這些能引向唯一必要的事的變異多端來同時滿足這兩者。

猶太人是那麼喜愛象徵性的事物，又如此之殷切地期待著它們，以至於當現實是在被預言了的時刻和方式到來的時候，他們竟誤解了現實。

拉比們把新娘的乳房[60]以及一切並不表示他們所具有的唯一目標的東西（即塵世的財富）都當成是象徵。

而基督徒甚至於把聖餐禮也當成是他們所祈求著的那種光榮的象徵。

584—531（671）767—504

被召喚來征服列國與列王的猶太人卻成了罪惡的奴隸；而其天職就是要服役和作臣僕的基督徒卻是自由的兒女[61]。

---

58 這句話最初作：「於是他就以象徵明白地預告了它們的時刻和方式。」

59 《路加福音》第十章、第四十二節：「但是不可少的只有一件。」

60 《雅歌》第四章、第五節：「你的兩乳好像百合花中吃草的一對小鹿。」

61 《羅馬書》第六章、第二十節：「因爲你們做罪之奴僕的時候，就不被義約束了。」第八章、第十四至十五節：「因爲凡被上帝的靈引導的，都是上帝的兒子。你們所受的不是奴僕的心，仍舊害怕，所受的乃是兒子的心。」

585—683（672）539—502**

為形式主義者而寫——當聖彼得與使徒們商議要廢除割禮時[62]，那就涉及要做出違反上帝法律的事了，[63]但他們卻根本不管先知，而只管在未行割禮的人身上接受聖靈。

他們更有把握能斷定：上帝會讚許他以自己的靈所充滿了的那些人，而不是必須遵守法律。他們知道法律的歸宿不外乎是聖靈；而既然人們很可以不行割禮就獲得它，因此，割禮就不是必要的。

572，586—30，718（673）541—503

Fac secundum exemplar quod tibi ostehsum est in monte[64].

猶太人的宗教是根據其有似於彌賽亞的真理而塑造的；彌賽亞的真理則是由於成為其象徵的猶太人的宗教而被人認知的。

在猶太人那裡，真理只是被象徵化；在天上，則它是揭開來的。

在教會那裡，它是遮蔽的，並且以其對於象徵的關係而被人認知。

象徵是根據眞理而造就的，眞理則是根據象徵而爲人所認知。

聖保羅親自說過人們是不許結婚的[65]，他並且親自以一種成爲了捕鼠籠[66]的方式向哥林多人談過這件事。[67]因爲假如一個先知說的是一件事，而聖保羅後來說的又是另一件事，我們就會指責他了。

---

62 見《使徒行傳》第十五章、第五至十節。

63 《創世紀》第十七章、第十節：「你們所有的男子都要受割禮，這就是我與你並你的後裔所立的約，是你們所當遵守的。」《利未記》第十二章、第三節：「第八天要給嬰孩行割禮。」

64 〔要遵循在山上所囑咐你的範例。〕按，「山」即西乃山。《出埃及記》第二十五章、第四十節：「要照著在山上指示你的樣式。」

65 《提摩太前書》第四章、第三節：「他們禁止嫁娶。」又可參看《哥林多前書》第七章。

66 按關於這句話的意義，歷來的注釋者都沒有找到滿意的解釋。

67 見《哥林多前書》第七章。

572（a）—481（674）538—521

象徵的——你們「做一切事，都要按照保護人在山上所指示你們的那樣」。[68] 聖保羅就根據這一點說，猶太人已經描繪了天上的事物。[69]

563—519****（675）481—523**

……然而這種爲了蒙蔽某些人並照亮另一些人而造就的聖約，就正在它所蒙蔽的那些人的身上標誌出應該爲另一些人所認識的眞理。因爲他們從上帝所接受的種種顯然可見的福祉是那麼巨大而又那麼神聖，以致看來確實他是能夠賜給他們以種種看不見的東西以及一個彌賽亞的。

因爲大自然就是神恩的影子，看得見的奇蹟就是看不見的東西的影子。Ut sciatis...tibi dico: Surge.[70]

以賽亞說救贖將作爲紅海中的道路。[71]

於是上帝就以逃出埃及、逃出大海，就以擊敗了許多國王、就以嗎哪、就以亞伯拉罕的全部譜牒而顯示了他是能夠拯救的，是能夠從天上降下糧食的等等；從而敵對的人民[72]便是他們所不認識的那位彌賽亞本身的象徵和表現等等。

因而他就終於教導了我們，這一切事物都只不過是象徵，以及什麼才是「眞正的自由」[73]、「眞正的以色列人」、「眞正的割禮」[74]、「眞正從天上來的糧食」等等。

就在這些允諾裡，每個人都會發現自己內心深處所具有的東西，無論是塵世的福祉、還是精神的福祉，是上帝、還是創造物；然而其中卻有著這樣的一個區別：即那些在這裡面尋

68《出埃及記》第二十五章、第四十節：「要謹愼做這些物件，都要照著在山上所指示你的樣式。」

69《希伯來書》第八章、第五節：「他們供奉的事，本是天上事的形狀和影像，正如摩西將要造帳幕的時候，蒙上帝警戒他說，你要謹愼做各樣的物件，都要照著在山上指示你的樣式。」

70「要叫你們知道……我吩咐你起來。」見《馬可福音》第二章、第五至十二節。又可參看本書下冊第643段。

71《以賽亞書》第五十一章、第十節：「使海的深處變爲贖民經過之路的，不是你嗎？」

72「敵對的人民」指不認識彌賽亞的人。

73《約翰福音》第八章、第三十六節：「所以天父的兒子若叫你們自由，你們就眞自由了。」

74《羅馬書》第二章、第二十八至二十九節：「因爲在外面作猶太人的，不是眞猶太人；外面肉身的割禮，也不是眞割禮。唯有裡面做的，才是眞猶太人。眞割禮也是心裡的，在乎靈不在乎儀文。」

求創造物的人雖將在這裡找到它們，卻要遇到許多矛盾、遇到不得愛它們的禁令、遇到只能崇拜上帝並只能愛上帝的誡命（這都只是一回事），並且最後還有彌賽亞絕不是爲了他們而到來的；反之，那些在這裡面尋求上帝的人則將找到上帝，而不會有任何矛盾，並且還有只能愛他這一教誡，以及一位彌賽亞要在預言過的時刻到來以便賜給他們以他們所要求的福祉。

因此，猶太人就有了種種他們親眼看到其實現的奇蹟與預言；而且他們法律的學說也是只能崇拜並只能愛上帝，它也是永存的。這樣，它就具備了眞正宗教的全部標誌；它也就是眞正的宗教。然而我們必須區別猶太人的學說與猶太人的法律的學說。猶太人的學說卻不是眞的，儘管它也有著奇蹟、預言和永存性，因爲它並不具有那另一點，即只能崇拜並只能愛上帝。

564—514*（676）482—524

這些書裡爲猶太人所設的那層幕幔，也是爲壞基督徒而設的，並且是爲一切並不恨自己本身的人而設的。

但當人們眞正恨自己本身的時候，他們又是多麼容易理解它們而又認識耶穌基督啊。

565—499（677）209—526

象徵有著出現的和不出現的，歡樂的和不歡樂的。——符號具有雙重意義：一重是明顯的，另一重則據說其意義是隱蔽的。

566—494（678）472—528

•象徵•——一幅圖畫具備了出現的和不出現的，歡樂的和不歡樂的。現實則排除了不出現的與不歡樂的。

要想知道法律和犧牲究竟是眞實還是象徵，就必須看一看先知們在談到這些事情時，究竟是把他們的觀點和他們的思想停留在這些事情上，從而他們在其中看到的就只不過是那種古代的聖約；還是他們在其中也看見了某些別的東西，而聖約則只不過是它們的圖畫；因爲在一幅畫面中，我們看到的乃是被象徵化了的事物。關於這一點，我們只需考察一下他們是怎樣談到它們的。

當他們說它將是永恆的，他們的意思是說聖約呢（關於聖約，他們說它是會改變的），還是說犧牲等等呢？

符號具有兩重意義[75]。當我們遇到一個重要的字並發現它有一種明白的意義，可是據說它的意義卻是遮蓋著的和幽晦難明的，它是被隱蔽的，從而使我們對這個字視而不見、說而不解時；那麼除了它是一個具有雙重意義的符號之外，我們還能想像什麼呢？特別是當我們在其字面的意義中發現有明顯的相反時，就格外是如此。先知們曾明白地說過，以色列將永遠為上帝所愛，並且法律將是永恆的；可是他們又說過人們不會理解它們的意義，並且它是被隱蔽著的。[76]

因而，對於那些向我們揭開了符號並教給我們認識隱蔽的意義的人，我們應該是怎樣尊敬他們啊！尤其是當他們對此所引用的原則是十分自然而又明白的時候。這就是耶穌基督以及使徒們所做過的事。他們打開了彌封，他撕下了幕幔並揭示了精神。他們因此之故就教導了我們：人之大敵乃是自己的感情[77]；救贖主是精神的，他的君臨也是精神的；他會有兩次來臨，一次是悲慘的，以便屈辱高傲的人們，另一次則是光榮的，以便提高屈卑的人們；耶穌基督既是神又是人。

567—487（679）914—529

•象徵——耶穌基督開啓了他們的精神以便理解聖書。

下面便是兩大啓示：(1) 切事物對他們都以象徵出現：vere Israëlitae, vere liberi[78]，眞正來自天上的糧食；(2)一個屈辱得上了十字架的上帝：基督必須受難才能進入他的光榮，「他將以自己的死亡戰勝死亡」[79]。兩度的來臨。

---

75 「符號具有兩重意義」，見本書下冊第676段。

76 這段話在原稿中寫在頁旁。

77 可參看斯賓諾莎《倫理學》第四部分有關命題。

78 〔眞正的以色列人，眞正的自由。〕

79 《希伯來書》第二章、第十四節：「特要藉著死，敗壞那掌死權的。」

568—501（680）249—530

象徵——只要人們一旦揭發了這個祕密，他們就不可能看不見它。讓我們就以這種觀點來讀一下《舊約》吧：讓我們來看犧牲是不是眞的，亞伯拉罕的親長身分是不是上帝愛寵的眞原因，被允諾的土地是不是眞正的安息之所[80]。都不是的；因而它們就是象徵。讓我們同樣地來看一看一切被規定的儀式，一切並不是屬於仁愛的戒律；那麼我們就將看到，它們也都是象徵。

因而，一切祭祀與儀式就都是象徵，否則就都是胡鬧。可是這些東西又都是明白高尚得不能被評價爲胡鬧。

應該知道先知們是不是把自己的觀點僅限於《舊約》，還是在其中也看到了別的東西[81]。

568（a）—483（681）496—534

象徵性的——符號的關鍵。Veri adoratores[82]。——Ecce agnus Dei qui tollit peccata mundi[83]。

568（b）—516（682[84]）747—535

《以》第一章、第二十一節。好變爲壞[85]，以及上帝的復仇，第十章、第一節[86]，第

---

80 按關於以上幾個問題，《舊約》在不同的地方曾有互相矛盾的說法；作者均解釋爲象徵（或隱喻），藉以調和表面上相反的各個章節。

81 此處原文爲寫在頁旁者。

82〔眞正的崇拜者。〕《約翰福音》第四章、第二十三節：「那眞正拜父的，要用心靈和誠實拜他。」

83〔這是上帝的羔羊，他將消除世人的罪惡。〕《約翰福音》第一章、第二十九節：「看哪！上帝的羔羊，除去世人罪孽的。」

84 按本段中所引《聖經》各書章節，原稿中均錄全文。但《全集》本、布倫士維格本及布特魯本，均將引文略去，僅存章節數目。譯文今從以上各本，存其章節數目，另將引文作爲附注錄入。

85《以賽亞書》第一章、第二十一節：「可嘆忠信的城變爲妓女，從前充滿了公平，公義居在其中，現在卻有兇手居住。」

86《以賽亞書》第十章、第一節：「禍哉，那些設立不義之律例的，和記錄奸詐之判語的。」

二十六章、第二十節[87]，第二十八章、第一節[88]。——奇蹟：《以》第三十三章、第九節[89]，第四十章、第十七節[90]，第四十一章、第二十六節[91]，第四十三章、第十三節[92]：《以》第四十四章、第二十至二十四節[93]，第五十四章、第八節[94]，第六十三章、第十二至十七節[95]，第六十六章、第十七節[96]。

《耶》第二章、第三十五節[97]；第四章、第二十二至二十四節[98]；第五章、第四節[99]，第二十九至三十一節[100]；第六章、第十六節[101]。

《耶》第十一章、第二十一節[102]，第十五章、第十二節[103]，第十七章、第九節：Parvum est cor omnium et incrustabile, quis cognoscet illud?[104]這就是說，誰能認識其中的全部邪惡呢？因爲人們已經知道它是爲非作惡的。Ego Dominus[105]等等——第七章、第十四節[106]：Faciam domui huic[107]等等。對外表的聖禮要有信心，——第七章、第二十二節[108]：Quia non sum locutus[109]等等。最根本的東西並不是外表的聖禮，第十一章、第十三節[110]。Secandum numerum[111]等等。大量的學說，第二十三章、第十五至十七節[112]。

87《以賽亞書》第二十六章、第二十節：「我的百姓啊，你們要來進入內室，關上門隱藏片時，等到憤怒過去。」

88《以賽亞書》第二十八章、第一節：「禍哉，以法蓮的酒徒，住在肥美谷的山上，他們心裡高傲，以所誇的爲冠冕，猶如將殘之花。」

89《以賽亞書》第三十三章、第九節：「地上悲哀衰殘，利巴嫩羞愧枯乾，沙崙像曠野，巴珊和迦密的樹林凋殘。」

90《以賽亞書》第四十章、第十七節：「萬民在他面前好像虛無，被他看爲不及虛無，乃爲虛空。」

91《以賽亞書》第四十一章、第二十六節：「誰從起初指明這事，使我們知道呢？誰從先前說明，使我們說他不錯呢？誰也沒有指明，誰也沒有說明，誰也沒有聽見你們的話。」

92《以賽亞書》第四十三章、第十三節：「自從有日子以來我就是上帝，誰也不能救人脫離我手。我要行事，誰能阻止呢？」

93《以賽亞書》第四十四章、第二十至二十四節：「他以灰爲食，心中昏迷，使他偏邪，他不能自救，也不能說，我右手中豈不是有虛謊嗎？雅各、以色列啊。你是我的僕人，要紀念這些事。以色列啊，你是我的僕人，我造就你必不忘記你。我塗抹了你的過犯，像厚雲消散；我塗抹了你的罪惡，如薄雲滅沒。你當歸向我，因我救贖了你。諸天哪，應當歌唱，因爲耶和華作成這事。地的深處啊，應當歡呼，眾山應當發聲歌唱，樹林和所有的樹都當如此，因爲耶和華救贖了雅各並要因以色列榮耀自己。從你出胎造就你的救贖主耶和華如此說，我耶和華是創造萬物的，是獨自鋪張諸天，鋪開大地的（誰與我同在呢？）。」

（續下頁）

94 《以賽亞書》第五十四章、第八節：「我的怒氣漲溢，頃刻之間向你掩面，卻要以永遠的慈愛憐恤你，這是耶和華你的救贖主說的。」

95 《以賽亞書》第六十三章、第十二至十七節：「使他榮耀的膀臂在摩西的右手邊行動，在他們前面將水分開，要建立自己永遠的名。帶領他們經過深處如馬行走曠野、使他們不至絆跌的，在哪裡呢？耶和華的靈使他們得安息，彷彿牲畜下到山谷，照樣你也引導你的百姓，要建立自己的榮名。求你從天上垂顧，從你聖潔的居所觀看，你的熱心和你大能的作爲在哪裡呢？你愛慕的心腸和憐恤向我們止住了。亞伯拉罕雖不認識我們，以色列也不承認我們，你卻是我們的父，耶和華啊，你是我們的父，從萬古以來，你名稱爲我們的救贖主。耶和華啊，你爲何使我們走差離開你的道，使我們心裡剛硬不敬畏你呢？求你爲你僕人，爲你產業支派的緣故轉回來。」

96 《以賽亞書》第六十六章、第十七節：「那些分別爲聖、潔淨自己的，進入園內跟去一個人的後頭吃豬肉和倉鼠並可憎之物，他們必一同滅絕，這是耶和華說的。」

97 《耶利米書》第二章、第三十五節：「你還說：我無辜，耶和華的怒氣必定向我消了。看哪，我必審問你，因你自說：我沒有犯罪。」

98 《耶利米書》第四章、第二十二至二十四節：「耶和華說，我的百姓愚頑不認識我，他們是愚昧無知的兒女，有智慧行惡，沒有智識行善。先知說，我觀看地，不料地是空虛混沌，我觀看天，天也無光。我觀看大山，不料盡都震動，小山也搖來搖去。」

99 《耶利米書》第五章、第四節：「我說這裡人實在是貧的，是愚昧的，因爲不曉得耶和華的作爲和他們上帝的法則。」

（續下頁）

100《耶利米書》第五章、第二十九至三十一節：「耶和華說我豈不因這些事討罪呢？豈不報復這樣的國民呢？國中有驚駭可憎惡的事，就是先知說假預言、祭司借他們把持權柄。我的百姓也喜愛這些事，到了結局你們怎樣行呢？」

101《耶利米書》第六章、第十六節：「耶和華如此說，你們當站在路上察看，訪問古道；哪是善道，便行在其間，這樣你們心裡必得安息，他們卻說我們不行在其間。」

102《耶利米書》第十一章、第二十一節：「所以耶和華論到尋索你命的亞拿突人如此說：他們說，你不要奉耶和華的名說預言，免得你死在我們手中。」

103《耶利米書》第十五章、第十二節：「人豈能將銅與鐵、就是北方的鐵，折斷呢？」

104〔人心比萬物都更曲折隱蔽，誰能識透它呢？〕《耶利米書》第十七章、第九節：「人心比萬物都詭詐，壞到極處，誰能識透呢？」

105〔我就是主〕。

106《耶利米書》第七章、第十四節：「所以我要向這稱爲我名下，你們所倚靠的殿與我們所賜給你們和你們列祖的地施行，照我從前向示羅所行的一樣。」

107〔使這成爲我的家〕。《耶利米書》第七章、第十四節：「我要向這稱爲我名下。」

108《耶利米書》第七章、第二十二節：「因爲我將你們列祖從埃及地領出來的那日，燔祭、平安祭的事我並沒有提說，也沒有吩咐他們。」

109〔因爲沒有安置我〕。

569—502（683）672—532

•象徵——文字殺人[113]；一切都在象徵之中到來。這便是聖保羅所給我們的符號。基督必須受難。一個受屈辱的上帝。內心的割禮[114]、眞正的守齋、眞正的犧牲、眞正的神殿。先知們已經指出了這一切都必須是精神的[115]。

並不是那消滅的肉，而是那並不消滅的肉。

「你們將眞正自由」[116]。因而，其他的自由就只不過是自由的象徵而已。

「我是天上來的眞正的糧食」[117]。

558—491*（684）474—537

•矛盾——我們唯有協調了自身的一切相反性，才能形成一副美好的體質；[118]而不協調這些相反的東西就無法追尋一系列相協調的品質。要理解一個作家的意義，我們就必須協調一切相反的章節。

因此，要理解聖書，就必須有一種意義使全部相反的章節在其中都得以協調。有一種意

110《耶利米書》第十一章、第十三節：「猶大啊，你神的數目與你城的數目相等，你爲那可恥的巴力所築燒香的壇也與耶路撒冷街道的數目相等。」

111〔第二數目〕。

112《耶利米書》第二十三章、第十五至十七節：「所以萬軍之耶和華論到先知如此說，我必將茵陳給他們吃，又將苦膽水給他們喝，因爲褻瀆的事出於耶路撒冷的先知，流行遍地。萬軍之耶和華如此說，這些先知向你們說預言，你們不要聽他們的話，他們以虛空教訓你們，所說的異象是出於自己的心，不是出於耶和華的口。他們常對藐視我的人說，耶和華說你們必享平安，又對一切按自己頑梗之心而行的人說，必沒有災禍臨到你們。」

113《哥林多後書》第三章、第六節：「不是憑著字句，乃是憑著精意；因爲那字句是叫人死，精意是叫人活。」

114《羅馬書》第二章、第二十九節。

115《約翰福音》第六章、第三十三節：「因爲上帝的就是那從天上降下來賜生命給世界的。」

116《約翰福音》第八章、第三十六節。

117《約翰福音》第六章、第三十二節：「我父將天上來的眞糧賜給你們。」第三十五節：「耶穌說，我就是生命的糧。」

118 這句話波・羅雅爾本作：「才能很好地形成一個人的性格。」

義可以適應許多相協調的章節，這是不夠的；而是要有一種意義可以協調甚至於是相反的各個章節。

每個作家都具有一種可以使一切相反的章節得以協調的意義，否則他便是根本沒有任何意義的了。我們不能說聖書和先知們是沒有任何意義的；他們確實都是極有意義的。因而，我們必須尋找出一種可以協調這一切相反性的意義來。

因而，眞正的意義就絕不是猶太人的意義；但是一切矛盾都在耶穌基督之中得到協調。

猶太人不懂得協調何西阿所預言的王權和君權的中斷與雅各的預言[119]。

如果我們把法律、犧牲與王國當作是眞實，我們就無法協調所有的章節。因而，它們就必然只能是象徵。我們甚至於無法協調同一個作家的各個章節，或同一部書中的各個章節，或有時候同一章中的各節各段，儘管它們充分指明了一個作家的意義是什麼；例如《以西結書》第二十章說，我們將在上帝的誡律中生活，而我們又將不在其中生活[120]。

559—493（605）611—538**

象徵——如果法律與犧牲是眞理，那就必定會使上帝高興而絕不會使他不高興。假如它們是象徵，它們就必定既使人高興又使人不高興[121]。

可是在全部的聖書裡，它們都是既使人高興，又使人不高興。其中說過：法律將要改變，犧牲將要改變，他們將沒有法律，沒有君主，也沒有犧牲，將要締訂一個新的聖約，法律將要更新，他們已經接受的誡命並不美好，他們的犧牲令人厭惡，上帝根本就不曾要求過這些。[121]

相反地，其中又說：法律將永遠長存，那個聖約將是永恆的，犧牲將是永恆的，王笏將永遠不會離開他們，因爲直到永恆的王到來爲止，它是絕不會離開他們的。[122]

所有這些章節是表示它是眞實嗎？不是的。然而，這些是表示它是象徵嗎？也不是的；而是表示它或者是眞實，或者是象徵。然而前面的章節既然排斥了眞實，所以就表示它只不過是象徵。

---

119 《何西阿書》第十三章、第十節：「你曾求我說，給我立王和首領；現在你的王在哪裡呢？治理你的在哪裡呢？」

120 《以西結書》第二十章、第四十節：「主耶和華說，在我的聖山，就是以色列高處的山，所有以色列的全家都要事奉我」，同章，第二十五節：「我也任他們遵行不美的律例，謹守不能使人活著的惡規。」

121 本書下冊第677段。

122 本段所列舉的各項內容，其出處詳見以下兩段。

所有這些章節合在一起都不能用以述說眞實，所有這些都能用以述說象徵；因而，它們說的就不是眞實，而是象徵。

Agnus occisus est ab origine mundi[123]。獻祭者的審判者。

559（a）—497（686）480—539

•相•反•性：王笏直到彌賽亞的時候，——沒有國王，也沒有君主。

永恆的法律，——被改變了。

永恆的聖約，——新的聖約。

好法律，——壞誡命[124]。《以西》。

555—506（687）473—540

•象•徵——當上帝的話（他的話是眞的）在字面上是假的時，它在精神上卻是眞的。

Sede a dextris meis，[125]這在字面上是假的，因而它在精神上是眞的。

這種說法乃是以人的方式在談論上帝；而它並不是指什麼別的東西，無非是指人們具有使之坐在自己右邊的那種意圖，上帝也是有的；因而，它就是上帝的意圖的一種標誌，而不是他實現自己意圖的方式的一種標誌。

因此，當有人說：「上帝接受了你的香料的芳馨，他將補償給你一片肥美的土地」；這就是說，一個喜歡你那香料的人具有要補償給你一片肥美的土地那種意圖，上帝對你也同樣具有的；因爲你對〔他〕懷著一個人對自己所給予了香料的那個人的同樣的意圖。因此，**iratus est**，[126]「心懷忌妒的上帝」[127]等等。因爲上帝的事物是不可言傳的，它們是不能以別的方式加以述說的；教會今天還在運用它們：**Quia confortavit seras**[128]等等。

---

123 〔從創世以來就被殺死的羔羊〕。《啓示錄》第十三章、第八節：「凡住在地上的、名字從創世以來沒有記在被殺之羔羊生命冊上的人，都要拜他。」據布倫士維格解說：作者認爲這句話是指猶太人法律所規定的犧牲只不過是永恆犧牲的象徵。

124 按此處所舉的四組相反性，詳見以下各段。

125 〔坐在我的右邊。〕《詩篇》第一一〇篇、第一節：「耶和華對我主說，你坐在我的右邊。」

126 〔他憤怒了。〕

127 《出埃及記》第二十章、第五節：「我耶和華你的上帝是忌邪的上帝。」又，《以賽亞書》第五章、第二十五節。

128 〔因爲他加固了門閂。〕《詩篇》第一四七篇、第十三節：「因爲他堅固了你的門閂。」

把聖書未曾向我們顯示過爲其所具有的那種意義歸之於聖書，這是不能允許的。因此，說《以賽亞書》中封閉的 mem 就是指600，[129]那就是未曾顯示過的事了。可能有人說最後的 tsade 和 he deficientes 字樣指的是神祕。可是這樣說是不能允許的，而且尤其不能說這就是哲人石[130]的方式。而是我們要說，字面的意義並不是眞正的意義，因爲先知們親自這樣說過。

554—515*（**688**）**483—541**

我並不說 mem 這個字是神祕的。

492—547（**689**）**476—545**

摩西（《申》第三十章）允諾過，上帝將爲他們的心行割禮，好使他們能夠愛他。[131]

493—538（690）475—546

大衛的或摩西的一句話，例如「上帝將爲他們的心行割禮」，[132]就能使人判斷他們的精神。[133]即使其他的一切言論都是含糊的，使人懷疑他們究竟是哲學家還是基督徒；但最後有這樣性質的一句話就可以斷定其他的一切了，正像愛比克泰德（Epictetus）的一句話就可以斷定其餘的一切都相反。曖昧一直延續至今，但今後卻不會再有了。

---

129 按，猶太聖書中某些特殊的字體，如此處的希伯來字母 mem，有兩種寫法，一種爲開放體，一種爲封閉體。《以賽亞》書中所用的爲封閉體而非開放體，故其數值亦因而不同。

130 「哲人石」爲中世紀煉丹術家所尋求的點石成金的丹藥。

131 《申命記》第三十章、第六節·「耶和華你上帝必將你心裡和你後裔心裡的汙穢除掉，好叫你盡心盡性愛耶和華你的上帝。」

132 同前注。

133 布倫士維格注：這就是說，可以使人看出他們是以肉慾的意義還是以精神的意義在理解法律的。

558（a）—510（691）503—467

有兩個人都在講述愚蠢的故事，但其中一個具有猶太神祕哲學[134]所理解的雙重意義，另一個則只具有一種意義；假如某個不屬於這個祕密圈子裡的人聽到這兩個人都以這種方式在談論，他就會對他們做出同樣的判斷。但假如隨後在其他的談論裡，一個人講述了天使的東西，另一個則總是在講述平庸常見的東西，那麼他就會判斷是前一個人在談論著神祕，而並非後一個人：前一個人已經充分表明他是不可能這樣愚蠢的，並且是可能有神祕的；而另一個則不可能有神祕，並可能是愚蠢的。

《舊約》乃是一套符號。

570—503（692）484—466

有些人確實看到人類除了慾念之外就沒有別的敵人，慾念使他們背離上帝，而非上帝背離他們；並且除了上帝就沒有別的美好，而不是什麼一片肥美的土地。那些相信人類的美好就只在於肉體、而惡就只在於使他們脫離感官歡樂的人們，就讓〔他們饜足〕於其中並讓他們[135]〔死於〕其中吧。然而那些全心全意追求上帝的人，他們唯有被剝奪了對上帝的嚮往才會煩憂，他們所願望的就只在於獲得上帝，並且僅僅以使他們背離上帝的人爲敵，他們看到自己被這樣的敵人所包圍、所統治而感到痛苦；讓他們感到安慰吧，我要向他們宣布一個幸福的消息：有一個解放者爲他們而存在，我要使他們看到他，我要向他們表明有一個上帝爲他們而存在；我將不會讓別人看到他。我要讓他們看到已經允諾了一個彌賽亞，他將從敵人手中解救他們；並且已經到來了一個要從不公正的手中而不是從敵人手中把他們解救出來的彌賽亞。[136]

當大衛預言彌賽亞將把他的人民從他們敵人的手中解救出來時，我們可以相信在肉體上那就是埃及人，但這樣我就無法表明這個預言是實現了的。然而我們也很可以相信那就是不公正，因爲事實上埃及人並不是敵人，而不公正才是敵人。因而敵人這個名詞是含糊的。然

---

134 猶太神祕哲學（cabale），此字原指猶太的祕密教派，此處則泛指一切爲常人所不理解的祕傳學說。可參看本書下冊第642段。

135 此處「他們」手稿作「他」，譯文據布倫士維格本改正。

136 據布倫士維格解說：本段之難於索解，原因在於「敵人」一詞有兩義，一爲實際的，一爲象徵的。「他們看到自己被這樣的敵人所包圍、所統治而感到痛苦」一語中的「敵人」係指慾念；最後一句話中的「敵人」則指精神的敵人，係與不公正相對而言。本編全編都可以這樣加以理解。

而，假如他在別的地方，正如有此必要那樣，曾經說過，他將把他的人民從他們的罪惡中解救出來，也像以賽亞[137]和別人一樣；那麼含糊就可以消除，並且敵人的兩重意義就可以歸結爲不公正這一種意義了。因爲假如他的精神裡有罪惡，那麼他就很可以叫它們作敵人；但是假如人，他卻不能稱它們爲不公正。

可是，摩西與大衛與以賽亞都使用了同樣的詞句。因而，誰能說他們並不具有同樣的意義，而大衛的意義——當他談到敵人時，那顯然是說不公正——與摩西在談到敵人時的〔那種意義〕並不相同呢？

但以理（第九章）爲了解救人民免於被他們的敵人所俘虜而祈禱，然而他想著的是罪惡；並且爲了表明這一點，他就說加百列[138]曾來告訴他說，他已經被傾聽到了，並且只要等待七十周，然後整個人民就將被解除不公正，罪惡就要結束，而那位聖中之聖的解放者就將帶來永恆的正義——不是法律的正義，而是永恆的正義[139]。

137《以賽亞書》第四十三章、第二十五節：「唯有我爲自己的緣故塗抹你的過犯，我也不紀念你的罪惡。」

138 加百列（Gabriel）爲天使長，事見《但以理書》第九章、第二十至二十二節。

139《但以理書》第九章、第二十四節：「爲你本國之民和你聖城，已經定了七十個七，要止住罪過，除淨罪惡，贖盡罪孽，引進永義，封住異象和預言，並膏至聖者。」

第十一編　預言

393—389（693）535—422

看到人類的盲目和可悲，仰望著全宇宙的沉默，[1]人類被遺棄給自己一個人而沒有任何光明，就像是迷失在宇宙的一角，而不知道是誰把他安置在這裡的，他是來做什麼的，死後他又會變成什麼，他也不可能有任何知識；這時候我就陷於恐怖，有如一個人在沉睡之中被人帶到一座荒涼可怕的小島上而醒來後卻不知道自己是在什麼地方，也沒有辦法可以離開一樣。因此之故，我驚訝何以人們在這樣一種悲慘的境遇裡竟沒有淪於絕望。我看到我周圍就有一些類似性質的人，我問他們是不是比我懂得更多，他們告訴我說不是；因此之故，這些可憐的迷途者就環顧自己的左右，看到了某些開心的目標，就要委身沉醉於其中。就我而言，我卻無法沉醉於其中；並且考慮到還更有多少跡象都在說明除了我所看到的之外還有著另外的東西，於是我就探索是不是這位上帝全然不曾留下來他自己的某些標誌。

我看到有許多相反的宗教，由此可見除了一種之外，所有的都是假的。每一種都想以其自己的權威使人相信並威脅著不相信的人。因此，我就不相信這類宗教。每個人都可以說這些話，每個人都可以自稱是先知。然而我看到在基督教之中預言得到了實現，而這卻是任何宗教所不能做到的事。

522—617（694）500—533

而冠冕著這一切的便是預告，從而我們絕不能說成就了這些的只是偶然。

任何一個只能再活一星期的人，都不會發現便宜[2]就在於相信這一切並不是一場偶然……。

如果感情根本不能操縱我們，那麼一個星期和一百年就都是一回事。

524（d）—634*（695）579—542

預言——偉大的潘是死去了。[3]

---

1 見本書上冊第206段；又見，第72段。

2 可參看本書上冊第236、237段。

3 語出沙朗《三個眞理》第二卷、第八章引布魯塔克語；按潘（Pan）爲古希臘的牧神，此處指基督教以前的異教世界。

524（c）—356（696）458—458

Susceperunt verbum cum omni aviditate, scrutantes Scripturas, siita se haberent[4].

524（e）—589（697）515—459

Prodita lege. —— Impleta cerne. —— Implenda coilige[5].

523—660（698）779—460

我們只是看到事物來臨時，才能理解預言；因此，隱居、思考、沉默等等證據就只是向那些知道它們並相信它們的人才作出了證明。

約瑟在一種純屬外表的法律裡而竟那麼地內心。

外表的懺悔就準備了內心的懺悔，正如屈辱就準備了謙卑。所以這些……。

525—596（699）485—470

猶太會堂先於教會；猶太人先於基督徒。先知們預言了基督徒；聖約翰[6]預言了耶穌基督。

545—606（700）534—468

以信仰的眼光來觀察希律（Herod）的歷史和凱撒（César/Julius Caesar）的歷史，確實引人入勝。

---

4 〔他們如飢如渴地考察道，鑽研聖書，要看究竟它是不是這樣。〕《使徒行傳》第十七章、第十一節：「天天考查《聖經》，要曉得這道是與不是。」

5 〔要閱讀那已經宣布的。——要究心那已經實現的。——要收集那將要實現的。〕

6 聖約翰，指施洗的約翰。

503，544—594（701）502—478

猶太人對於他們法律和他們神殿的熱誠（約瑟夫斯，與猶太人菲羅，Ad Caium[7]）。還有哪個民族有過這樣的熱誠？他們必須有這種熱誠。

耶穌基督預告了世界的時間與狀態：離了腿的主[8]與第四王國。[9]我們在這種幽晦之中看到了這種光明該是何等幸福啊！

以信仰的眼光觀察大流士（Darius）[10]和居魯士、亞歷山大（Alexander the Great）、羅馬人、龐培（Pompée/Pompeius Magnus）[11]和希律都不知不覺地在爲福音書的光榮而行動，那是多麼引人入勝啊！

501—574（702）495—472

猶太民族對於他們法律的熱誠，而且主要地是在已經再沒有先知以後。

502—571（703）159—477，606

當先知們還在維護法律的時候，人民是漠不關心的；然而自從不再有先知之後，熱誠就隨之而來。

504—654（704）911—473

魔鬼在耶穌基督以前就擾亂了猶太人的熱誠，因爲耶穌基督會成爲他們的救贖者；——但並不是在以後。

---

7 〔《出使蓋烏斯》〕猶太人菲羅所著書。

8 《創世紀》第四十九章、第十節：「圭必不離猶太，杖必不離他兩腳之間。」

9 《但以理書》第二章、第四十節：「第四國。堅強如鐵。」

10 指大流士一世（Darius，西元前五二一至前四八五年），爲古波斯王。

11 龐培（Pompée，即 Pompeius Magnus，西元前一〇六至前四十八年），羅馬前三雄之一。

猶太民族被異教徒嘲弄；基督教民族則被迫害。

524—447（705）906—474

•證•明——預言及其實現；在耶穌基督之前而來的一切，以及繼耶穌基督以後而來的一切。

526—626**（706）383—475

對耶穌基督的最大證明就是預言。也正是在這上面，上帝準備得最多；因爲實現了預言的那些事件乃是自從教會的誕生一直貫徹到它的終了的一場奇蹟。上帝就這樣在一千六百年之中創造了先知們；並且在以後的四百年之中又把所有的這些預言連同所有傳播它們的猶太人散布到全世界上的各個地方。[12]這便是對於耶穌基督的降生所做的準備，他的福音書要受到全世界的信仰；所以就必須不僅要有預言，好使他爲人所信仰，而且還要使這些預言存在於全世界，好使它爲全世界所掌握。

527—640（707）382—476

但僅有這些預言還不夠；還必須使它們傳佈到所有的地方去並且在一切時間裡都保存下來。並且爲了使人們不至於把這種協調當成是一種偶然的作用，就必須對它做出預言。

對彌賽亞格外光榮的，便是除了上帝保全了他們[13]之外，他們還是觀察者，並且甚至於還是他的光榮的工具。

546—624（708）507—480

預言——時間是被猶太民族的狀態，被異教民族的狀態，被神殿的狀態，被年代的數目

---

12 按，這兩段時期，第一段始自亞伯拉罕（約當西元前二〇〇〇年），第二段終於耶穌基督。猶太人的散布始自巴比倫的被俘（西元前五八八至前五三八年）；但預言是在耶路撒冷神殿重建（西元前四五四年）後七十年才告結束。

13 「他們」指猶太人。

所預告過的。

547—627（709）923—482

必須堅決以那麼多的方式來預言同一件事物：必須是四個偶像崇拜者的或異教徒的君主、猶大王權的結束以及七十個星期都在同一個時間到來，並且這一切都要在第二個神殿被毀滅之前。

528—623（710）912—483

預言——若是有一個人獨自寫了一部預言耶穌基督的書，預告了時間和方式，並且耶穌基督的到來竟然吻合這些預言；那它就會有無限的力量。

可是這裡卻還有著更多的東西，在四千年的歲月裡有著一系列的人出來一貫地毫無更改地一個接著一個預言了這同一事件。有著整個一個民族在宣告它，並且他們四千年來始終存在著，爲的是對他們關於這事所具有的保證能集體地作出見證來，他們是不可能由於人們所加之於他們的那些威脅與迫害而轉變的；這才特別值得重視。

529—646（711）352—

關於具體事物的預告——他們在埃及乃是異邦人，無論是在那個土地上或是在別的地方都沒有任何自己的所有。〔無論是在如此長久以來就存在著的王朝中，還是在他們所稱之爲辛奈德林（Synédrin）[14]的七十法官的最高會議上——這是摩西所創建的，並一直延續到耶穌基督的時代——都沒有一點點表現。所有這類的事都已盡可能地遠離他們當前的狀態了。〕當雅各臨死祝福他的十二個孩子時，就向他們宣布，他們將成爲一大片土地的所有者；並且特別向猶大的一家預告說，有一天將要統治他們的列王就是出自他的支派，而且所有他的弟兄都將是他的臣民。〔並且就連要成爲萬邦的期望的那位彌賽亞也將由他誕生，並且絕不會取消猶大的王權或者他的後裔的統治權與立法權，直到期望中的彌賽亞降臨他家爲止。[15]〕

這同一個雅各處置著這片未來的土地，就彷彿他是那上面的主人似的，他給約瑟的土地

14 辛奈德林（Synédrin）古猶太的最高會議。

15 以上所述，見《創世紀》第四十九章。

比給別人的多一塊。他說：「我給你的要比給你的兄弟們的多一塊。」在祝福約瑟帶到他面前的兩個孩子以法蓮（Ephraim）和瑪拿西（Manasseh）[16]時，長子瑪拿西在他的右邊，幼子以法蓮在他的左邊；他就交叉伸出他的手臂，把右手放在以法蓮的頭上，把左手放在瑪拿西的頭上，他以這種方式祝福了他們。對於約瑟向他表示自己偏愛幼子，[17]他就以一種可讚美的堅定回答他說：「我很知道，我的孩子，我很知道；可是以法蓮要比瑪拿西更昌大。」[18]後來這在事實上已經是那麼眞確，他們單獨這一支幾乎就像構成整整一個王國的整個那兩支一樣地繁庶，於是他們通常就被單獨稱作以法蓮這個名字。

這同一個約瑟臨終時就告誡他的子孫們，在他們走上那片土地時，要帶著他的骨骸和他們一起；他們只是兩百年以後才到達那裡。[19]

在這一切事情到來之前那麼久，摩西就寫下了這一切事情；並且在他們進入那片土地之前，摩西就親自把它劃分給了每個家庭，彷彿他就是那上面的主人似的。[20]〔他最後宣布，上帝要從他們的國家和他們的種族之中創造出一個先知來，他本人只是那個先知的象徵，並且他明確地向他們預告了他死之後他們所要進入的這片土地之上一切將要對他們發生的事情，上帝所將賜給他們的勝利，他們對上帝的忘恩負義，他們因此所將受到的懲罰以及他們的其他冒險。〕他給了他們以將會做出這種劃分的裁判者；他向他們規定了他們在這裡所將遵守的政治體制的全部形式，他們在這裡所將建立的避難的城市，以及……。

530—659（712）501—483

預言是摻雜著具體的事情和彌賽亞的事情的，爲的是使彌賽亞的預言不會沒有證明，而具體的預言也不會沒有結果。[21]

---

16 此處所述，見《創世紀》第四十八章。

17 見《創世紀》第四十八章、第十七節，又本書下冊第623段。

18 《創世紀》第四十八章、第十九節：「我知道，我兒我知道，他也必成爲一族，也必昌大，只是他的兄弟將來比他還大。」

19 見《創世紀》第五十章、第二十四至二十五節。

20 見《利未記》第二十五章、第十五、十八、三十四節。

21 按本段爲針對反對預言的人所做的答覆。

531—644*，664（713）11—484

猶太人永不復返的被俘——《耶》第十一章、第十一節：「我將給猶大帶來災禍，這是他們無從解免的。」[22]

象徵——《以》第五章：「上帝有一座葡萄園，他期待那裡面結葡萄；但它卻只結野葡萄。因此，我要把它荒廢，把它毀掉；地上將只生長荊棘，我將禁止天在上面〔下雨〕。主的葡萄園就是以色列的家，猶大的人就是他所喜愛的幼芽。我期待他們做出正義的行爲，而他們卻只造成了不公正。」[23]

《以》第八章：「你們要以畏懼和戰慄尊主爲聖；你們只應該怕他，他將是你們的聖所，但他對以色列的兩家則將是誹謗石和絆腳石。他對耶路撒冷的人民將是羅網和毀滅；他們有許多人將在那塊石頭上絆住，將會跌倒，將會粉碎，並將會陷入羅網而被消滅。你要遮起我的話來並爲我的門徒封住我的法律。」[24]

「因而我將耐心期待那在雅各家中遮蓋起自己並隱蔽起自己來的主。」[25]

《以》第二十九章：「以色列的人民啊，你們將會迷亂而又驚奇；你們將會踉蹌跌倒並且沉醉，但不是因飲酒而沉醉，你們將會跌倒，但不是因沉醉而跌倒；因爲上帝給你們造就了沉睡的精神：他將遮住你們的眼睛，他將蒙蔽你們那些具有先見的君主和先知。」[26]（《但以理書》第十二章：「惡人將不會理解它，唯有教養良好的人才能理解它。」[27]《何西阿書》第末章第末節在談了好多塵世的賜福之後，說道：「智慧的人在哪裡？他將會理解這

22《耶利米書》第十一章、第十一節：「所以耶和華如此說，我必使災禍臨到他們，是他們不能逃脫的。」

23《以賽亞書》第五章、第一至七節：「我所親愛的有葡萄園，……我指望結好葡萄，怎麼倒結了野葡萄呢？……我必使他荒廢，不再修理，不再鋤刨，荊棘蒺藜倒要生長，我也必命雲不降雨在其上。萬軍之耶和華的葡萄園就是以色列家，他所喜愛的樹就是猶太人。他指望的是公平，誰知倒是暴虐；指望的是公義，誰知倒有冤聲。」

24《以賽亞書》第八章、第十三至十六節：「但要遵萬軍之耶和華爲聖，以他爲你們所當怕的、所當畏懼的。他必作爲聖所，卻向以色列兩家作絆腳的石頭、跌人的磐石，向耶路撒冷的居民作爲圈套和網羅。許多人必在其上絆腳跌倒而且跌碎並陷入網羅被纏住。你要捲起律法書，在我門徒中間封住訓誨。」

25《以賽亞書》第八章、第十七節：「我要等候那掩面不顧雅各家的耶和華。」

26《以賽亞書》第二十九章、第九至十節：「你們等候驚奇吧，你們宴樂昏迷吧。他們醉了卻非因酒，他們東倒西歪卻非因濃酒。因爲耶和華將沉睡的靈澆灌你們，封閉你們的眼，蒙蓋你們的頭；你們的眼就是先知，你們的頭就是先見。」

27《但以理書》第十二章、第十節：「一切惡人都不明白，唯獨智慧人能明白。」

些事」；[28]等等。）」[29]而所有這些先知的先見對你們來說，都像是一部被封住了的書，如果我們把它交給一個能夠念它的、有學問的人，他就會答道：我不能念，因爲它被封住了；而當我們把它交給不會念書的人，他們就會答道：我不認識這些字。」[30]

「主向我說：因爲這個民族用嘴唇尊敬我，而他們的心卻遠離我（這便是它那理由和原因了，因爲如果他們衷心崇拜上帝，他們就會理解預言的），他們僅只以人世的方式服侍我：正是因爲這個緣故，我就要在其餘一切之外對這個民族再行奇妙的事，做出宏偉而又可怖的奇蹟；那就是要使智慧者的智慧消失，使他們的理智將被〔蒙蔽〕。」[31]

預言。神性的證明——《以》第四十一章：「假如你們是神，就請走來向我們宣布未來的事物，我們將傾心聽你們的話。請教給我們自從開闢以來所曾發生過的事，請向我們預言將會到來的事。」[32]

「就憑這我們才知道你們是神。假如你們能夠，就請降福或者降禍吧。就讓我們觀看，並且一起論理吧。但你們卻是虛無，你們只不過是可憎惡的而已；等等。[33]你們之中有誰（根據同時代的作家）[34]能教給我們從開闢和起源以來所成就的事呢？從而我們可以向他說：你是正義的。並沒有任何人能教給我們這些，也沒有任何人能預告未來。」[35]

《以》第四十二章：「我就是主，我不把我的光榮交給別人。是我預言了已經來臨的事，是我還要預言將要到來的事。讓整個大地都唱一首新頌歌讚美上帝吧。」[36]

28《何西阿書》第十四章、第九節：「誰是智慧人，可以明白這些事，誰是通達人可以知道這一切。」

29 括弧內的話原稿中係寫在頁旁者。

30《以賽亞書》第二十九章、第十　至十二節：「所有的默示你們看如封住的書卷。人將這書卷交給識字的說，請念吧；他說，我不能念，因爲是封住了。又將這書卷交給不識字的人說，請念吧；他說，我不識字。」

31《以賽亞書》第二十九章、第十三至十四節：「主說，因爲這些百姓親近我，用嘴唇尊敬我，心卻遠離我。他們敬畏我，不過是領受人的吩咐。所以我在這百姓中要行奇妙的事，就是奇妙又奇妙的事；他們智慧人的智慧必然消滅，聰明人的聰明必然隱藏。」

32《以賽亞書》第四十一章、第二十二至二十三節：「指示我們將來必遇的事，說明先前的是什麼事；……要說明後來的事，好叫我們知道你們是神。」

33《以賽亞書》第四十一章、第二十三至二十四節：「好叫我們知道你們是神，你們或降福，或降禍，使我們驚奇一同觀看。看哪，你們屬乎虛無，你們的作爲也屬乎虛空，那選擇你們的是可憎惡的。」

34 括弧內的話原稿中係寫在頁旁者。

35《以賽亞書》第四十二章、第二十六節：「誰從起初指明這事，使我們知道呢？誰從先前說明，使我們說他不錯呢？誰也沒有指明，誰也沒有說明，誰也沒有聽見你們的話。」

36《以賽亞書》第四十二章、第八至十節：「我是耶和華，這是我的名，我必不將我的榮耀歸給假神；……看哪，先前的事已經成就，現在我將新事說明，這事未發以前我就說給你們聽。航海的和海中所有的海島和其上的居民都當向耶和華唱新歌，從地極讚美他。」

「把有眼而看不見、有耳而聽不見的那種人民帶到這裡來吧。讓所有的國家都聚集在一起。他們之中——以及他們的神—有誰能教導你們種種過去和未來的事呢？讓他們拿出可以辯明自己的見證來吧；否則就讓他們諦聽我，並承認這裡就是眞理。」[37]

「主說，你們就是我的見證，你們也是我選擇的僕人，從而你們可以認識我，並且你們可以相信那就是我。」[38]

「我曾預言，我曾拯救，唯有我曾在你們的眼前做出了這些奇蹟；主說，你們就是我的神性的見證。」[39]

「是我，爲了愛你們的緣故，曾粉碎了巴比倫人的武力；是我把你們神聖化，也是我創造了你們。」[40]

「是我使你們得以渡過河流、海洋和波濤，是我永遠地覆沒並摧毀了抵抗過你們的強大敵人。」[41]

「但不要紀念這些往昔的恩惠，也不要再著眼於過去的事。」[42]

「看哪，我在準備著新的事物，它們就要出現了，你們就要認識它們的；我將使沙漠變爲肥美可居的地方。」[43]

「我爲自己造成了這種人民，我奠定他們爲的是好讚頌我等等。」[44]

「然而爲了我自己的緣故，我將抹掉你們的罪過，我將忘卻你們的罪惡；因爲，你們爲

37《以賽亞書》第四十三章、第八至九節：「你要將有眼而瞎，有耳而聾的民都帶出來。任憑萬國聚集，任憑眾民會合，其中誰能將此聲明並將先前的事說給我們聽呢？他們可以帶出見證來，自顯爲是，或者他們聽見便說，這是眞的。」

38《以賽亞書》第四十三章、第十節：「耶和華說，你們是我的見證、我所揀選的僕人；既是這樣便可以知道且信服我，又明白我就是耶和華。」

39《以賽亞書》第四十三章、第十二節：「我曾指示，我曾拯救，我曾說明，並且在你們中間沒有別神，所以耶和華說你們是我的見證，我也是上帝。」

40《以賽亞書》第四十三章、第十四至十五節：「因你們的緣故，我已經打發人到巴比倫去，……我是耶和華你們的聖者，是創造以色列的，是你們的君主。」

41《以賽亞書》第四十三章、第十六至十七節：「耶和華在滄海中開道，在大水中開路，使牛輛、馬匹、軍兵、勇士都出來一同躺下不再起來。」

42《以賽亞書》第四十三章、第十八節：「你們不要紀念從前的事，也不要思想古時的事。」

43《以賽亞書》第四十三章、第十九節：「看哪，我要做一件新事，如今要發現，你們豈不知道嗎？我必在曠野開道路，在沙漠開江河。」

44《以賽亞書》第四十三章、第二十一節：「這百姓是爲我爲自己所造的，好述說我的美德。」

了自己就該記得你們的忘恩負義，以便看出你們是否有什麼可以辨明自己正當的東西。你們的始祖犯了罪，你們的師傅也都是背叛者。」[45]

《以》第四十四章：「主說，我是那開頭的，又是那麼了的；誰要是等同於我，就讓他宣述自從我造就了最初的民族以來各種事物的秩序吧，讓他宣告我曾造就了最初的民族，讓他宣告那些將要來臨的事物。你們不要害怕；我難道沒有使你們理解這一切事物嗎？你們就是我的見證。」[46]

居魯士的預言——《以》第四十五章、第四節：「由於我選擇了雅各的緣故，我就用你的名字呼喚你。」[47]

《以》第四十五章、第二十一節：「讓我們來一起討論吧。是誰自從開闢以來使得這些事物爲人所理解的？是誰從那時候起就預言了這些事物的？難道不是作爲主的我嗎？」[48]

《以》第四十六章：「你們應當追念最初的世紀，並且應該知道沒有什麼可以和我相似，我在談到世界的起源時，從一開頭就宣告了最後要來臨的事。我的敕令將繼續存在，我的全部意志將得到實現。」[49]

《以》第四十二章：「以前的事正如它們曾被預告過的那樣來臨了；看哪，現在我要預告新事，並且在它們來臨之前就向你們宣布。」[50]

《以》第四十八章、第三節：「我已經預告了以前的事，後來我又實現了它們；並且它們是以我所說過的方式來臨的，因爲我知道你們是頑固的，你們的精神是叛逆的，你們的頭腦是傲慢的；這就是爲什麼我要在事情發生以前就宣布它們，爲的是你們不能說這是你們神

---

45 《以賽亞書》第四十三章、第二十五至二十七節：「唯有我爲自己的緣故塗抹你的過犯，我也不紀念你的罪惡。你要提醒我，你我可以一同辯論，你可以將你的理陳明，自顯爲義。你的始祖犯罪，你的師傅違背我。」

46 《以賽亞書》第四十四章、第六至八節：「我是首先的，我是末後的，除我以外再沒有眞神。自從我設立古時的民，誰能像我宣告並且指明又爲自己陳說呢？讓他將未來的事和必成的事說明。你們不要恐懼，也不要害怕。我豈不是從上古就說明指示你們嗎？並且你們是我的見證。」

47 《以賽亞書》第四十五章、第四節：「因我僕人雅各，我所揀選以色列的緣故，我就題名召你。」

48 《以賽亞書》第四十五章、第二十一節：「你們要述說陳明你們的理，讓他們彼此商議。誰從古時指明，誰從上古述說，不是我耶和華嗎？除了我以外，再沒有上帝。」

49 《以賽亞書》第四十六章、第九至十節：「你們要追念上古的事，因爲我是上帝並無別神，我是上帝再沒有能比我的。我從起初指明末後的事，從古時言明未成的事說，我的籌算必立定，凡我所喜悅的我必成就。」

50 《以賽亞書》第四十二章、第九節：「看哪，先前的事已經成就；現在我將新事說明，這事未發以先，我就說給你們聽。」

衹的作品，是他們命令的結果。」[51]

「你看到曾經被預告過的事情來臨，難道不述說它嗎？現在我要向你宣告新事，那是我保存在我權力之內而爲你還不曾看到過的事；只是在現在我才準備它們，而不是長久以來就準備的；我一直向你隱蔽著它們，免得你自詡你已經預見了它們。」[52]

「因爲你對它沒有任何知識，沒有人對你談到過，你的耳朵也從沒有聽到過；因爲我認識你，我知道你翻雲覆雨，自從你誕生的最初時刻起，我就把反覆者的名稱加給了你。」[53]

對猶太人的譴責與異邦人的皈化——《以》第六十五章：「那些從未請教過我的人，現在尋求我。那些從未尋求過我的人，現在找到我；我說：我在這裡，我在這裡，在沒有呼籲過我的名字的那個民族的面前。」[54]

「我終日伸出手來給那個不信仰的民族，他們追隨自己的願望走上一條壞路，這個民族不斷地以他們當我的面所犯的種種罪行在激怒我，他們向偶像獻祭等等。」[55]

「這些人在我憤怒的日子將會煙消雲散等等。」[56]

「我要蒐集起你們的和你們祖先的罪孽，並按你們的作爲一一報應你們。」[57]

「主這樣說：爲了愛我的僕人，所以我不消滅整個以色列，我將保留下來其中某些人，正像人們從葡萄中保留下來一粒種子，人們說：不要摘下它來，因爲它是賜福和〔果實的希望〕。」[58]

51 《以賽亞書》第四十八章、第三至五節：「早先的事我從古時說明，已經出了我的口，也是我所指示的。我忽然行作，事便成就；因爲我素來知道你的頑梗的，你的頭腦是鐵的，你的額是銅的，所以我從古時將這事給你說明，在未成以先指示你，免得你說這些事是我的偶像所行的，是我雕刻的偶像和我鑄造的偶像所命定的。」

52 《以賽亞書》第四十八章、第六至七節：「你已經聽見，現在要看見這一切，你不說明嗎？從今以後我將新事就是你所不知道的隱密事指示你。這事是現今造的，並非從古就有，在今日以先你也未曾聽見，免得你說這事我已早知道了。」

53 《以賽亞書》第四十八章、第八節：「你未曾聽見，未曾知道，你的耳朵從來未曾開通。我原知道你行事極其詭詐；你自從出胎以來便稱爲悖逆的。」

54 《以賽亞書》第六十五章、第一節：「素來沒有訪問我的，現在求問我；沒有尋找我的，我叫他們遇見。沒有稱爲我名下的，我對他們說，我在這裡，我在這裡。」

55 《以賽亞書》第六十五章、第二至三節：「我整天伸手招呼那悖逆的百姓，他們隨自己的意念行不善之道。這百姓時常當面惹我發怒，在園中獻祭，在壇上燒香。」

56 「《以賽亞書》第六十五章、第五節：「主說，這些人是我鼻中的煙，是整天燒著的火。」

57 《以賽亞書》第六十五章、第六節：「必將你們的罪孽和你們列祖的罪孽……一同報應在他們後人懷中。」

58 《以賽亞書》第六十五章、第八節：「耶和華如此說：葡萄中尋得新酒，人就說不要毀壞，因爲福在其中。我因我僕人的緣故，必將照樣而行，不將他們全然毀滅。」

「因此我要從雅各和猶大取出種子，以便享有我的山，它是我的選民和我的僕人所承繼的，還有我那肥沃而富饒可羨的原野；但是我要絕災所有其餘的人，因爲你們爲了侍奉別的神已經忘記了你們的上帝。我呼喚你們而你們卻不答應；我說過話而你們卻不聽從；並且你們已經選擇了我所禁止的事。」[59]

「正是因此，主就說了這樣的話：看哪，我的僕人將吃飽，而你們卻忍飢受餓；我的僕人將歡樂，而你們卻羞慚；我的僕人將唱他們衷心裡洋溢著歡樂的頌歌，而你們卻在你們精神的苦痛之中叫喊哭號。」[60]

「你們將留下你們的名字爲我的選民所憎惡。主將消滅你們，並用別的名字稱呼他的僕人；他們之中凡將在地上得福的也將在上帝那裡得福等等，因爲從前的憂傷已經遺忘了。」[61]

「因爲看哪，我創造出新天和新地，過去的事將不會再記得，也不再出現在思想中。」[62]

「然而你們將在我所創造的新事物之中永遠歡悅，因爲我創造的耶路撒冷不是什麼別的，只不外乎是歡樂，它的人民也就是歡悅。」[63]

「而我也將在耶路撒冷、在我的人民中間歡樂，並且人們再也聽不見哀號和哭泣。」[64]

「他們還沒有求告，我就應允；他們剛一說話，我就垂聽。狼和羊將在一起飼養，獅子和牛將食同樣的草料；蛇將只吃塵土，並且在我整個的聖山上再也不會發生殺人和強暴。」[65]

《以》第五十六章、第三節：「主這樣說：你應該公平正直，因爲我的拯救臨近了，我

59 《以賽亞書》第六十五章、第九至十二節：「我必從雅各中領出後裔，從猶大中領出承受我眾山的。我的選民必承受，我的僕人要在那裡居住。沙崙平原必成爲羊群的圈，亞割谷必成爲牛群躺臥之處，都爲尋求我的民所得。但你們這些離棄耶和華，忘記我的聖山，給時運擺筵席，給天命盛滿調和酒的，我要命定你們歸在刀下，都必屈身被殺；因爲我呼喚，你們沒有答應，我說話，你們沒有聽從，反倒行我眼中看爲惡的，揀選我所不喜悅的。」

60 《以賽亞書》第六十五章、第十三至十四節：「所以主耶和華如此說：我的僕人必得吃，你們卻飢餓；我的僕人必得喝，你們卻乾渴；我的僕人必歡喜，你們卻蒙羞；我的僕人因心中高興歡呼，你們卻因心中憂愁哀哭，又因心裡憂傷哀號。」

61 《以賽亞書》第六十五章、第十五至十六節：「你們必留下自己的名，爲我選民指著賭咒，主耶和華必殺你們另起別的名稱呼他的僕人。這樣，在地上爲自己求福的，必憑眞實的上帝求福，在地上起誓的，必指眞實的上帝起誓；因爲從前的患難已經忘記，也從我眼前隱藏了。」

62 《以賽亞書》第六十五章、第十七節：「看哪，我造新天新地，從前的事不再被紀念，也不再追想。」

63 《以賽亞書》第六十五章、第十八節：「你們當因我所造的永遠歡喜快樂，因我造耶路撒冷爲人所喜，造其中的居民爲人所樂。」

64 《以賽亞書》第六十五章、第十九節：「我必因耶路撒冷歡喜，因我的百姓快樂，其中必不再聽見哭泣的聲音和哀號的聲音。」

65 《以賽亞書》第六十五章、第二十四至二十五節：「他們尚未求告，我就應允；正說話的時候，我就垂聽。豺狼必與羊羔同食，獅子必吃草與牛一樣，塵土必作蛇的食物。在我聖山的遍處，這一切都不傷人不害物。」

的正義將得到顯現。」[66]

「做這些事並且遵守我的安息日和謹防自己的手不做任何壞事的人們有福了。」[67]

「讓依附我的異邦人不要說：上帝將把我和他的人民分開。因爲主這樣說：誰要是遵守我的安息日，決心做到我的意志並遵守我的約定，我就將在我的殿中給他們地位，而且我將給他們一個比我所曾給過我的兒女的更好的名稱：那將是一個永遠不會消滅的永恆的名稱。」[68]

《以》第五十九章、第六節：「正是爲著我們的罪行，正義才遠離了我們。我們期待著光明，而我們卻只遇到黑暗；我們希望著光亮，而我們卻在幽晦之中行進；我們摸索牆壁好像是瞎子，我們在正午就跌倒好像是在深夜裡，好像在陰暗地方的死人。」[69]

「我們像熊那樣咆哮，我們像鴿子那樣哀鳴。我們期待正義，它卻並不到來；我們希望得救，它卻遠離我們。」[70]

《以》第六十六章、第十八節：「但當我來聚集所有的國家和人民的時候，我要檢查他們的行爲和他們的思想，他們將看到我的光榮。」[71]

「我要給他們加上標誌；其中將得救的，我要把他們送到非洲、呂底亞、義大利和希臘的國家去，送到從不曾聽說過我、也從不曾見過我的光榮的那些人民中間去。他們將帶來你們的弟兄們。」[72]

66 《以賽亞書》第五十六章、第一節：「耶和華如此說，你們當守公平行公義，因我的救恩臨近，我的公義將要顯現。」

67 《以賽亞書》第五十六章、第二節：「謹守安息日而不干犯、禁止己手而不作惡，如此行、如此持守的人便爲有福。」

68 《以賽亞書》第五十六章、第三至五節：「與耶和華聯合的外邦人不要說，耶和華必定將我從他民中分別出來。……因爲耶和華如此說：那些謹守我的安息日、揀選我所喜悅的事、持守我約的太監，我必使他們在我殿中、在我牆內有紀念有名號，比有兒女的更美，我必賜他們永遠的名，不能剪除。」

69 《以賽亞書》第五十九章、第九至十節：「因此公平離我們遠，公義追不上我們。我們指望光亮，卻是黑暗，指望光明，卻行幽暗。我們摸索牆壁，好像瞎子；我們摸索，如同無目之人；我們晌午絆腳，如在黃昏一樣；我們在肥壯人中，像死人一般。」

70 《以賽亞書》第五十九章、第十一節：「我們咆哮如熊，哀鳴如鴿；指望公平，卻是沒有；指望救恩，卻遠離我們。」

71 《以賽亞書》第六十六章、第十八節：「我知道他們的行爲和他們的意念。時候將到，我必將萬民萬族聚來看見我的榮耀。」

72 《以賽亞書》第六十六章、第十九至二十節：「我要顯神蹟在他們中間，逃脫的我要差到列國去，就是到他施、普勒、拉弓的路德和土巴、雅完並素來沒有聽見我名聲、沒有看見我榮耀遼遠的海島。他們必將我榮耀傳揚在列國中。他們必將你的兄弟從列國中送回。」

《耶》第七章。譴責神殿：「你們要到示羅去，我起初就在那裡樹立了我的名字；你們去看看我爲了我的人民的罪惡都做了些什麼。主說，現在因爲你們做出了同樣的罪行，所以我要對這座呼籲我的名字並爲你們所信賴的神殿而且是我親自贈給你們牧師的這座神殿，做出我對示羅所做過的同樣的事。」[73]（因爲我摒棄了它，並在另外的地方爲我自己造了一座神殿。）[74]

「我要把你們從這裡趕走，用我趕走你們的弟兄們以法蓮的子孫同樣的方式。（趕走之後永不復返）。因而你不要爲這種人民祈禱。」[75]

《耶》第七章、第二十二節：「你們祭上加祭又有什麼用呢？當我帶你們的祖先出埃及的時候，我並沒有向他們提到獻祭和燔祭；我並沒有吩咐過他們任何這類命令，我所吩咐他們的教誡是這樣的：你們應當服從並忠實於我的誡命，我將是你們的上帝，你們將是我的人民。」[76]（只是在他們祭了金牛之後，我才讓自己有獻祭，爲的是把一種壞習俗轉變成好的。）[77]

《耶》第七章第四節：「千萬不可信任那些人的謊言，他們向你們說：這些是主的神殿，是主的神殿，是主的神殿。」[78]

73 《耶利米書》第七章、第十二至十四節：「你們且往示羅去，就是我先前立為我名的居所、察看我因這百姓以色列的罪惡，向那地所的如何。耶和華說，現在因你們行了這一切的事，我也從早起來警戒你們，你們卻不聽從；呼喚你們，你們卻不答應。所以我要向這稱為我名下、你們所倚靠的殿與我所賜給你們和你們列祖的地施行，照我從前向示羅所行的一樣。」

74 括弧內的話係寫在原稿頁旁者。

75 《耶利米書》第七章、第十五至十六節：「我必將你們從我眼前趕出，正如趕出你們的眾兄弟，就是以法蓮的一切後裔。所以你不要為這百姓祈禱。」

76 《耶利米書》第七章、第二十二至二十三節：「因為我將你們列祖從埃及地領出來的那日，燔祭平安祭的事，我並沒有提說，也沒有吩咐他們。我只吩咐他們這一件說，你們當聽從我的話，我就做你們的上帝，你們也做我的子民。」

77 事見《出埃及記》第三十二章

78 《耶利米書》第七章、第四節：「你們不要倚靠虛謊的話，說這些是耶和華的殿，是耶和華的殿，是耶和華的殿。」

535—648，649，650（714）103—481

猶太人是上帝的見證。《以》第四十三章，第九節；[79]第四十四章，第八節。[80]

•••實現了的預言——《列》上第十三章第二節[81]——《列》上第二十三章，第十六節[82]——《約》第六章第二十六節[83]——《列》上，第十六章第三十四節[84]——《申》第二十三章。

《瑪拉基書》第一章，第十一節。猶太人的獻祭遭到譴責，還有異教徒的獻祭，（甚至於是在耶路撒冷以外）以及在一切地方。

摩西死前預告了異教徒的天職。《申》第三十二章、第二十一節，以及對猶太人的譴責。

摩西預告了對每個部族都將發生什麼。

•••預言——「你的名字將是對我選民的詛咒，我要另給他們起一個名字」。

「使他們硬了心」，[85]怎麼硬法呢？要誇讚他們的慾念並使他們希望慾念得到滿足。

535—652**（715）497—500

預言——《阿摩司書》和《撒迦利亞書》：他們出賣了義人，因此之故他們就永遠不能

79《以賽亞書》第四十三章、第十節：「耶和華說，『你們是我的見證』。」

80《以賽亞書》第四十四章、第八節：「你們是我的見證。」

81《列王紀》上第十三章、第三節：「當時神人設個預兆說，這壇必破裂，壇上的灰必傾撒。這是耶和華的預兆。」第五節：「壇也破裂了，壇上的灰傾撒了，正如神人奉耶和華的命所設的預兆。」

82《列王紀》下第一章、第十六至十七節：「你必不下所上的床，必定要死。亞哈謝果然死了，正如耶和華藉以利亞所說的話。」

83《約書亞記》第六章、第二十六節：「當時約書亞叫眾人起誓說：有興起重修這耶利哥城的人，當在耶和華面前受詛咒；他立根基的時候，必喪長子，安門的時候，必喪幼子。」

84《列王紀》上第十六章、第三十四節：「亞哈在位的時候，有伯特利人希伊勒重修耶利哥城立根基的時候喪了長子亞比蘭，安門的時候喪了幼子西割；正如耶和華藉嫩的兒子約書亞所說的話。」

85《以賽亞書》第六章、第十節：「要使這百姓心蒙脂油。」《約翰福音》第十二章第四十節：「主叫他們瞎了眼，硬了心。」

奉召喚。——被出賣的耶穌基督。

人們將不再記得埃及；見《以》第四十三章，第十六、十七、十八、十九節。[86]《耶利》第二十三章，第六、七節。[87]

預言——猶太人將散布到各個地方。《以》第二十七章第六節。[88]——新的法律。《耶》第三十一章、第三十二節。[89]

瑪拉基。格老秀斯[90]——第二個光榮的神殿。耶穌基督將要到來。《哈該書》第二章，第七、八、九、十節。[91]

對異教徒的召喚。《約珥書》第二章、第二十八節。[92]《何西阿書》第二章、第二十四節。[93]《申》第三十二章、第二十一節。[94]《瑪》第一章、第十一節。[95]

535—625（716）68—495

《何西阿書》第三章——《以》第四十二章、第四十八章、第五十四章、第六十章、第六十一章，最後：「我早就預告過了，爲的是讓他們好認識那就是我。」雅杜斯致亞歷山大。

535—643（717）447—496

〔預言——大衛將永遠會有後繼者的諾言。《耶利米書》。〕

---

86 《以賽亞書》第四十三章、第十八節：「你們不要紀念從前的事，也不要思想古時的事。」

87 《耶利米書》第二十三章、第七節：「日子將到，人必不再指著那領以色列從埃及地上來永生的耶和華起誓。」

88 《以賽亞書》第二十七章、第六節：「以色列要發芽開花，他們的果實必充滿世界。」

89 《耶利米書》第三十一章、第三十一節：「我要與以色列和猶大家另立新約。」

90 按此處係指格老秀斯《論基督教眞理》第五卷、第十四章。

91 《哈該書》第二章、第六節：「萬軍之耶和華如此說，過不多時我再一次震動天地。」

92 《約珥書》第二章、第二十八節：「以後，我要將我的靈澆灌凡有血氣的，你們的兒女要說預言，你們的老年人要作異夢。」

93 《何西阿書》第二章、第二十三節：「本非我民的，我必對他說你是我的民，他必說你是我的上帝。」

94 《申命記》第三十二章、第二十一節：「他們以那不算爲神的觸動我的憤恨，以虛無的神惹了我的怒氣；我也要以那不成子民的，觸動他們的憤恨，以愚昧的國民惹了他們的怒氣。」

95 《瑪拉基書》第一章、第五節：「耶和華在以色列境界之外被尊爲大。」第十一節：「我的名在外邦中必尊爲大。」

535—639（718）673—501

大衛一族的永恆的統治，《歷》下，根據所有的預言以及諾言。但在塵世上並未實現：《耶利》第二十三章、第二十節。

535—500（719）533—599

我們也許會想，當先知們預告說，直到永恆的王爲止王笏是絕不會離開猶大的，他們這樣說的時候是爲了討好人民；並且他們的預言已被希律證明是虛妄的。可是爲了表明這並不是他們的意思，反之他們卻很知道塵世的王國將要中斷，所以他們便說他們將要沒有國王也沒有君主，而且長期如此。《何西阿書》第三章、第四節。[96]

535—631（720）459—906

Non habemus regem nisi Caesarem。[97]既然他們除了一個外邦人之外就不再有王並且他們也不想要別的王，因而耶穌基督就是彌賽亞。

535—651（721）460—544

我們除了凱撒以外就沒有王。[98]

534—662（722）250—666**

《但以理書》第二章：「你所問的奧祕，所有你的占卜者和智士都不能揭示給你。只有

96《何西阿書》第三章、第四節：「以色列人也必多日獨居，無君主、無首領、無祭祀、無柱象、無以弗得、無家中的神像。」

97〔我們除了凱撒以外就沒有王〕。

98《約翰福音》第十九章、第十五節：「除了凱撒，我們沒有王。」

一位在天上的上帝才能揭示它，並且他已經在你的夢中向你顯示了日後所要發生的事。」[99]

（這個夢必定深深觸動了他的心。）

「我認識這個奧祕並不是由於我本人的知識，而是由於那同一位上帝的啓示，他向我揭示了它，爲的是在你的面前顯示它。」[100]

「你的夢是這樣的。你看見了一個又高又大又可怕的形象屹立在你的面前：他的頭是金的，他的胸和臂是銀的，他的腹和腿是銅的，他的脛是鐵的，但他的腳是半鐵半泥（陶土）的。你觀看他始終是這樣的，直到有一塊不是用手鑿出來的石頭打在這像半鐵半泥的腳上，把它砸成粉碎。」[101]

「於是鐵、泥、銅、銀、金都成爲粉碎被吹散到空中；但是砸碎這座像的那塊石頭卻擴長成一座大山，充滿了整個大地。這就是你的夢；現在我就要向你解說這夢。」[102]

「你是王中之最偉大的，上帝給了你如此廣泛的權力，以致你使一切民族都恐懼，你是被你所見的那個金頭來代表的。然而另一個王國將繼你而來，它將不那麼強大；然後又將到來另一個銅的王國，它將擴張到全世界。」[103]

「然而第四個將堅強如鐵；正像鐵可以擊破和刺透一切東西，同樣這個王國也將擊破和粉碎一切。」[104]

「你已看到腳和腳尖是由半泥半鐵做成的，這就標誌那個王國也要分裂，它的成分將既

99《但以理書》第二章、第二十七至二十八節：「但以理在王面前回答說，王所問的那奧祕事，哲士、用法術的、術士、觀兆的都不能告訴王。只有一位在天上的上帝能顯明奧祕的事，他已將日後的事指示尼布甲尼撒王。」

100《但以理書》第二章、第三十節：「至於那奧祕的事顯明給我，並非因我的智慧勝過一切活人，乃爲使王知道夢的講解和心裡的思念。」

101《但以理書》第二章、第三十一至三十四節：「王啊，你夢見一個大像，這像甚高，極其光耀，站在你面前，形狀甚是可怕。這像的頭是精金的，胸膛和臂膀是銀的，肚腹和腰是銅的，腿是鐵的，腳是半鐵半泥的。你觀看，見有一塊非人手鑿出來的石頭打在這像半鐵半泥的腳上，把腳砸碎。」

102《但以理書》第二章、第三十五至三十六節：「於是金銀銅鐵泥，都一同砸得粉碎，成如夏天禾場上的糠秕，被風吹散無處可尋，打碎這像的石頭變成一座大山充滿天下。這就是那夢，我們在王面前要講解那夢。」

103《但以理書》第二章、第三十七至三十九節：「王啊，你是諸王之王，上帝已稱國度、權柄、能力、尊榮都賜給你；凡世人所住之地的走獸並天空的飛鳥，他都交付你手，使你掌管這一切。你就是那金頭。在你以後必另興一國，不及於你。又有第三國，就是銅的，必掌管天下。」

104《但以理書》第二章、第四十節：「第四國必堅強如鐵，鐵能打碎克制百物，又能壓碎一切，那國也必打碎壓制列國。」

有鐵的堅強又有泥的脆弱。」[105]

「但是正如鐵不能與泥堅固地結合在一起，同樣地那些由鐵和泥所表現的那些人也不能做到持久的結合，儘管他們聯了婚。」[106]

「就在那些國君在位的時候，上帝將創立另一個王國，它將永不毀滅，也永不被交給另一個民族。它將掃除並結束所有別的這些王國，但至於它本身，它卻將永世長存，正如向你所顯示的那塊石頭並不是由人手鑿出來的而是由山裡落下來的並且打碎了鐵、泥、銀、金一樣。這就是上帝向你揭示在以後的時代裡所要發生的事。這個夢是眞實的，對這夢的解說也是忠實的。」[107]

「這時尼布甲尼撒便把面孔伏在地上等等。」[108]

《但以理書》第八章、第八節：「但以理看見了公山羊和公綿羊搏鬥，公山羊打敗了公綿羊，並統治了大地，它的大角折斷了，另外又長出四個角來朝著天的四方；其中有一個角又長出小角來，它長大起來朝南、朝東、朝著以色列的土地，它長得高達諸天，顚覆了多少星座，把它們踐踏在腳下，並且終於打倒了君主，停止了永遠的獻祭，並荒廢了神龕。」[109]

「這就是但以理所見到的。他請求得到解釋，便有一個聲音這樣喊道：『加百列啊，讓他明白他所見的景象』；於是加百列就向他說：[110]

你所見到的公綿羊就是米底人和波斯人的王，公山羊就是希臘人的王，而它那兩眼之間

105 《但以理書》第二章、第四十一至四十二節：「你既見像的腳和腳指頭，一半是窯匠的泥一半是鐵，那國家將來必分開；你既見鐵與泥摻雜，那國也必有鐵的力量。那腳指頭既是半鐵半泥，那國也必半強半弱。」

106 《但以理書》第二章、第四十三節：「你既見銅與泥摻雜，那國民也必與各種人摻雜，卻不能彼此相合，正如鐵與泥不能相合一樣。」

107 《但以理書》第二章、第四十四至四十五節：「當那列王在位的時候，天上的上帝必另立一國，永不敗壞，也不歸別國的人，卻要打碎滅絕那一切國，這國必存到永遠。你既看見非人手鑿出來的一塊石頭，從山而出打碎金銀鋼鐵泥，那就是至大的上帝把後來必有的事給王指明。這夢准是這樣，這講解也是確實的。」

108 《但以理書》第二章、第四十六節：「當時尼布甲尼撒王俯伏在地，向但以理下拜。」

109 《但以理書》第八章、第七至十一節：「我看見公山羊就近公綿羊，向它發烈怒，抵觸它，折斷他的兩角，綿羊在他面前站立不住。他將綿羊觸倒在地，用腳踐踏。沒有能救綿羊脫離他手的。這山羊極其自高自大，正強盛的時候那大角折斷了，又在角根上向天的四方長出四個非常的角來。四角之中有一個角長出一個小角向南、向東、向榮美之地漸漸成爲強大。他漸漸強大高及天象將些天象和星宿拋落在地用腳踐踏。並且他自高自大以爲高及天象之君，除掉常獻給君的燔祭，毀壞君的聖所。」

110 《但以理書》第八章、第十五至十六節：「我但以理見了這異象，願意明白其中的意思，……又聽見烏萊河兩岸中有人聲呼叫說：加百列啊，要使此人明白這異象。」

的大角便是那個王朝最初的王。[111]

而那個角折斷之後，又有四個角從那上面長出來，那便是那個國家將有四個王繼之而來，但並沒有那樣大的權力。[112]

可是在這些王國傾頹時，不義突出了，於是就將興起一個專橫有力的王，但卻只有一種假借的權力，一切事物都將按他的意志相繼到來；他將摧毀神聖的民族，他將以一種兩面與欺騙的精神獲得他事業的成功並屠殺許多人，而且終於要反對萬君之君；但他將不幸地滅亡，而且是被一隻強暴的手所滅亡。」[113]

《但以理書》第九章、第二十節：「正當我全心全意祈禱上帝，承認我的罪和所有我的人民的罪，匍伏在我的上帝之前的時候；看哪，我自始便在異象之中所看到的那位加百列就在獻晚祭時來到我面前，撫摸著我，並且指教我說：『但以理啊，我到你這裡來是要啓發你對事物的知識。從你祈禱之初，我就來向你揭示你所願望的，因爲你就是願望的人。因此你要明白這話，並要了解這異象。已經規定你們的人民和你們的聖城要有七千個七才能消除罪過，停止罪惡，掃清罪孽，才能引進永恆的正義，實現異象和預言，並爲聖中之聖塗油。[114]（從此之後，這個人民將不再是你的人民，這個城也不再是聖城。震怒的時期將成爲過去，神恩的歲月將要永遠到來）。』」

「因此，你應當知道，並應當明白。自從發話要恢復並重建耶路撒冷直到彌賽亞王爲

止，將有七十個七和六十二個七。115（希伯來人習慣於分開數目，並把小的放在前面；因而

---

111 《但以理書》第八章、第二十至二十一節：「你所看見雙角的公綿羊，就是瑪代和波斯王，那公山羊就是希臘王。兩眼當中的大角就是頭一王。」

112 《但以理書》第八章、第二十二節：「至於：那折斷了的角，在其根上又長出四角，這四角就是四國，必從這國興起來，只是權勢都不及他。」

113 《但以理書》第八章、第二十三至二十五節：「這四國末時，犯法的人罪惡滿盈，必有一王興起，面貌兇惡，能用雙關的詐語。他的權柄必大，卻不是因自己的能力。他必行非常的毀滅，事情順利，任意而行，又必毀滅有能力的和聖民。他用權術成就手中的詭計，心裡自高自大，在人坦然無備的時候，毀滅多人，又要站起來攻擊萬君之君，至終卻非因人手而滅亡。」

114 《但以理書》第九章、第二十至二十四節：「我說話禱告承認我的罪，和本國之民以色列的罪，爲我上帝的聖山，在耶和華我上帝面前懇求。我正禱告的時候，先前在異象中所見的那位加百列奉命迅速飛來，約在獻晚祭的時候按手在我身上。他指教我說：但以理啊，現在我出來要使你有智慧、有聰明。你初禱求的時候就發出命令，我來告訴你，因你大蒙眷愛，所以你要思想明白這以下的事和異象。爲你本國之民和你聖城，已經定了七十個七。要止住罪過，除盡罪惡，贖盡罪孽，引進永義，封住異象和預言，並膏至聖者。」

115 《但以理書》第九章、第二十五節：「你當知道、當明白，從出令重新建造耶路撒冷直到有受膏君的時候，必有七個七和六十二個七。」

七加六十二得六十九：這在七十之中還要剩下那第七十個，也就是說還有最後的七年，這是他隨後就要談到的。）」

「當街和牆將在艱難困苦的時期中建立起來以後，並且在這六十二個七之後（它們緊接著最初一個七。然後基督將在六十九個七之後被害，也就是說，在最後一個七被害），基督將被害，於是將有一個民族和他們的君主一起來毀滅這個城市和神龕並淹沒一切；而這場戰爭的結局將是一片荒涼。」[116]

「現在的一個七（也就是剩下來的第七十個七）將和許多人訂立盟約：甚至於在這個七之半（也就是說，在最後的三年半）就將廢除祭祀和供獻，並把可憎惡的事散布得令人觸目心驚，這事將對那些爲此感到觸目心驚的人擴張和持續直到終了爲止。」[117]

《但以理書》第十一章：「天使向但以理說：（在居魯士的治下這還存在著，然後）還要有三個波斯王（岡比西斯〔Cambyse〕、斯美迪〔Smerdi〕、大流士），而隨後來的第四個（薛西斯〔Xerces〕[118]）將會更加富足而強大，並將發動他的全體人民攻擊希臘人。[119]

「但將有一個強大的王（亞歷山大[120]）興起，他的帝國將極其遼闊，他的一切功業都將按他的意願得到成功。然而當他的王朝建立起來時，它將會破滅並分裂成四部分朝向天的四方（正如上面所已經說過的，見第六章第六節、第八章第八節），但並不歸他的族人；他的繼承者都比不上他有權力，因爲就連他的王國也將分散給這些人之外的其他人（四個主要的繼承者）。」121

「他那在南方禦宇的繼承者（埃及，拉古斯〔Lagus〕之子托勒密一世〔Ptolemy I〕122）

---

116 《但以理書》第九章、第二十五至二十六節：「正在艱難的時候，耶路撒冷連街帶濠都必重新建造。過了六十二個七，那受膏者必被剪除一無所有，必有一王的民來毀滅這城和聖所，至終必如洪水沖沒，必有爭戰一直到底；荒涼的事已經定了。」

117 《但以理書》第九章、第二十七節：「一七之內他必與許多人堅定盟約；一七之半他必使祭祀與供獻止息。那行可憎的如飛而來，並且有憤怒傾在那行毀壞的身上，直到所定的結局。」

118 按岡比西斯（Cambyse，西元前五二九至前五二一年）、斯美迪（Snerdi，西元前五二一年）、大流士一世（Darius，西元前五二一至前四八五年）、薛西斯（Xerces，西元前四八五至前四六五年）相繼爲古波斯王。

119 《但以理書》第十一章、第二節：「現在我將眞事指示你，波斯還有三王興起，第四王必遠勝諸王，他因富足成爲強盛，就必激動大眾攻擊希臘國。」

120 即馬其頓王亞歷山大大帝（西元前三五六至前三二三年）。按以下作者係以亞歷山大死後其帝國的分裂在解說《舊約》中的預言。

121 《但以理書》第十一章、第三至四節：「必有一個勇敢的王興起，執掌大權，隨意而行。他興起的時候，他的國必破裂，向天的四方分開，卻不歸他的後裔，治國的權勢也都不及他。因爲他的國必被拔出，歸與他後裔之外的人。」

122 按拉古斯（Lagus）之子即埃及王保全者的托勒密一世，西元前三二三至前二八三年在位。

將會強盛起來；但是有另一個將要超過他，而其國家也將是一個大國。[123]（敘利亞王塞琉古〔Seleucus Nicator〕。阿皮安努斯〔Appianus〕[124]說，他是亞歷山大繼承者中最強大的一個。）

「在以後的年代裡，他們將結盟；南方王的女兒（即另一個托勒密的兒子友愛者托勒密〔Ptolemée Philadephe /Ptolemy II Philadelphus〕的女兒貝倫尼斯〔Berenice〕）將到北方王（即塞琉古・拉基達斯的侄子，敘利亞與亞細亞之王安提阿庫斯・徒斯〔Antiochus Deus〕）[125]這裡來，以便在這些君主之間締訂和約。[126]

「但無論是她還是她的後裔，都不會有長期的威權；因爲她和那些差遣她的人以及她的子孫和她的朋友們都將被置之死地[127]（貝倫尼斯和她的兒子將爲塞琉古・卡里尼庫斯〔Séleucus Callinicus〕所殺害）。[128]

「但是她的遺脈有一支將會興起（保護者托勒密〔Ptolemeus Evergetes〕[129]與貝倫尼斯是同父所生），他將率領一支強大的軍隊到北方王的土地上來，他將使這裡的一切都屈服於他，並將把它們的神祇 他們的君王、他們的金、他們的銀以及他們全部最寶貴的戰利品都帶回埃及去。（查士丁〔Justin〕[130]說，假如他不是由於國內的原因而被召回埃及去的話，他就會把塞琉古剝奪盡淨；）將有若干年的時間，北方的王對於他是無力抵抗的。」[131]

「因此他將回到本國去；但是那另一個王的兒子們卻被激惱了，他們將調集大量的武力

123 《但以理書》第十一章、第五節：「南方的王必強盛，他將帥中必有一個比他更強盛，執掌權柄，他的權柄甚大。」

124 按此處「敘利亞王塞琉古」即敘利亞塞琉西王朝的建立者塞琉古（Seleucus Nicator），西元前三一二至前二八〇年在位。阿皮安努斯（Appianus）為西元二世紀初羅馬歷史學家。

125 友愛者托勒密（Ptolemée Philadephe）即托勒密二世（Ptolemy II Philadelphus，西元前二八五至前二四六年），其女貝倫尼斯（Berenice）於西元前二四九年與敘利亞王安提阿庫斯・徒斯（Antiochus Deus）即安提阿庫斯二世（西元前二六一至前二四七年）聯姻。

126 《但以理書》第十一章、第六節：「過些年後，他們必互相聯合，南方王的女兒必就了北方王來立約。」

127 《但以理書》第十一章、第六節：「但這女子幫助之力存立不住，王和他所倚靠之力也不能存立。這女子和引導他來的並生他的以及當時扶助他的都必交與死地。」

128 貝倫尼斯和她的兒子均為塞琉古二世（即塞琉古・卡里尼庫斯 Séleucus Callinicus，西元前二四七至前二二六年）所殺。

129 保護者托勒密（Ptolemeus Evergetes）即托勒密三世（西元前二四六至前二二一年）曾為貝倫尼斯復仇，攻占了敘利亞。

130 查士丁（Justin）西元後二世紀羅馬歷史學家。

131 《但以理書》第十一章、第七至八節：「但這女子的本家必另生一子繼續王位，他必率領軍隊進入北方王的保障，攻擊他們而且得勝；並將他們的神像和鑄成的偶像與金銀的寶器擄到埃及去。數年之內，他不去攻擊北方的王。」

（塞琉古・西拉努斯〔Seleucus Ceraunus〕、安提阿庫斯大王〔Antiochus Magnus〕[132]）。他們的軍隊將要來摧毀一切；南方的王因此而激怒，也將建立一支大軍進行戰鬥（孝子托勒密〔Ptocemy Philopatcr〕對安提阿庫斯大王的拉斐亞之戰[133]）並將得勝；他的部隊將因此變得驕橫，他的心也將因此膨脹（這個托勒密玷汙了神殿；約瑟）；他將戰勝千百萬人，但他的勝利卻是不鞏固的。因爲北方的王（安提阿庫斯大王）將會率領比上次更多的武力捲土重來，這時也將有大量的敵人起來反抗南方的王（當年輕的顯聖者托勒密・艾比法尼斯〔Ptolémée Epiphanes〕[134]在位時），甚至於你的人民中那些叛教者和暴徒也將起來要使異象得以實現，但他們卻將消滅。（指保護者出兵斯科巴斯時那些背棄了自己的宗教以求取媚於他的人，因爲安提阿庫斯將重占斯科巴斯並將征服他們。）北方的王將摧毀要塞，並攻占設防最強的城市，南方所有的武力都不能抵禦他，於是大家都將屈從他的意志；他將停留在以色列的土地上，而以色列也將屈服於他。因此，他就想使自己成爲全埃及帝國的主人（查士丁說他欺顯聖者年輕）。並且因此之故他就與之結盟，並把自己女兒給了他（即克里奧巴特拉，[135]爲的是好使她出賣自己的丈夫；關於這一點阿皮安努斯說，他既然由於有羅馬人保護的緣故而信不過自己用武力就可以成爲埃及的主人，所以便想用詭譎來試一試）。他想腐蝕她，然而她卻不跟著他的意圖走；因此他就又打別的主意，想使自己能成爲某個島嶼（也就是說海上地方）的主人，並且（按阿皮安努斯所說）還要取得許多島嶼。[136]

132 塞琉古・西拉努斯（Seleucus Ceraunus，西元前二二六至前二二三年在位）爲塞琉古二世之長子與繼承者，在位三年被弒，由他的弟弟安提阿庫斯大王（Antiochus Magnus，西元前二二三至前一八七年）繼位。

133 孝子托勒密（Ptocemy Philopator，按孝子這一稱號是諷刺性的，因爲他殺死了自己的父親），即托勒密四世（西元前二二一至前二〇五年）爲保護者托勒密的長子與繼承者，於西元前二一七年大敗敘利亞王安提阿庫斯大王於拉斐亞（Raphia）。

134 顯聖者托勒密・艾比法尼斯（Ftolémée Epiphanes）即托勒密五世（西元前二〇五至前一八〇年），爲托勒密四世之子，即位時年僅五歲。

135 見本書上冊第162段譯注。

136《但以理書》第十一章、第九至十八節：「北方的王必入南方王的國，卻要仍回本地。北方王的二子必動干戈，招聚許多軍兵，這軍兵前去如洪水氾濫，又必再去爭戰直到南方王的保障。南方王必發烈怒，出來與北方王爭戰，擺列大軍；北方王的軍兵必交付他手。他的眾軍高傲，他的心也必自高；他雖使數萬人仆倒：卻不得常勝。北方王必回來擺列大軍，比先前的更多，滿了所定的年數，他必率領大軍帶極多的軍裝來。那時必有許多人起來攻擊南方王，並且你本國的強暴人必興起要應驗那異象，他們卻要敗亡。北方王必來築壘攻取堅固城，南方的軍兵必站立不住，就是選擇的精兵也無力站住。來攻擊他的，必任意而行，無人在北方王面前站立得住；他必站在那榮美之地，用手施行毀滅。他必定意用全國之力而來，立公正的約，照約而行，將自己的女兒給南方王爲妻，想要敗壞他，這計卻不得成就，於自己毫無益處。其後他必轉回奪取了許多海島。」

「但是有一個偉大的領袖將會反對他的征服（非洲的西庇阿〔Sipion l'Africain/Scipio Africanus〕[137]將阻止安提阿庫斯大王前進，這是由於安提阿庫斯大王以羅馬人盟友的身分而冒犯了羅馬人的緣故），並且防止了這種恥辱，使之回到他自己的身上。然後他將回到自己王國，並將在這裡消滅（他將被他的部下所殺）而不復存在。[138]

「繼承他的那個人（安提阿庫斯大王之子孝子或保全者塞坑古）將是個暴君，他將對這個王國的光榮（那就是人民）橫徵暴斂；然而爲時不久他就會滅亡，而且既不是由於叛變也不是由於戰爭。繼他位的將是一個配不上這個王朝的榮譽的卑鄙小人，他是以狡詐和諂媚而得國的。所有的軍隊都要屈身在他的面前，他將征服他們，甚而征服他曾與之訂過盟約的君主；因爲與他重新結盟之後，他又會進行欺騙，率領少數部隊開入對方太平無事的省份裡，占領最美好的地方，並做出他的祖先們所從未做過的事，他將掠奪各個地方，又將制定出當時最宏偉的計畫。」[139]

548—632（723）104—498

•預言——但以理的七十個七，無論就其開始的期限而言（由於這一預言的詞彙的緣故），還是就其結束的期限而言（由於編年史家有歧異的緣故），都是含混的。但是所有這些分歧並不超過兩百年。[140]

535—629（724）518—661

•預言——在第四王朝，在第二座神殿毀壞之前，在猶太人的統治被廢除之前，在但以理

---

137 非洲的西庇阿（Sipion l'Africain，即 Scipio Africanus，西元前二三六至前一八四年）古羅馬大將。

138 《但以理書》第十一章、第十八至十九節：「但有一大帥除掉他令人受的羞辱，並且使這羞辱歸他本身。他就必轉向本地的保障，卻要絆跌仆倒，歸於無有。」

139 《但以理書》第十一章、第二十至二十四節：「那時必有一人興起接續他爲王，使橫徵暴斂的人通行國中的榮美地。這王不多日就必滅亡，卻不因憤怒，也不因爭戰。必有一個卑鄙的人興起接續爲王，人未將國的尊榮給他，他卻乘人坦然無備的時候，用諂媚的話得國。必有無數軍兵勢如洪水，在他面前沖沒敗壞，同盟的君主也必如此。與那君結盟之後，他必行詭詐，因爲他必上來以微小的軍成爲強盛，趁人坦然無備的時候，他必來到國中極肥美之地，行他列祖和列祖之祖所未曾行的，將擄物、掠物和財寶散給眾人，又要設計攻打保障。然而這都是暫時的。」

140 按：關於七十個七的演算法，《耶利米書》第二十五章中的推算與流行的根據波斯王阿塔息修斯紀年的推算（可參看《尼希米記》第二章），相差一百五十年。

的第七十個七，當第二座神殿還繼續的期間，異教徒將受到教誨並被引向認識猶太人所崇奉的上帝；而且凡是愛他的人都從自己敵人的手裡得到解放並被他的愛和他的懼所充滿。

在第四王朝，在第二座神殿毀壞之前等等，就會出現異教徒成群地崇拜奉上帝並過著天使式的生活的事；少女們把自己的貞潔和生命奉獻給上帝；人們摒棄了一切的歡樂。柏拉圖（Plato）所只能說服少數幾個特選而又精心培養的人的事情，[141]有一種祕密的力量卻只需幾句話就可以說服千百萬無知的人們。

富人們拋棄了自己的財富，孩子們離開了自己父母的精舍要到嚴酷的荒野裡去等等。（見猶太人費羅的著作）。這一切都是什麼呢？這都是很久很久以前就已經預告過的。兩千年以來並沒有任何異教徒崇奉過猶太人的上帝；但到了這個被預告過的時候，大批的異教徒就都來崇拜那位唯一的上帝了。神殿被毀掉了，就連國王們也向十字架膜拜。這一切都是什麼呢？這都是上帝的精神遍布了大地。

自從摩西直迄耶穌基督，並沒有一個異教徒聽從過這些拉比們。及至耶穌基督以後，大批的異教徒都信仰了摩西的書，並遵守其精神和實質，而只摒棄了其中無用的部分。

532—621（725）264—497

預言——埃及人的皈依（《以賽亞書》第十九章、第十九節）；埃及奉祀眞上帝的一座神壇。[142]

532，533，535—661*（726）542—604

預言——在埃及，《劍》[143]第六五九頁，《塔木德》：「我們中間有一個傳說，說是當彌賽亞將要到來時，那個注定要實現上帝的話的上帝之家就要充滿了汙穢和不潔；猶太法律家們的智慧也將腐化和敗壞。那些怕犯罪的人將要受人民譴責，並被當成是冥頑不靈的愚

---

141 指柏拉圖（西元前四八〇至前三四七年）《國家篇》中描述的對少數統治者所進行的理想教育。

142 《以賽亞書》第十九章、第十九節：「當那日，在埃及地中必有爲耶和華築的一座壇。」

143 即《信仰之劍》一書。

人。」[144]

《以》第四十九章：「遠方的民族啊，還有你們海島上的居民啊，你們聽吧：主從我母親的腹中就用我的名字召喚我，他庇護我在他的手蔭下，他使我的話像一把利劍，並向我說：你是我的僕人；是由於你，我才得以顯現我的光榮。於是我說：主啊，我勞碌是徒然的嗎？我費盡氣力是無用的嗎？主啊，判斷它吧，我的工作就在你的面前。主從我一出娘胎就親自把我造就爲完全屬於他的，爲的是讓雅各和以色列回來；主向我說：你在我的面前將是光榮的，我本身就是你的力量；你要皈化雅各的支派還是件小事，我提升你做外邦人的光並做我的救恩，直到大地的盡頭。這就是主向那個屈辱自己的靈魂並被外邦人所蔑視與厭惡而且向地上的強權折節的人所說的話。君主們和國王們將要崇奉你，因爲選擇了你的這位主乃是信實的。[145]

「主還向我說：在拯救與仁慈的日子裡，我傾聽了你，我樹立了你作爲人民的盟約，並使你享有最被遺棄的國家；爲的是你可以向處於枷鎖之中的人們說：到自由這裡來吧；又可以向處於黑暗之中的人們說：到光明這裡來吧；享用這些豐饒肥沃的土地吧。他們將不再受飢，不再受渴，不再受烈日的煎灼，因爲那個憐憫他們的主將是他們的引導者；他將引他們到活水的泉源，並填平他們前面的大山。看哪，各個民族將從四面八方湧來，從東方、從西方、從北方、從南方。讓上天把光榮歸於上帝；讓大地歡愉吧，因爲主高興慰撫他的人民，並且最後他還會憐恤那些渴慕著他的困苦的人們。[146]

144 據莫里尼埃解說：帕斯卡爾此處所引的這段話是對《詩篇》第二十二篇、第十七節的詮釋。

145 《以賽亞書》第四十九章、第一至七節：「眾海島啊，當聽我言；遠方的眾民哪，留心而聽。自我出胎，耶和華就選召我；自出母腹，他就題我的名。他使我的口如快刀，將我藏在他手蔭之下，又使我成爲磨亮的箭，將我藏在他箭袋之中；對我說：你是我的僕人以色列，我必因你得榮耀。我卻說，我勞碌是徒然，我盡力是虛無虛空，然而我當得的理必在耶和華那裡，我的賞賜必在我上帝那裡。耶和華從我出胎造就我做他的僕人，要使雅各歸向他，使以色列到他那裡聚集。（原來耶和華看我爲尊貴，我的上帝也成爲我的力量。）現在他說，你做我的僕人，使雅各眾支派復興，使以色列中得保全的歸回尚爲小事；我還要使你做外邦人的光，叫你施行我的救恩，直到地極。救贖主以色列的聖者耶和華對那被人所藐視、本國所憎惡、官長所虐待的如此說：君王要看見就站起，首領也要下拜，都因信實的耶和華，就是選擇你以色列的聖者。」

146 《以賽亞書》第四十九章、第八至十三節：「耶和華如此說：在悅納的時候我應允了你，在拯救的日子我濟助了你，我要保護你，使你作眾民的中保，復興遍地使人承受荒涼之地爲業。對那被捆綁的人說：出來吧！對那在黑暗的人說：顯露吧！他們在路上必得飲食，在一切淨光的高處必有食物，不飢、不渴，炎熱的烈日必不傷害他們，因爲憐恤他們的必引導他們，領他們到水泉旁邊。我必使我的眾山成爲大道，我的大路也被修高。看哪，這些從遠方來，這些從北方、從西方來，這些從秦國來。諸天哪，應當歡呼；大地啊，應當快樂；眾山哪，應當發聲歌唱；因爲耶和華已經安慰他的百姓，也要憐恤他困苦之民。」

「然而錫安卻敢於說：主離棄了我，再也不記得我。一個母親能夠遺忘自己的孩子，能夠喪失對自己懷裡哺育著的孩子的關切嗎？然而錫安啊，即使她可能如此，我卻永遠不會遺忘你；我將永遠把你養育在我的手中，而你的牆壁將永遠在我的眼前。將要樹立你的人正在到來，而你的毀滅者卻將離去。你舉目四望吧，看看所有這些聚集著的人群都在向你奔來。我斷言所有這些人民都將賜給你作裝飾，你將永遠穿戴著他們；你的荒野和你的孤寂以及所有你那現在已經荒廢的土地，對於你那爲數眾多的居民來說都將過於狹隘，而你在荒蕪的歲月裡所生的子孫將向你說：這地方是太狹小了，撤除這疆界吧，給我們地方居住吧。這時，你將在你自己心裡說：我既是不再生育、沒有子孫，又被擄移居，是誰來給我生這麼多的子孫呢？我既是無援無助，又有誰來爲我養育他們呢？所有這些人都從何而來呢？主就向你說：看哪，我曾向外邦人顯示我的威力，我曾向各個民族樹起我的旗幟；他們將在他們的臂中、在他們的懷裡爲你養育子孫；國王們和王后們將是他們的撫育者；他們將把面孔伏在地上崇奉你並吻你腳上的塵土；而你將會認識我就是主，渴望著我的人將永遠不會驚惶無措；因爲誰能奪去強而有力的人的捕獲品呢？而且縱使人們能奪走它，也沒有什麼能阻止我拯救你的子孫，能阻止我消滅你的敵人；所有的人都將認識到，我是主，是你的救主，是雅各的強而有力的救贖者。」[147]

「主又這樣說：我的離婚書在哪裡，憑著它我遺棄了猶太會堂？我爲什麼把它交到你敵人的手裡？我遺棄它豈不是爲了它的不虔敬和它的罪行嗎？」148

147《以賽亞書》第四十九章、第十四至二十六節：「錫安說：耶和華離棄了我，主忘記了我。婦人焉能忘記她吃奶的嬰孩，不憐恤她所生的兒子？即或有忘記的，我卻不忘記你。看哪，我將你銘刻在我掌上，你的牆垣常在我眼前。你的兒女必急速歸回。毀壞你的、使你荒廢的，必都離你出去。你舉目向四方觀看，他們都聚集來到你這裡。耶和華說：我指著我的永生起誓，你必要以他們爲裝飾佩戴，以他們爲華帶束腰，像新婦一樣。至於你荒廢淒涼之處並你被毀壞之地，現今眾民居住必顯爲太窄。吞滅你的必離你遙遠。你必聽見喪子之後所生的兒女說，這地方我居住太窄，求你給我地方居住。那時你心裡必說，我既喪子獨居，是被擄的，漂流在外，誰給我生這些，誰將這些養大呢？撇下我一人獨居的時候，這些在哪裡呢？主耶和華如此說：我必向列國舉手，向萬民樹立大旗，他們必將你的眾子懷中抱來，將你的眾女肩上扛來。列王必做你的養父，王后必做你的乳母，他們必將臉伏地向你下拜，並舐你腳上的塵土。你便知道我是耶和華，等候我的必不至羞愧。勇士搶去的豈能奪回，該擄掠的豈能解救嗎？但耶和華如此說，就是勇士所擄掠的也可以奪回，強暴人所搶的也可以解救，與你相爭的我必與他相爭，我要拯救你的兒女，並且我必使那欺壓你的吃自己的肉，也要以自己的血喝醉，好像喝甜酒一樣。凡有血氣的必都知道我耶和華是你的救主，是你的救贖主，是雅各的大能者。」

148《以賽亞書》第五十章、第一節：「耶和華如此說：我休你們的母親休書在哪裡呢？我將你們賣給我哪一個債主呢？你們被賣是因你們的罪孽，你們的母親被休是因你們的過犯。」

「因爲我來了，卻沒有人接待我；我呼喚，卻沒有人諦聽。難道我的臂膀縮短了而沒有能力去拯救嗎？」[149]

「正是因此，我就要顯示我憤怒的標誌；我將以黑暗遮蔽天空，把它用幕幔掩蓋起來。」[150]

「主給了我訓練良好的舌頭，爲的是使我善於用我的話慰藉那些陷於憂傷的人。他使我注意他的談話，而我諦聽他，就像一個教師[151]一樣。[152]

「主向我啓示了他的意志，而我一點也沒有背叛。」[153]

「我任我的身體受鞭撻，任我的雙頰受淩辱；我讓我的面孔受辱侮和唾吐；但是主支持我，這就是我所以並不惶亂的原因。」[154]

「以我爲正義的那個主和我在一起，誰還敢指控我？上帝本身既是我的保護者，誰還能起來與我爭論並指責我有罪呢？」[155]

「所有的人都將消逝，並被時間所泯滅；因而讓那些畏懼上帝的人諦聽他的僕人的話吧；讓那個在黑暗之中呻吟的人把信心托給上帝吧。然而你們，你們卻只點燃了上帝對你們的震怒，你們在你們自己所燃燒起的光焰和烈火之中行走。這是我親手要給你們召來的災禍；你們將消滅在憂患裡。」[156]

「你們這些在追隨正義並尋找著主的人們啊，諦聽我吧。看看你們從其中被鑿出來的那

149 《以賽亞書》第五十章、第二節：「我來的時候，爲何無人等候呢？我呼喚的時候，爲何無人答應呢？我的膀臂豈是縮短，不能救贖嗎？我豈無拯救之力嗎？」

150 《以賽亞書》第五十章、第二至三節：「看哪，我一斥責，海就乾了。……我使諸天以黑暗爲衣服，以麻布爲遮蓋。」

151 「教師」在頁旁改作「學生」。拉丁文本《聖經》原文爲「像教師一樣」（quasimagistrum）。據布倫士維格解說：此處若作「教師」則指「他」，若作「學生」則指「我」，意思是一樣的。

152 《以賽亞書》第五十章、第四節：「主耶和華賜我肥教者的舌頭，使我知道怎樣用語言扶助疲乏的人。主每天早晨提醒，提醒我的耳朵使我能聽，像受教者一樣。」

153 《以賽亞書》第五十章、第五節：「主耶和華開通我的耳朵，我並沒有違背，也沒有後退。」

154 《以賽亞書》第五十章、第六至七節：「人打我的背我任他打，人拔我腮頰的鬍鬚我由他拔。人辱我吐我，我並不掩面。主耶和華必幫助我，所以我不抱愧。」

155 《以賽亞書》第五十章、第八節：「稱我爲義的與我相近，誰與我爭論，可以與我一同站立；誰與我作對，可以就近我來。」

156 《以賽亞書》第五十章、第十至十一節：「你們中間誰是敬畏耶和華，聽從他僕人之話的，這人行在暗中沒有亮光，當倚靠耶和華的名，仗賴自己的上帝。凡你們點火用火把圍繞自己的，可以行在你們的火焰裡並你們所點的火把中，這是我手所定的，你們必躺在悲慘之中。」

塊磐石、你們從其中被挖出來的那個岩穴吧。看看你們的父亞伯拉罕和生養了你們的撒拉吧。你們看，當我召喚他的時候他是獨自一人並無子嗣的，但我賜給了他以如此眾多的後裔；你們看，我曾怎樣地賜福給錫安，我堆積給他多少神恩和安慰。」[157]

「我的子民啊，考慮這些事物吧，你們要注意聽我的話，因爲有一種法律將由我而出，還有一種判斷將成爲外邦人的光。」[158]

《阿摩司書》第八章：「先知列舉了以色列的罪惡之後就說，上帝發誓要進行復仇。」[159]他又這樣說：「主說，到了那一天，我要使太陽在正午沉沒，我將在光天化日之下用黑暗遮蔽大地，我將把你們隆重的節日變成哭泣，把你們的一切歌唱變成哀嘆。」[160]

「你們將全都陷於悲痛和苦難，我要把這個國家沉沒在哀傷裡，有如喪失了獨生子；這一末日將是辛酸的時刻。主說，因爲看哪，日子將到來，我要給大地送來飢饉，那飢饉並不是缺乏麵包和水的飢和渴，而是不聽主的話的飢和渴。他們將從一個海漂流到另一個海，從北方漂蕩到東方；他們將四面八方到處尋求著主的話曾向他們所宣布的那個人，但他們卻尋找不到。」[161]

「他們的少女和他們的青年都將在那場乾渴中消亡；那些追隨撒瑪利亞的偶像的人，那些被上帝判斷爲崇奉但神的人，那些追隨著別示巴迷信的人：他們都將摔倒並且倒下之後將永遠再起不來。」[162]

157《以賽亞書》第五十一章、第一至三節：「你們這追求公義尋求耶和華的，當聽我言。你們要追想被鑿而出的磐石，被挖而出的岩穴，要追想你們的祖宗亞伯拉罕和生養你們的撒拉。因爲亞伯拉罕獨自一人的時候，我召選他，賜福與他，使他人數增多。耶和華已經安慰錫安和錫安的一切荒場，使曠野像伊甸，使沙漠像耶和華的園囿，在其中必有歡喜、快樂、感謝和歌唱的聲音。」

158《以賽亞書》第五十一章、第四節：「我的百姓啊，要向我留心！我的國民哪，要向我傾耳！因爲訓誨必從我而出，我必堅定我的公理爲萬民之光。」

159《阿摩司書》第八章、第七節：「耶和華指著雅各的榮耀起誓說，他們的一切行爲我必永遠不忘。」

160《阿摩司書》第八章、第九至十節：「主耶和華說：到那日，我必使日頭在午間落下，使地在白晝黑暗。我必使你們的節期變成悲哀，歌曲變爲哀歌。」

161《阿摩司書》第八章、第十至十二節：「（我必）使這場悲哀如喪獨生子，至終如痛苦的日子一樣。主耶和華說，日子將到我必命飢荒降在地上，人飢餓非因無餅，乾渴非因無水，乃因不聽耶和華的話。他們必漂流從這海到那海，從北邊到東邊，往來奔跑，尋求耶和華的話，卻尋不著。」

162《阿摩司書》第八章、第十三節：「當那日美貌的處女和少年的男子必因乾渴發暈，那指著瑪利亞牛犢起誓的說：但哪，我們指著你那裡的活神起誓。又說：我們指的是別示巴的神道起誓，這些人都必仆倒，永再起不來。」

《阿摩司書》第三章、第二節：「在地上的一切民族中，我只認你們作我的人民。」[163]

《但以理書》第十二章、第七節在描敘了彌賽亞統御的全部領域之後，便說：「當以色列人民的分散得到實現時，這一切事就都將實現。」[164]

《哈該書》第二章、第四節：「主說，你們這些以這第二座殿比較第一座的光榮而蔑視它的人們啊，鼓起勇氣來吧，所羅巴伯啊，大牧師耶穌啊，大地上所有的人民啊，不停地勞動吧。萬軍之主說，因爲我與你們同在，我引你們出埃及時所做的允諾始終存在，我的精神在你們中間。不要喪失希望，因爲萬軍之主這樣說：不久之後，我將震撼天和地，震撼滄海和旱陸（這種說法用以表示非常巨大的變化）；我將震撼所有的國家。主說，這時爲一切外邦人所希望的就要到來，我將使這殿充滿了光榮。」[165]

「主說，銀和金都是我的；（這就是說，我並不要靠這些而受人尊敬；正如在別處所說過的：原野中的野獸都是我的，祭祀時給我獻上野獸又有什麼用呢？）萬軍之主說，這新殿的光榮將必遠遠大於舊殿的光榮；主說，我將就在這地方建立我的殿堂。」[166]

「在何烈山你們聚會的日子，你們說：但願主不再親自向我們講話，但願我們不再看見這火，以免我們滅亡。主就對我說：他們的祈禱是對的；我將在他們的弟兄中間爲他們降生一位先知，像你這樣，我把我的話放在他的嘴裡；他將告訴他們我所吩咐他的一切；誰要是不服從他奉我的名所傳的話，我必將親自判誰的罪。」[167]

《創世紀》第四十九章：「猶大啊，你將被你的弟兄們讚美，你將是你敵人的征服者；你父親的子孫們將崇拜你。小獅子猶大，我的孩子啊！你已高踞獵獲品之上，你睡著像是公

---

163 《阿摩司書》第三章、第二節：「在地上萬族中，我只認識你們，因此我必追討你們的一切罪孽。」

164 《但以理書》第十二章、第七節：「要到……打破聖民權力的時候，這一切事就都應驗了。」

165 《哈該書》第二章、第四至七節：「耶和華說：所羅巴伯啊，雖然如此，你當剛強；約撒答的兒子大祭司約書亞啊，你也當剛強；這地的百姓，你們都當剛強作工，因爲我與你們同在；這是萬軍之耶和華說的。這是照著你們出埃及我與你們立約的話，那時我的靈住在你們中間，你們不要懼怕。萬軍之耶和華如此說，過不多時我必再一次震動天地、滄海與旱地，我必震動萬國，萬國的珍寶必都運來，我就使這殿滿了榮耀，這是萬軍之耶和華說的。」

166 《哈該書》第二章、第八至九節：「萬軍之耶和華說：銀子是我的，金子也是我的；這殿後來的榮耀，必大過先前的榮耀，在這地方我必賜平安。」

167 《申命記》第十八章、第十六至十九節：「正如你在何烈山大會的日子，求耶和華你上帝一切的話說，求你不再叫我聽見耶和華我上帝的聲音，也不再叫我看見這大火免得我死亡。耶和華就對我說，他們所說的是，我必在他們弟兄中間給他們興起一位先知像你；我要將當說的話傳給他，他要將我一切所吩咐的，都傳給他們。誰不聽他奉我名所說的話，我必討誰的罪。」

獅，又像母獅一樣醒來。」[168]

「王笏將不離猶大，立法者也將不離他的兩腳之間，一直到細羅到來；於是各國都將朝他聚集，好聽從他。」[169]

612—636*，647（727）280—605**

在彌賽亞的期間——Aenigmatis[170]。《以西結書》第十七章。

他的先驅者。《瑪拉基書》第三章。

他誕生爲嬰兒。《以賽亞書》第九章。

他將誕生在伯利恆城中。《彌迦書》第五章。他特別要出現在耶路撒冷，並誕生在猶大和大衛的家中。

他要使智者和學者盲目，《以》第六章、第八章、第二十九章，等等；並向卑微者宣布福音，《以》第二十九章；使盲人睜開眼睛，使病人恢復健康，給委頓在黑暗中的人帶來光明。《以》第六十一章。

他會教導那條完美的道路，並成爲外邦人的導師。《以》第五十五章、第四十二章、第一至七節。

預言對於不虔敬者就是不可理解的，《但》第十二章，《何西阿書》第末章第十節；但是對於那些很好地受了教導的人則是可理解的。

說他是貧窮的、說他是萬國之主的那些預言。《以》第五十二章、第十四節等等、第五十三章，《撒迦》第九章，第九節。

預告了時間的那些預言，只是預告了他是外邦人之主並且受難，既不是在雲端裡，也不是審判者。而那些把他說成是這樣的預言，是來審判的而且是光榮的，卻沒有指出時間。[171]

他要成爲世上罪孽的受害者。《以》第三十九章、第五十三章等等。

他要成爲寶貴的奠基石。《以》第二十八章第十六節。

168《創世紀》第四十九章、第八至九節：「猶大啊，你兄弟們必讚美你，你手必掐住仇敵的頸項，你父親的兒子們必向你下拜。猶大是個小獅子，我兒啊，你抓了食便上去，你屈下身去臥如公獅，蹲如母獅，誰敢惹你。」

169《創世紀》第四十九章、第十節：「圭必不離猶大，杖必不離他兩腳之間，直等細羅來到，萬民都必歸順。」

170〔謎。〕手稿中此處尚有如下字樣，但非出於作者本人手筆：「讓我們承認在那麼多的特殊境況之下都被預言過的耶穌基督吧；因爲據說他要有一個先驅者。」

171 波．羅雅爾版此處尚附注有如下字樣：「當把彌賽亞說成是偉大的與光榮的，顯然可見那就是要審判世界的，而不是要救贖世界的。」

他要成爲絆腳石和誹謗石。《以》第八章。耶路撒冷要衝擊這塊石頭。

建築者們要譴責這塊石頭。《詩篇》第一一七篇、第二十二節。

上帝要以這塊石頭作爲主要的基石。

而這塊石塊要擴長成一座巨山，並充滿整個的大地。《但》第二章。

於是他將被人背棄、被人拒絕、被人背叛，《詩》第一〇八篇、第八節；被人出賣，《撒迦》第十一章、第十二節；被人唾吐、被人毆打、被人嘲笑，以無數的方式被人損害，被灌注苦膽汁，《詩》第六十八篇；被人刺傷，《撒迦》第十二章；他的腳和手被人釘透、被人殺害，他的外衣也被人拈了鬮。[172]

而在第三天，《何西阿書》第六章、第三節，他將復活，《詩》第十五篇。

他將升天坐在右邊，《詩》第一一〇篇。

國王們將武裝反對他，《詩》第二篇。

他在父的右邊，將對他的敵人獲得勝利。

地上的國王和所有的人民都將崇拜他。《以》第六十章。

猶太人將作爲一個國家存在下去。《耶》。

他們將漂泊，沒有國王等等，《何西阿書》第三章；沒有先知，《阿摩司書》；期待著得救卻找不到它，《以》。

耶穌基督對外邦人的召喚。《以》第五十二章、第十五節、[173]第五十五章、第五節、第六十章等等。《詩》第八十 篇。

《何》第一章、第九節：「當你們在分散繁殖起來以後，你們將不再是我的子民，我也將不再是你們的上帝。人們不再稱爲是我的子民的地方，我就把那裡稱爲我的子民。」[174]

535—492*（728）470—549

在耶路撒冷以外進行獻祭是不能允許的，耶路撒冷是主所選擇的地方；在別的地方甚至於也不許吃十一祭。《申》第十二章、第五節，等等，《申》第十四章、第二十三節等等，第十六章、第二、七、十一、十五節。

何西阿預告過，他們將沒有國王，沒有君主，沒有犧牲，也沒有偶像；既然在耶路撒冷

---

172 見《馬可福音》第十五章、第二十四節。

173 這句話係單獨寫在原稿第一七一頁上。

174 《何西阿書》第一章、第九節：「耶和華說，給他起名叫羅阿米（就是非我民的意思），因爲你們不作我的子民，我也不作你們的上帝。」

以外不能進行合法的獻祭，所以這事今天就實現了。

615—637（729）825—548

••預告——已經預告過了，在彌賽亞的時候他要來訂立一個新聖約，這個新聖約會使人忘記逃出埃及，《耶利》第二十三章、第五節，《以》第四十三章、第十六節；他將把他的法律不是置諸外表而是置諸於內心；他將把他那只是由外部而來的畏懼置諸於內心深處。誰能在這一切裡面看不見基督的法律呢？

614—615（730）284—547

……那時候偶像崇拜必將被推翻；這位彌賽亞將打倒一切偶像，並將引人們崇拜眞上帝。[175]

偶像的神殿將被打倒，並且在一切國家中和世界上所有的地方都將奉獻給他一種純潔的祭祀而不是動物的祭祀。[176]

他將是猶太人與外邦人的王。而這位猶太人與外邦人的王卻受到他們雙方統治者的迫害，他們雙方都陰謀害死他；他們既摧毀了成爲摩西崇拜中心的耶路撒冷的摩西崇拜（摩西曾把這裡造成爲他的第一個教堂），也摧毀了成爲偶像崇拜中心的羅馬的偶像崇拜（他曾把這裡造成爲他的主要的教堂）。[177]

612（a）—657（731）286—785

•預•言——耶穌基督將坐在右邊，這時上帝將爲他鎮壓他的敵人。因此，他將不親自鎮壓他們。[178]

175 見《以西結書》第三十章、第十二至十三節。

176 見《瑪拉基書》第一章、第十一節。

177 見《詩篇》第七十一篇、第十一節。

178 見《詩篇》第一〇九篇。按，猶太人不承認耶穌基督是彌賽亞，他們認爲彌賽亞應該是一位偉大的王與偉大的征服者；本編中論基督耶穌是彌賽亞的各段，均係針對猶太人的這一觀點而發。

617—619（732）287—550

「……這時人們將不再教導自己的鄰人說，這就是主；因爲上帝將使自己被每個人都感受到。」[179]「……你的兒子將要預言。」[180]——「我將把我的精神和我的畏懼放在你的心裡。」[181]這一切都是同一回事。所謂預言，也就是不用外在的證明而以內心的直接的感受來談上帝。

616—616（733）848—551

他將把那條完美的道路教導給人。[182]

而無論在他以前、還是在他以後，都絕不會有任何人來教導任何接近於此的神聖事物。

543—620（734）584—554

……耶穌基督在他開始時是渺小的，然後就會擴大。但以理的小石頭。[183]

假如我根本就不曾聽說過什麼彌賽亞，可是在我看到對於世界秩序之如此可讚美的這些預告實現了之後，我就會看出它是神聖的。並且假如我知道正是在這些書中預告了彌賽亞，那麼我就會肯定他將要到來；並且當我看到它們把他的時間是放在第二座神殿的毀壞之前，我就會說他將要到來。

---

179 《耶利米書》第三十一章、第三十四節：「他們各人不再教導自己的鄰舍和自己的兄弟說，你該認識耶和華，因爲他們從最小的到至大的都必認識我。」

180 《約珥書》第二章、第二十八節：「你們的兒女要說預言。」

181 《以賽亞書》第十一章、第二節：「耶和華的靈必住在他身上，就是使他有智慧和聰明的靈、謀略和能力的靈、知識和敬畏耶和華的靈。」

182 《以賽亞書》第二章、第三節：「主必將他的道教訓我們，我們也要行他的路。」

183 見《但以理書》第二章、第三十四節。又見本書下冊第722段。

613—638（735）847—552

預言——猶太人將譴責耶穌基督，但他們將為上帝所譴責，因此之故選中的葡萄將只能產生出酸葡萄來。選民將是不敬上帝的、忘恩負義的而又毫無信仰的，populum non credetem et contradicentem。[184]上帝將以盲目打擊他們，他們將在驕陽當午時好像瞎子一樣地摸索[185]並且將有一個先驅者在他之前到來。[186]

618—656（736）564—553

Transfixerunt，[187]《撒》第十二章、第十節。

必定要有一個解放者到來，他將粉碎魔鬼的頭，他將拯救他的人民脫離罪惡，ex omnibus iniquitatibus，[188]必定要有一部《新約》，它將是永恆的；必定有另一個祭司團體按照麥基洗德（Melchizedek）[189]的規矩，它將是永恆的；基督必定是光榮的、強大的、有力的、卻又如此之悲慘，以致他將不為人所認識；人們將不把他當成是他本來就是的；人們將排擯他，人們將殺害他；他的人民否認了他，也就不再是他的人民；偶像崇拜者將接受他並且要乞援於他；他將留下錫安來統治偶像崇拜的中心；可是猶太人卻會永遠生存下去；他將出自猶大，而且那時不再有國王。

184〔不信仰的與悖逆的人民〕。《以賽亞書》第六十五章、第二節：「我整天伸手招呼那悖逆的百姓。」《羅馬書》第十章、第二十一節：「我整天伸手招那悖逆頂嘴的百姓。」

185《申命記》第二十八章、第二十八節：「耶和華必用癲狂、眼瞎、心驚攻擊你。」

186《瑪拉基書》第四章、第五節：「看哪，耶和華大而可畏之日未到以前，我必差遣先知以利亞到你們那裡去。」

187〔扎刺〕見《撒加利亞書》第十二章、第十節。

188〔脫離一切的罪孽。〕《詩篇》第一三〇篇、第八節：「他必救贖以色列脫離一切的罪孽。」

189見《創世紀》第十四章、第十八至二十節，《希伯來書》第七章。

第十二編　對耶穌基督的證明

600—466（737）—555

……因此之故，我要拒絕其他一切宗教。我在這裡面找到了對一切詰難的答覆。一個如此之純潔的上帝只能是把自己顯示給內心已經純潔化了的人們，這是完全正當的。因此之故，這種宗教對我才是可愛的，並且我發現它已經由於如此之神聖的一種道德而充分獲得了權威；可是我在其中還發現有更多的東西。

我發現最爲確切有效的就是：自從人類有記憶以來，就有一個民族，這個民族生存得比其他一切民族都更古老；人類又曾經常地得到宣告說，他們淪於普遍的腐化，然而將有一個救主來臨；在他到來之前，整個一個民族都預告他，在他到來之後，整個一個民族都崇拜他；並不是一個人在說他，而是無數的人都在說他，而且整個一個民族在四千年之中都在預言著，並且顯然還是因此而被造就出來的。他們的書籍傳佈了四百年之久。

我越是考察這些，就越發現其中的眞理，既包括一切已成爲過去的、也包括一切繼之而來的；最後還有，這些沒有偶像、沒有國王的人們，以及這種被預告過的猶太會堂和那些追隨它的不幸的人們，這些人既是我們的敵人所以也就是這些預言的眞理最可稱讚的見證人，因爲其中預告了他們的可悲乃至他們的盲目。

我發現這種聯繫，這種宗教，在其權威性上、在其持久性上、在其永恆性上、在其道德上，在其行爲上、在其學說上、在其效果上，都是完全神聖的；猶太人的黑暗是可怕的而又是被預告過的：**Eris palpans in meridie**[1]。**Dabitur liber scienti litteras, et dicet: Non possum legere**；[2]王笏還在第一個異族篡奪者的手中時；就有了耶穌基督來臨的聲息。

因此，我向我的解放者伸出手來，他一直被預告了四千年之久，他在被預告過的時間及其全部的環境裡來到大地上爲我受難死去；由於他的恩典，我可以在永遠與他結合在一起的希望之中安心等候著死亡；並且我也要滿懷歡樂地生活著，不管是處於他所高興賜給我的那些福祉之中，還是處於他爲了我的好處而送來給我的、並以他的先例而教導了我去忍受的那些禍難之中。

1〔你將在正午摸索。〕《申命記》第二十八章、第二十八節：「你必在午間摸索，好像瞎子在暗中摸索一樣。」

2〔把書交給認識字的人，他說：「我不會念」。〕《以賽亞書》第二十九章、第十二節：「又將這書卷交給不識字的人說，請念吧。他說：『我不識字』。」布倫士維格注：此處引文與《聖經》原意不符，但符合作者本人的思想。

536—630*（738）582—802

種種預言既然都做出了在彌賽亞降臨時所要全部出現的各種不同的標誌，所以這一切的標誌就必然會在同時出現。[8] 因此，到但以理的七十個七完結時，第四王國就必然要到來，這時王笏就將脫離猶大[3]，而這一切都將出現而毫無困難；這時彌賽亞就要到來，並且被叫作彌賽亞的耶穌基督這時也就要到來，而這一切也將毫不困難。這就確實標明了預言的眞理。

537，609—645*（739）553—801

先知曾被預告過，又不曾被預告過。其後的聖者則被預告過，但沒有做過預告。耶穌基督卻既被預告過，也做過預告。

488—600（740）504—654

耶穌基督是新舊兩約都矚望著的，《舊約》把他當作自己的期待，《新約》把他當作自己的典範，兩者都把他當作自己的中心。

538—467（741）785—800

世上最古老的兩部書就是摩西的書和約伯的書，他們一個是猶太人，一個是異教徒，兩人都矚望著耶穌基督，把他當作他們共同的中心和他們的目的：摩西敘述的是上帝對亞伯拉罕、雅各等的允諾以及他的預言；而約伯則是：Quis mihi det ut[4]等等。Scio enim quod redemptor meus vivit[5]等等。

---

3 「七十個七」、「第四王國必然要到來」、「王笏將脫離猶大」，見本書下冊第722至724段。

4 〔誰能讓我……〕《約伯記》第十九章、第二十三節：「唯願我的語言，現在寫上，都記錄在書上。」

5 〔我知道我的救贖主活著。〕《約伯記》第十九章、第二十五節：「我知道我的救贖主活著，末了必站立在地上。」

540—576*（742）554—798

福音書談聖貞女的貞潔性只是到耶穌基督的誕生爲止。一切都聯繫到耶穌基督。

539—581（743）856—799

對耶穌基督的證明。

爲什麼《路得記》保存了下來？

爲什麼有他瑪的故事？[6]

181，665—930（744）498—797

「祈禱吧，免得受誘惑。」[7]被誘惑是危險的；而那些被誘惑的人，則是因爲他們不祈禱。

Et tu conversus confirma fratres tuos[8]。但在以前，conversus Jesus respexit

Petrum[9]。

聖彼得要求許他打馬勒古，[10]並在聽到回答之前就打了他，而耶穌基督是事後才回答他的。

•加•利•利[11]這個字是那群猶太人在彼拉多面前控告耶穌基督時好像是出於偶然而宣布的，

---

6 阿韋對以上問題的解說是：《路得記》得以保存下來是由於其結尾所敘述的譜牒說，波阿斯與路得的兒子是俄備得，俄備得的孫子是大衛；又，據《創世紀》第三十八章關於他瑪的記述，波阿斯是法勒斯的兒子，即猶大的孫子。因此，大衛以及耶穌基督（據福音書說，耶穌基督是大衛的後裔）就都由猶大所出，正如《創世紀》第四十九章雅各在預言中解說彌賽亞所出生的方式一樣。因此，耶穌基督就是彌賽亞。

7 《路加福音》第二十二章、第四十六節：「起來禱告，免得入了迷惑。」按此下為作者讀《路加福音》的筆記。

8 〔而你回轉過來以後，就要堅定你的弟兄們。〕《路加福諳》第二十二章、第三十二節：「你回頭以後要堅固你的弟兄。」

9 〔耶穌轉過來看著彼得。〕《路加福音》第二十二章、第三十二節：「主轉過身來看彼得。」

10 見《約翰福音》第十八章、第十節。又，《馬太福音》第二十六章、第五十一節；《馬可福音》第十四章、第四十七節；《路加福音》第二十二章、第五十節。

11 《路加福音》第二十三章、第五節：「他煽惑百姓，在猶太遍地傳道，從加利利起直到這裡了。」

但是這個字使彼拉多借題把耶穌基督送給了希律王；[12]於是就完成了他應該受猶太人與異教徒審判的這一神祕。外表上的偶然成爲了神祕得以完成的原因。

515—507（745）668—805

那些難於信仰的人，就求之於猶太人的沒有信仰作爲藉口。[13]他們說：「假如它眞是那麼明白，爲什麼猶太人沒有信仰呢？」他們也像有點願意信仰的樣子，爲的是不至於因自己拒絕的先例而被人抓住。然而正是他們這一拒絕的本身才成爲我們信念的基礎。假如他們眞是在我們一邊、我們倒不會很好地傾心信仰了。那時候我們就會有更充分的藉口。使猶太人成了被預告的事物的最大愛好者及其實現的最大敵人，這眞是最可驚嘆的事。

494—498（716）790—806

猶太人是習慣於偉大輝煌的奇蹟的，因此，有了紅海和迦南土地上的大事[14]作爲他們的彌賽亞的偉大事蹟的一個縮影而後，他們還期待著更輝煌的奇蹟，摩西的奇蹟只不過是其中的一些樣品而已。

516，779—363*，424，682*（747）540—851

肉慾的猶太人和異教徒有其可悲，基督徒也有。異教徒根本沒有救主，因爲他們乾脆不希望有救主。猶太人也根本沒有救主，他們枉然在希望著救主。唯有基督徒才有救主（可參看永恆性）[15]。

517—622（748）550—807

在彌賽亞的時代，人民分化了。屬於精神的人就接受了彌賽亞；而粗鄙的人則始終只是

---

12 見《使徒行傳》第四章、第二十七節。

13 按本段係針對《信仰之劍》第二部有關彌賽亞來臨的論點所做的反駁。

14 見《出埃及記》第十四章，《約書亞記》第四章。

15 初稿中此處尚有如下字樣：「在永恆性的名義之下可以看到有兩種人，——每種宗教中都有的兩種人（可參看永恆性）。迷信，慾念。」

作爲他的見證人。

514—641（749）505—813

「假如這是明明白白向猶太人預告過的，他們怎麼會不相信它呢？或者說，他們拒絕了這樣明明白白的一件事，又怎麼會沒有被消滅呢？」

我回答說：首先，這是被預告過的，即他們既不會相信那樣一件明明白白的事，而他們又不會被消滅。最能把光榮歸於彌賽亞的莫過於此了；因爲只是有先知還不夠，他們的預言還必須保存得無可置疑。因而，等等。

518—559（760）499—803

假使猶太人全部都被耶穌基督所感化，我們就只不過有一些可疑的見證人罷了。而假使他們是被消滅了的話，我們就會連一個見證人都沒有了。

591—435（751）555—836

先知們關於耶穌基督都說了些什麼呢？說他將是明顯昭彰的上帝嗎？不是的；而是說他是一個眞正隱蔽的上帝；說他將不爲人所認識；說人們絕不會想到那就是他；說他是一個絆腳石，有許多人都會在那上面絆倒等等。因而，但願人們別再譴責我們缺乏明確性吧，因爲我們也承認這一點。

可是人們說，這裡有著幽晦不明。——若是沒有這些，人們就不會對耶穌基督頑固不化了，而這就是先知們的正式設計之一：Excaeca[16]……。

592—592（752）552—835

摩西首先教導了三位一體、原罪、彌賽亞。

16〔使人瞎眼。〕《以賽亞書》第六章、第十節：「要使這百姓心蒙脂油，耳朵發沉，眼睛昏迷。」

偉大的見證人大衛：國王、善良、寬恕、美好的靈魂、良好的理智、強而有力；他預言過，並且他的奇蹟出現了；那是無限的。

假如他是虛榮的，他只需說他就是彌賽亞；因爲預言談到他要比談到耶穌基督更加明白得多。聖約翰也是如此。

593—628（753）107—839

希律被人相信是彌賽亞。他取去了猶大的王笏，但他並非出自猶大。這就形成了一個可觀的派別。[17]

希臘人對那些計算着三個時期的人所加的詛咒。

既然由於他，王笏就該永遠在猶大那裡，而且在他到來的時候，王笏就該從猶大那裡取去[18]；那麼他又怎麼能一定是彌賽亞呢？

爲了使他們視而不見、聽而不聞所能做出的最好的事莫過於此了[19]。

594—941（754）731—843

Homo existens te Deum facit.[20]

Scriptum est "Dii estis" et non potest solvi Scriptura.[21]

Haec infirmitas non est ad vitam et est ad mortem.[22]

"Lazarus dormit" et deinde dixit：Lazarus mortuus est.[23]

---

17 原稿此處頁旁注有「既有巴爾柯思巴（Barcosba），又有被猶太人所接受的另一派。以及當時到處流行著的喧囂。賽東。塔西佗。約瑟。」

18 見《創世紀》第四十九章、第十節。

19 見《以賽亞書》第六章、第九節。

20 〔現存的人把你造成了上帝。〕

21 〔經上記著「你就是上帝」，而聖書是不可能被消滅的。〕

22 〔這種不堅定不是爲了生，而是爲了死。〕

23 〔「拉撒路睡了」，然後他又說：拉撒路死了。〕《約翰福音》第十一章、第十一節：「耶穌……對他們說，我們的朋友拉撒路睡了；」第十四節：「耶穌就明明白白地告訴他們說，拉撒路死了。」

644—595（755）471—804

福音書表面上的不一致。

595—635*（756）144—827

一個清楚明白地預告了將要來臨的事物的人，他宣布了自己的計畫是既要蒙蔽人又要照亮人，並且他還要在將要來臨的明白的事物中間滲入幽晦不明；我們對於他除了尊崇之外，還能有什麼別的呢？

590—495（757）530—820

第一次降臨的時間是被預告過的，第二次的時間則沒有；因為第一次是要隱蔽的，第二次則應該是輝煌奪目的而且如此之昭彰顯著，以致連他的敵人也得承認它。然而，既然他只能是幽晦地到來，並且只能為那些窺測了聖書的人所認識……。

589—489（758）64—821

上帝爲了使彌賽亞可以被善人所認識而又被惡人所不認識，就以這種樣子對他做出了預告。假如彌賽亞的方式是明白地預告了出來，那麼即使是對惡人也不會有什麼幽晦不明的了。假如時間被預告得幽晦不明，那麼即使是對善人也會是幽晦不明了；因爲他們（內心的善良）使他們不會理解，比如說，封閉的 **mem**[24] 竟指的是六百年。然而時間是明白地預告過的，而方式卻只是以象徵。

由於這種辦法，惡人就把所允諾的美好當作是物質的，以致不顧已經明確預告過的時間而陷於錯誤，但善人卻並不犯錯誤。因爲對於被允諾的美好，其理解取決於內心，內心把它所喜愛的就稱爲「美好」；然而對於被允諾的時間，則其理解並不取決於內心。因此，清楚明白地預告了時間與幽晦不明地預告了美好，就只能是欺騙惡人。

---

24 見本書下冊第687段注。

513—613（759）506—823

要麼是猶太人，要麼是基督徒，必定是惡人。

519—655（760）192—826

猶太人拒絕了他，但不是全部的；聖者接受了他，而不是肉慾者。這一點遠不足以反對他的光榮，卻正是成就他的光榮的點睛之筆。他們所提出的理由，並且是在他們的全部著作中、在《塔木德》和猶太博士們的著作中所能找到的唯一理由，不外乎是因爲耶穌基督並未曾以武裝手腕征服各國而已，gladium tuum, potentissime[25]。（他們不就只有這些話好說嗎？他們說：耶穌基督已經被殺害了；他失敗了；他並沒有以他的武力征服異教徒；他並沒有把對他們的戰利品賜給我們；他並沒有賜給人財富。他們不就只有這些話好說嗎？但正是在這一點上，我覺得他是可愛的。我不願意要他們所塑造的他。）顯然可見，只是他的生命才妨礙了他們接受他；並且由於這種拒絕，他們才成爲無可指責的見證者，而且更有甚者，他們由此才完成了預言。

〔全靠了這個民族並沒有接受他這一事實，才出現了這裡的這種奇蹟；預言乃是人們所能造就的唯一持久的奇蹟，然而它們卻遭人反對。〕

520—663（761）75—824

猶太人在不肯接受他作爲彌賽亞而殺死他時，就賦給了他以彌賽亞的最後標誌。

而且在繼續不承認他的時候，他們就使自己成爲了無可責難的見證人：因爲在殺害他並繼續否認他的時候，他們就完成了預言。（《以》第六十章。《詩》第七十一篇。）

521—496（762）520—825

他的敵人猶太人又能做什麼呢？假如他們接受他，他們就是以自己的接受而證明了他，因爲期待著彌賽亞的這些受託人接受了他；假如他們否定他，他們就是以自己的否定而證明

25〔你的刀是最有威力的。〕《詩篇》第四十五篇、第三節：「願你腰間佩刀，大有榮耀和威嚴。」

了他。

655—583，608（763）513—822

猶太人在檢驗他究竟是不是上帝的時候，已經表明了他是人。

634—584（764）531—850

教會要表明耶穌基督是人藉以反對那些否定他的人們時[26]，與要表明他是上帝時[27]有著同樣大的困難；這兩種幾率是同樣地大。

601—448（765）521—852

相反性的根源——一個被屈辱的上帝，竟至死在十字架上；一個以自己的死而戰勝了死亡的彌賽亞。耶穌基督的兩重性質，兩次降臨，人性的兩種狀態。

619—524，560（766）516—841

象徵——救主、父親、犧牲者、獻祭、糧食、國王、智者、立法者、苦痛、貧困，事先產生了一個他要加以指導和養育的民族，並把他們引到他的大地上……。

耶穌基督。**任務**。——唯有他應該產生一個偉大的民族，一個特選的、神聖的、挑出來的民族；指導他們，培育他們，把他們引到安息與神聖的地方，使他們在上帝面前成爲神聖的；把他們造成上帝的神殿，使他們與上帝和解，拯救他們免於上帝的震怒，解除他們受那種顯著地在統御著人類的罪孽的奴役；爲這個民族制訂法律，把這些法律銘刻在他們的心上；爲了他們而把自己奉獻給上帝，爲他們而犧牲自己；做一個完美無瑕的獻祭者，並且他本身就是犧牲者：奉獻出他自己，自己的肉和自己的血，卻又是獻給上帝的麵包和酒……。

---

26 「那些否定他的人們」係指攸特奇（Eutyches）異端。攸特奇異端或攸特奇主義創始於君士坦丁堡修道院方丈攸特奇（約死於西元四五〇年）此派不承認基督兼有神、人兩性。

27 「要表明他是上帝時」讀作：「要表明他是上帝藉以反對猶太人時」。

Ingrediens mundum[28]。

「石頭在石頭上」[29]。

一切以往的和一切後來的。一切猶太人都繼續生存著並流浪著。

641—671（767）522—851

在地上的一切之中，他只分享憂傷而不分享歡樂。他愛他的鄰人，然而他的仁愛並不限於這些範圍之內，而是擴及於自己的敵人，然後則擴及於上帝的敵人。

610—608（768）901—846

耶穌基督爲約瑟所象徵，爲他父親所深愛，被他父親派來看視他的弟兄們等等；他無辜被自己的兄弟爲了二十個銀幣而出賣，並且由此而變成他們的主、他們的救主，既是異邦人的救主又是全世界的救主；若是沒有要消滅他的那個陰謀以及他們對他的出賣與刑罰，也就絕不會有這些事。

在獄中，約瑟無辜在兩個罪人中間[30]；耶穌基督在十字架上則在兩個小偷中間[31]。約瑟根據同樣的表現，向一個預告了得救，向另一個預告了死亡[32]。耶穌基督則根據同樣的罪行拯救了選民而譴責了被棄者。約瑟僅僅作了預告；耶穌基督卻行了事。約瑟要求將要得救的人（當他在他的光榮之中來臨的時候）要記得他；而為耶穌基督所拯救的人則要求他（當他出現在他的王國中的時候）要記得自己。

652—318（769）503—848

異教徒的皈化只能留待給彌賽亞的神恩。猶太人已經與他們鬥爭了那麼久而沒有成功；

---

28 〔到世上來。〕《希伯來書》第一章、第五節：「所以基督到世上來的時候就說：上帝啊，祭物和禮物是你不願意的，你曾給我預備了身體。」

29 《馬可福音》第十三章、第二節：「你看見這大殿宇嗎，將來在這裡沒有一塊石頭留在石頭上不被拆毀了。」

30 見《創世紀》第四十章、第一至四節。

31 見《馬太福音》第二十七章、第三十八節；又《馬可福音》第十五章、第二十七節；《路加福音》第二十三章、第三十二節；《約翰福音》第十九章、第十八節。

32 見《創世紀》第四十章、第八至二十二節。

所羅門和先知們所曾說過的一切都無用。就像柏拉圖和蘇格拉底那樣的聖賢也沒有能說服他們。

611—618（770）781—847

在許許多多人都已經來過之後，耶穌基督終於到來了，並且說：「我來了，時間到了。凡是先知們所說過的，在以後的時間裡都要到來，我要告訴你們說我的使徒要做到這些。猶太人要被摒棄，耶路撒冷不久就要毀滅；異教徒將要得到上帝賞識。在你們殺死葡萄園的繼承人之後，[33]我的使徒就要做到這些。」

以後，使徒們就向猶太人說：「你們要受詛咒」，（塞爾修斯是加以嘲笑的）[34]；又向異教徒說：「你們將受到上帝賞識」。於是，這事就實現了。

658—442（771）781—851

耶穌基督到來是使看得清楚的人盲目，並使盲人看得見；醫治病人，並使健康者死亡；號召悔罪，並使罪人得到正義，而把正義的人留在他們的罪孽中；充實貧困者，並使富有者空虛。

650—578*（772）781—852

聖潔性——Effundam spiritum meum[35]。所有的民族都處於不虔敬並處於慾念之中，舉世都因仁愛而激盪。王侯們合棄了他們的尊榮，少女們則慷慨殉道。這種力量從何而來？是彌賽亞已經來臨了；這便是他來臨的作用和標誌。

33《馬可福音》第十二章、第六至七節：「（葡萄）園主還有一位是他的愛子，末後又打發他去，意思說他們必尊敬我的兒子。不料那些園戶彼此說，這是承受產業的，來吧，我們殺他，產業就歸我們了。」

34 此處括弧內的話在原稿中是寫在頁旁的。

35〔我用我的精神澆灌。〕《約珥書》第二章、第二十八節：「我要將我的靈澆灌凡有血氣的。」

642（a）—614*（773）636—846

猶太人與異教徒被耶穌基督所摧毀：Omnes gentes venient et adorabunt eum[36]。Parum est ut[37]等等。Postula a me[38]。Adorabunt eum omnes reges[39]。Testes iniqui[40]。Dabit maxilllam percutienti[41]。Dederunt fel in escam[42]。

642—423（774）514—616

耶穌基督爲著所有的人，摩西則爲著一個民族。

猶太人在亞伯拉罕那裡得到祝福：「我要祝福那些祝福你的人。」[43]可是：「一切民族都在他的後裔那裡得到祝福。」[44]Parum est ut[45]等等。

Lumen ad revelationem gentium[46]。

大衛在談到法律時說：Non fecit taliter omni nationi[47]。但是在談到耶穌基督時，我們卻必須說：Fecit taliter omni nationi。[48]Parum est[49]等等，以賽亞。[50]所以只有耶穌基督才是普遍的；即使是教會也只爲虔誠者奉獻犧牲，耶穌基督卻爲一切人而奉獻了十字架的犧牲。

36 〔所有的民族都要來拜你。〕《詩篇》第二十二篇、第二十七節：「列國的萬族都要在你面前敬拜。」

37 〔這還是小事〕《以賽亞書》第四十九章、第六節：「你做我的僕人，使雅各眾支派復興，使以色列中得保全的歸向，尚爲小事。」

38 〔你求我。〕《詩篇》第二章、第八節：「你求我，我就將列國賜你爲基業，將地極賜你爲田產。」

39 〔所有的王都要拜你。〕《詩篇》第七十二篇、第十一節：「諸王都要叩拜他，萬國都要侍奉他。」

40 〔不義的見證。〕《詩篇》第三十四篇、第十一節：「耶和華啊，求你因你的名赦免我的罪，因我的罪重大。」

41 〔他讓人打他的面頰。〕《哀歌》第三章、第三十節：「他當由人打他的腮頰，要滿受凌辱。」

42 〔他們給我苦膽吃。〕《詩篇》第六十九篇、第二十一節：「他們拿苦膽給我當食物。」

43 《創世紀》第十二章、第三節：「爲你祝福的，我必賜福於他。」

44 《創世紀》第二十二章、第十八節：「地上萬國都必因你的後裔得福。」

45 〔所有的民族都要來拜你。〕《詩篇》第二十二篇、第二十七節：「列國的萬族都要在你面前敬拜。」

46 〔啓示各民族的光。〕《路加福音》第二章、第三十二節：「是照亮外邦人的光。」

47 〔對所有的國家，他都沒有這樣做過。〕《詩篇》第一四七篇、第十九至二十節：「他將他的道指示雅各，將他的律例典章指示以色列。別國他都沒有這樣待過。」

48 〔對所有的國家，他都這樣做過。〕

49 〔所有的民族都要來拜你。〕《詩篇》第二十二篇、第二十七節：「列國的萬族都要在你面前敬拜。」

50 見《以賽亞書》第四十九章、第六節。

643—929（775）925—617

有些異端往往把 omnes[51]解說爲一切人，也有些異端有時候並不把它解說爲一切人。Bibite ex hoc omnes[52]；胡格諾派（Hugenots）[53]異端把此處的 omnes 解說爲一切人。In quo omnes pecccaverunt[54]；胡格諾派異端在此處的 omnes〔一切人〕又把虔信者的孩子除外。因此，我們必須遵守教父與傳統，好知道都在什麼時候[55]，因爲在兩方面都有異端要提防。

644（a）—945（776）948—613

"Ne timeas pusillus grex"。[56] Timore et tremore。——Quid ergo? Ne timeas,（modo）timeas：[57]只要是你害怕，那麼就別害怕；但若是你不害怕，那麼就應該害怕。

Qui me recipit, non me recipit, sed eum qui me misit。[58]

Nemo scit, neque Filius。[59]

Nubes lucida obumbravit。[60]

聖約翰要把父親的心轉向孩子[61]，而耶穌基督卻布置下了紛爭[62]。並不矛盾。

---

51 〔一切、大家〕指《聖經》所說的萬國萬民。

52 〔大家都唱這個〕《馬太福音》第二十六章、第二十七節：「你們都唱這個。」

53 胡格諾派（Hugenots）即宗教改革時法國的喀爾文教派。

54 〔因爲大家都有罪。〕《羅馬書》第五章、第十二節：「因爲眾人都犯了罪。」

55 「好知道都在什麼時候」讀作：「好知道都在什麼時候應該做這樣或那樣的理解」。

56 〔你們這一小群，別害怕。〕《路加福音》第十二章、第三十二節：「你們這小群，不要懼怕。」

57 〔滿懷害怕與戰慄。爲誰？別害怕，（別管怎麼）害怕。〕

58 〔凡接待我的並不是接待我，而是接待那差遣我來的。〕《馬太福音》第十章、第四十節：「人接待你們，就是接待我；接待我就是那差遣我來的。」

59 〔假如不是子，就沒人知道他。〕《馬太福音》第十一章、第二十七節：「除了子，沒有人知道父。」

60 〔光亮的雲彩遮住了他們〕。《馬太福音》第十七章、第五節：「忽然有一朵光明的雲彩遮蓋他們。」

61 《路加福音》第一章、第十七節：「他必有以利亞的心志能力，行在主的前面，叫爲父的心轉向兒女。」

62 《路加福音》第十二章、第五十一節：「你們以爲我來是叫地上太平麼嗎？我告訴你們，不是，乃是叫人紛爭。」

660—951（777）902—614

作用，in communi與in particulari[63]。半伯拉糾派把僅僅in particulari是眞的東西，說成是in communi[64]，從而犯了錯誤。喀爾文派則把in communi是眞的東西，說成是in particulari[65]。（我覺得是這樣）。

644—653（778）902—858

Omnis Judaea regio, et Jerosolomytae universi, et baptizabantur[66]。由於到這裡來的人有著各種條件的緣故。

從這些石頭裡，亞伯拉罕可以有孩子。[67]

83—698（779）956—747

假如人們認識自己，上帝就會醫治好他們並寬恕他們了。Ne convertantur et sanem

eos, et dimittantur eis peccata[68]。

646—432（780）892—255

耶穌基督從不曾不聽人說就進行懲罰。對猶大：Amici, ad quid venisti?[69]對沒有穿結

63〔普遍地與特殊地。〕

64 指神恩而言，神恩的賜予並不是普遍的而是特殊的。

65 指罪孽而言，見本書下冊第775段。詹森派認爲罪孽是普遍的，神恩是特殊的。

66〔整個猶太地方和全耶路撒冷的居民都受了洗。〕《馬可福音》第一章、第五節：「猶太全地和耶路撒冷的人都出去到約翰那裡承認他們的罪，在約旦河裡受他的洗。」

67《馬太福音》第三章、第九節：「上帝能從這些石頭中給亞伯拉罕興起子孫來。」

68〔不讓他們轉變過來，得到痊癒和赦免罪過。〕《馬可福音》第四章、第十二節：「他們看是看見，卻不曉得，聽是聽見，卻不明白；恐怕他們回轉過來，就得赦免。」

69〔朋友，你爲什麼到來？〕《馬太福音》第二十六章、第五十節：「耶穌對他（猶大）說：朋友，你來要做的事，就做吧。」

婚禮服的那個人，也是一樣[70]。

645—770，771，772（781）—256

救贖之全體性的象徵，就像太陽之照亮一切，[71]只不過是標誌著一種全體性而已；然而被摒棄的〔象徵〕[72]，就像特選的猶太人之摒棄異教徒，卻標誌著摒棄。

「耶穌基督是一切人的救贖者。」[73]——是的，因爲他所提供的正好像這樣一個人：凡是願意到他這裡來的人，他都要贖回。那些中途死亡的人，乃是他們自己的不幸；然而就他而論，則他是爲他們提供了救贖的。——在贖身的人與防止死亡的人乃是兩個人的情況下，這個例子是有效的，然而在耶穌基督身上則是無效的，他既做了前者又做了後者。所以無效是因爲耶穌基督以救贖者的身分或許並不是一切人的主人；從而只有當主人在他的身上時，他才是一切人的救贖者。

當我們說，耶穌基督並沒有爲一切人而死，我們就犯了以這種例外直接引用於其自身的那些人的罪過了；這只是偏愛絕望，而不是使他們轉過身來偏愛希望。因爲這樣一來，人們就由於外表的習尙而使自己習慣於內心的德行。[74]

649—529*（782）953—860

對死亡的勝利[75]。一個人如果喪失了自己的靈魂，即使獲得全世界，又有什麼用呢？[76]

凡是想要衛護自己靈魂的，必將喪失它[77]。

「我不是來毀滅法律的，而是來成全法律的。」[78]

70《馬太福音》第二十二章、第十二節：「見那裡有一個沒有穿禮服的，就對他說：朋友，你到這裡來，怎麼不穿禮服呢？」

71《馬太福音》第五章、第四十五節：「你們天父……叫日頭照好人，也照歹人。」

72「象徵」原手稿中作「它們象徵著」，此處據布倫士維格本。

73 係聖誕節晚禱頌歌歌詞。

74 關於本段的含義，可參看本書上冊第252段以下各段與第536段。

75《哥林多前書》第十三章、第五十七節：「感謝上帝使我們藉著我們的主耶穌基督得勝。」

76《路加福音》第九章、第二十五節：「人若賺得全世界，卻喪失了自己賠上自己，有什麼益處呢？」

77《路加福音》第九章、第二十四節：「凡要救自己生命的，必喪掉生命。凡爲我喪掉生命的，必救了生命。」

78《馬太福音》第五章、第十七節：「莫想我來要廢掉律法和先知。我來不是要廢掉，乃是要成全。」

「羔羊並沒有取消世界上的罪惡，而我就是取消罪惡的羔羊。」[79]「摩西並沒有給你們以天上的麵包。摩西並沒有引你們脫離被俘，並沒有使你們眞正自由」[80]。

651—642*（**783**）**915—859**

……這時候耶穌基督到來告訴人們說，他們除了自己本身之外並沒有別的敵人，是他們的情慾使得他們與上帝分離，他就是爲了消滅它們並賜給他們以神恩而來的，爲的是把他們全都造就成一個神聖的教會；他來是要把異教徒和猶太人都帶回到這個教會裡，他來是要消滅前一種人的偶像和後一種人的迷信。但對於這一點所有的人都在反對，不僅是由於慾念而自然要反對，並且尤其是因爲地上的國王們都結合起來要消滅這種新生的宗教，正如所預告過的那樣。（Proph: Quare fremerunt gentes…reges terrae…adversus Christum[81]。）

地上一切偉大的都結合在一起：學者、賢人和國王。其中有的在寫作，另有的在譴責，還有的在殺戮。儘管有這一切反對勢力，但這些純樸的、無拳無勇的人們卻抵抗了所有這些威權，甚至還降服了這些國王、這些學者、這些賢人並清除了整個大地上的偶像崇拜。而這一切都是由已經預告過它的那種力量所成就的。

607—607（784）913—861

耶穌基督並不想要魔鬼的見證，也不想要那些沒有奉召的人的見證；而只是要上帝與施洗者約翰的見證。[82]

731—741（785）884—569

我認爲耶穌基督是在所有的人的身上，也在我們自己的身上；作爲父的耶穌基督在他的

79《約翰福音》第一章、第二十九節：「看哪，上帝的羔羊除去世人罪孽的。」

80《約翰福音》第六章、第三十二節：「那從天上來的糧，不是摩西賜給你們的。」同書，第八章、第三十六節：「天父的兒子若叫你們自由，你們就眞自由了。」

81〔預言：各民族爲什麼喧囂……地上的君主……反對基督。〕《詩篇》第二篇、第一至二節：「外邦爲什麼爭鬧……世上的君主一齊起來……要敵擋耶和華。」

82 見《約翰福音》第五章、第三十三三十九節。

父的身上，作爲兄弟的耶穌基督在他的兄弟們的身上，作爲窮人的耶穌基督在窮人們的身上，作爲富人的耶穌基督在富人們的身上，作爲博士與牧師的耶穌基督在牧師的身上，作爲國君的耶穌基督在君主的身上，如此等等。因爲他既是上帝，便由於他的光榮而成爲一切偉大的東西，又由於他那凡人的生命而成爲一切卑微下賤的東西。因此之故，他就獲得了這種不幸的境況，以致他可以出現在一切人的身上並成爲一切境況的典範。

631—577（786）910—857

耶穌基督處於一種幽晦狀態（按照世人們所謂的幽晦），從而僅只是記敘國家大事的歷史學家們就難得注意到他了。

630—611*（787）928—579

論無論是約瑟夫斯[83]**還是塔西佗**（Tacite/Cornelius Tacitus）[84]**或是別的歷史學家都不曾談到過耶穌基督**這一事實——這一點遠不足以反駁他，反倒是支持了他。因爲耶穌基督曾經存在過，他的宗教引起了廣泛的議論，並且上述這些人也並沒有忽視它，這些都是確鑿的；因此顯然可見，他們只不過是有意地隱瞞了他，否則便是他們談到了他，但人們卻查禁了或者篡改了他們。

826—610（788）897—862

「我在他們中間爲自己留下七千人。」[85]我愛不爲世人所知並且甚至於也不爲先知所知的崇拜者。

638—432（789）938—863

正如耶穌基督始終是在人們中間而不爲人所知，因此，他的眞理也始終是在一般的意見

---

83 約瑟夫斯（Joséphe，即 Flavius Josephus，約西元三十七至一〇〇年）猶太歷史學家。

84 塔西佗（Tacite，即 Cornelius Tacitus，約生於西元五十五年）羅馬歷史學家。

85《列王紀》上第十九章、第十八節：「我在以色列人中爲自己留下七千人。」

中間，外表上並沒有不同。因此，聖餐也就在普通的麵包中間。

638（a）—746（790）260—865

耶穌基督不願沒有正義的形式而被殺害，因爲由於正義而死比起由於不義的暴亂而死要更加不光彩得多[86]。

638（b）—（791）926—567

彼拉多的假正義只不過是用以使耶穌基督受難而已；因爲他使耶穌基督因他的假正義而受鞭撻，然後又殺害了他。[87]一開始就殺害他還要更好一些。假正義的人就是這樣：他們做各種好事和壞事來討好世人，並表明他們一點也不是屬於耶穌基督的，因爲他們以耶穌基督爲恥。並且最後他們在極大的誘惑與機緣之下殺害了他。

636—605（792）922—583

還有什麼人曾經是更光輝顯赫的呢？整個的猶太民族在他到來之前就預告了他。異邦人的民族在他到來之後又崇拜了他。異邦人和猶太人這兩種人都把他當成是他們自己的中心。

可是又有什麼人曾經是更未享受這種光輝顯赫的呢？在三十三年的歲月中，他生活了三十年並沒有出頭露面。在三年裡，他被人當作是騙子；牧師們和權貴們都排斥他；他的朋友和他最親近的人都鄙視他。最後，他的死是被他的一個門徒所出賣，被另一個門徒所否認，被所有的門徒所背棄[88]。

然而，他在這種光輝顯赫之中又占有什麼地位呢？從來沒有人是這樣地光輝顯赫，也從來沒有人是更加不光彩的了。那一切的光輝顯赫都只不過是爲我們而設的，好讓他爲我們所認識；而他爲他自己卻一點光輝顯赫都沒有。

---

86 見《馬太福音》第二十七章，又《馬可福音》第十五章，《路加福音》第二十三章，《約翰福音》第十九章。

87 同前注。

88 見《馬太福音》第二十六章，又《馬可福音》第十四章，《路加福音》第二十二章，《約翰福音》第十八章。

829—585（793）880—864

從肉體到精神的無窮距離，可以象徵從精神到仁愛的更加無窮遙遠的無窮距離；因爲仁愛是超自然的。

一切偉大事物的光輝顯赫，對於從事精神探討的人來說，都是毫無光彩可言的。

精神的人的偉大是國王、富人、首長以及一切肉體方面的偉大人物所看不見的。

智慧的偉大——它若不來自上帝，便會是虛無——是肉慾的人和精神的人所看不見的。這裡是三種品類不同的秩序。

偉大的天才們有他們的領域、他們的顯赫、他們的偉大、他們的勝利、他們的光輝，而絕不需要與他們毫無關係的任何肉體上的偉大。他們不是用眼睛而是要用精神才能被人看到的；這就夠了。

聖者們也有他們的領域、他們的顯赫、他們的勝利、他們的輝煌，而絕不需要與他們沒有任何關係的任何肉體上的或精神上的偉大，因爲這些對他們既無所增加，也無所減少。他們是要從上帝與天使而不是從肉體或好奇的精神才能被人看到的；上帝對他們就夠了。

阿基米德（Archiméde/Archimedes）雖不顯赫，[89]也將同樣地受人尊敬。他並沒有打過仗給人看，然而他把自己的發明貢獻給一切人的精神。啊！他對人類的精神是多麼光輝顯赫啊！

耶穌基督並沒有財富也沒有任何外表上的知識成就，但他有著他那聖潔性的秩序。他並沒有做出什麼發明，他並沒有君臨天下；但他是謙卑的、忍耐的、神聖的，對上帝是神聖的、對魔鬼是可畏的，他沒有任何的罪惡。啊！對於窺見了智慧的那種心靈的眼睛來說，他是在怎樣盛大的壯觀之中又是在怎樣宏偉的壯麗之中到來的啊！

阿基米德在他那幾何學的書裡要當一個君主會是徒勞無益的，儘管他就是其中的君主。

我們的主耶穌基督爲了要顯耀他自己的聖潔性的統治而以國王的身分出現，這是徒勞無益的；但他確實是在他那層次的光輝顯赫之中到來了！

誹謗耶穌基督的卑賤，彷彿這種卑賤和他所要來顯現的偉大竟然屬於同一種層次，——這是十分荒唐可笑的。只要我們考慮在他的一生、在他的受難、在他的默默無聞、在他的死亡、在他的選擇門徒、在他們的背棄、在他祕密的復活以及在其他事情之中的那種偉大，我

---

89 阿基米德（Archiméde，即 Archimedes，西元前二八七至前二一二年）古代希臘著名的科學家。據西塞羅說，阿基米德的身世是默默無聞的。

們就會看出他是那樣地偉大，以致我們沒有藉口可以誹謗其中所並不存在的卑賤。

然而有的人就只會讚慕肉體的偉大、彷彿是並不存在什麼精神的東西；又有的人就只會讚慕精神的偉大，彷彿是並不存在什麼智慧上更高得無限的東西。

一切的物體、太空、星辰、大地和地上的王國都比不上最渺小的精神；因爲精神認識這一切以及它自己，而物體卻一無所知。[90]

所有的物體合在一起、所有的精神合在一起以及所有它們的產物，都比不上最微小的仁愛行動。那是屬於一種更加無限崇高的層次的。

所有的物體合在一起，我們都不能從其中造就出一絲一毫的思想來；這是不可能的，而且是屬於另一種層次的。從所有的物體和精神之中，我們都不能引出一樁眞正仁愛的行動來；這是不可能的，而且是屬於另一種超自然的層次的。[91]

632—511（794）—895

爲什麼耶穌基督不以一種顯而易見的方式到來呢？反而要從先前的預言裡得到他的證明呢？爲什麼他要以象徵來預告自己呢？

637—444（**795**）883—893

如果耶穌基督的到來只是爲了要使人神聖，那麼全部的聖書和一切的事物就都會引向這一點，而令不信者信服也就會是輕而易舉的了。如果耶穌基督的到來只是爲了要使人盲目，那麼他的全部行爲就會混亂不堪，而我們也就不會有任何辦法可以令不信者信服了。然而他既然像以賽亞所說的，是 **in sanctificationem et inscandalum**[92] 而到來的，所以我們就無法令不信者信服而他們也無法令我們信服；然而恰恰就憑這一點我們卻能使他們信服，因爲我們說在他全部的行爲裡，無論是這一邊還是那一邊，都根本就沒有什麼可以定論的東西。

90 可參看本書上冊第347、348段。

91 可參看本書上冊第283段。

92 〔在神聖化之中與在誹謗之中。〕《以賽亞書》第八章、第十四節：「他必作爲聖所。」

633—440（796）884—894

耶穌基督並沒有說他不是來自拿撒勒[93]，爲的是好把惡人留在盲目之中，也並沒有說他不是約瑟的兒子。

744—586（797）832—897

對耶穌基督的證明——耶穌基督談到偉大的事物時是那麼地樸素，竟彷彿他從不曾想過它們似的；同時卻又是那麼地明晰，以至於我們可以看出他是想過它們的。這種明確性與這種純樸性的結合，眞是値得讚美的。

742—428（798）832—898

福音書的文風在好多方式上都是値得讚美的，而其中之一便是對耶穌基督的劊子手和敵人從不曾加以任何詈罵；因爲無論是反對猶大、彼拉多的歷史家們還是反對猶太人的歷史家們，任何一個都沒有進行過這種詈罵。

假如福音書歷史家們的這種節制以及如此之美好的那種性格中的許多其他特點都是矯揉造作的，並且假如他們矯揉造作出來只不過是爲了引人注目，——哪怕他們自己還不敢注目，——那麼他們就不會不博得對他們可以做出這類有利言論來的朋友的。[94]然而由於他們這樣行動毫不矯揉造作，並且是出自一種完全無私的動機，所以他們並沒有使任何人注目；而且我相信許多這類事情直到如今都還沒有被人注目過，而這便是他們行事時心懷淡泊的見證。

743—580（799）30—896

一個工匠也談到財富，一個律師也談到戰爭、談到效忠等等；可是富人談財富才談得好，國王談他剛剛做出的一項偉大的恩賜才談得冷淡，而上帝才能很好地談上帝。

---

93 見《馬太福音》第二章、第二十三節。

94 可參見本書上冊第154－155段。

741—593（800）918—886

是誰教會了福音書的作者們懂得一個完美無瑕的英雄靈魂的種種品質，竟至能在耶穌基督的身上把它描繪得那麼完美無瑕呢？他們爲什麼要使他在他自己的苦痛時表現得脆弱呢？[95]難道他們不曉得描繪一幕死的堅定嗎？他們曉得的，因爲同一個聖路加描寫聖司提反[96]的死要比耶穌基督的死更堅強得多。

因而，他們使他在死亡的必要性來臨之前先要恐懼，然後再完全堅強起來。

但是當他們寫他那樣地惶惑時，那正是他使他自己惶惑的時候；而當人們使他惶惑時，他卻是完全堅強的。

739—587（801）904—885

對**耶穌基督**的證明——使徒是騙子這種假說是荒謬無稽的。讓我們來尋個究竟吧；讓我們想像這十二個人在耶穌基督死後都聚集在一起，密謀策劃說他是復活了。他們藉此來攻擊一切權力。但人心總是出奇地傾向於翻雲覆雨，傾向於變化無常，傾向於甜言蜜語，傾向於貪財好貨的。他們這些人之中無論有哪一個被所有這些東西誘惑了，甚而至於被監牢、被折磨、被死亡哪怕動搖了一點點，那麼他們就全都完了。讓我們究尋這一點吧。

738—599（802）364—889

使徒們要麼就是受了騙，要麼就是騙子；這兩種說法無論哪種都有困難，因爲不可能認爲一個人是復活了……。

當耶穌基督和他們在一起時，他可以支持他們；然而在這以後，假如他並沒有向他們顯現，那麼是誰使他們行動的呢？

---

95 見《路加福音》第二十二章、第四十一至四十六節。

96 見《使徒行傳》第七章。

第十三編　奇蹟

750—873（803）562，921—868

開始——奇蹟可以辨別學說，學說也可以辨別奇蹟。

它們有假的，也有眞的。必須有一個標誌才好認識它們；否則它們便是無用的了。可是，它們並不是無用的，反倒是基礎。故此，它所給予我們的準則就必須是這樣的：它不得摧毀眞正的奇蹟對眞理所做出的證明，眞理才是奇蹟的主要鵠的。

摩西給出了兩條準則：即預告並沒有實現，見《申》第十八章；[1]以及它們絕不會引向偶像崇拜，見《申》第十三章；[2]而耶穌基督只給出了一條。[3]

如果是學說規定了奇蹟，那麼奇蹟對於學說就是無用的。

如果是奇蹟規定了……。

對這一準則的反駁——時間方面的辨別。一條準則是摩西時的，一條準則是現在的。

755—904*（804）937—869

奇蹟——奇蹟就是超出人們所能運用於自然力量的手段之外的一種作用；非奇蹟就是並

不超出人們所能運用於自然力量的手段之外的一種作用。因此，由於祈求魔鬼而痊癒的人並沒有做出什麼奇蹟，因爲這並沒有超出魔鬼的自然力量之外。但是……。[4]

745—470（805）932—849

有兩種基礎，一種是內心的，一種是外表的；神恩、奇蹟，兩者都是超自然的。

1《申命記》第十八章、第二十二節：「先知托耶和華的名說話，所說的若不成就也無效驗，這就是耶和華所未曾吩咐的。」

2 見《申命記》第十三章全章。據布倫士維格解說：此處的兩條準則，前一條爲假奇蹟的標誌，後一條爲眞奇蹟的標誌。

3《馬可福音》第九章、第三十九節：「因爲沒有人奉我名行異能，反倒輕易誹謗我。」按，此處「異能」即奇蹟。

4 按本段是帕斯卡爾致聖西倫（Saint-Cyran）方丈巴爾柯思（M. de Barcos）的《論奇蹟問題》一篇的縮寫。

746—884（806）941—880

奇蹟與眞理都是必要的，這是由於必須既在肉體上又在靈魂上使整個一個人都信服的緣故。

748—893（807）939—876

從來總是要麼人在講著眞正的上帝，要麼眞正的上帝就在向人講話。[5]

627—883（808）957—874

耶穌基督從不是根據聖書與預言而總是以他的奇蹟在證實他的學說的，這就證實了他就是彌賽亞。

他證明了他以奇蹟赦免罪惡。[6]

耶穌基督說，你不應該喜歡你的奇蹟，而是應該喜歡你的名字是寫在天上的。[7]

假如他們不相信摩西，他們也就不會相信復活。

尼哥底母（Nicodemus）由於他的奇蹟而認識到他的學說[8]就是上帝的[9]：Scimus quia venisti a Deo magister; nemo enim potest haec signa facere quae tu facis nisi Deus fuerit cum eo。[10]他並不根據學說來判斷奇蹟，而是根據奇蹟來判斷學說。

猶太人有一種關於上帝的學說，正如我們有一種關於耶穌基督的學說一樣，並且是被奇蹟所肯定的；他們被禁止相信一切的奇蹟製造者，此外，並規定要請教大祭司[11]並且要堅決

---

5 據布倫士維格注，此處意謂學說始終是純潔的；假如它有爭論的話，上帝就會通過奇蹟來顯示他自己。

6 《馬可福音》第二章、第十節：「人子在地上有赦罪的權柄。」

7 《路加福音》第十章、第二十節：「然而不要因鬼服了你們就歡喜，要因你們的名記錄在天上歡喜。」

8 這句話裡的兩個「他」均指耶穌基督。

9 見《路加福音》第三條、第一至二十一節。

10 〔師傅，我們知道你是從上帝那裡來的；因爲假若不是與上帝同在，就沒有人能行你所行的奇蹟。〕《約翰福音》第三章、第二節：「我們知道你是從上帝那裡來作師傅的，因爲你所行的神蹟若沒有上帝同在，無人能行。」

11 見《申命記》第十七章、第十二節。

跟隨大祭司。

所以凡是我們可以拒絕相信奇蹟製造者的一切理由，他們對於他們的先知都是有的。

然而，他們卻由於他們的奇蹟的緣故拒絕了先知以及耶穌基督，因而成爲罪孽深重的；而假如他們不曾見過奇蹟的話，他們就不會成爲罪孽的了：Nisi fecissem ...peccatum non haberent[12]。因而，所有的信仰都是根據奇蹟的。

預言並不叫作奇蹟；例如聖約翰談到迦拿的頭一件奇蹟，[13]然後談到耶穌基督向那個被他揭發了其全部隱密生活的撒瑪利亞的女人所講的話，[14]然後又治癒了百夫長的兒子，[15]而聖約翰把這稱爲「第二項標誌」。[16]

627（a）—579*（809）886—871

奇蹟的結合。

627（b）—872*（810）927—872

第二項奇蹟可以假設頭一項；但頭一項卻不能假設第二項。[17]

624—369**（**811**）**924—879**

沒有奇蹟，人們不信仰耶穌基督也就不會有罪了。[18]

---

12 〔如果我沒有做過……他們就沒有罪。〕《約翰福音》第十五章、第二十四節：「我若沒有在他們中間行過別人未曾行的事，他們就沒有罪。」

13 見《約翰福音》第二章、第一至十一節。

14 見《約翰福音》第四章、第七至二十九節。

15 見《約翰福音》第四章、第四十六至五十三節。

16 《約翰福音》第四章、第五十四節：「這是耶穌在加利利行的第二件神蹟。」

17 按本段爲對本書下冊第808段末尾「第二項奇蹟」的詮釋。

18 原稿此處尚有如下字樣：“vide an mentiar”〔請看我是不是撒謊〕。語出《約伯記》第六章、第二十八節：「請你們看看我，我絕不當面撒謊。」

625—354*（812）—877

奧古斯丁（St. Aurelius Augustinus）說：沒有奇蹟，我就不會是基督徒。[19]

749—897（813）895—875

奇蹟——我多麼恨那些造出了奇蹟懷疑者的人！蒙田，正如必要的那樣，在兩個地方談到了他們。在一個地方，我們看到他是何等地審愼，[20]可是在另一個地方他卻相信並且嘲笑了不信者。[21]

不管怎麼樣，假如他們是有道理的話，教會就沒有證明了。

749（a）—894（814）841—561

蒙田反對奇蹟。

蒙田贊成奇蹟。

626—473（**815**）893—903

要很有道理地反對相信奇蹟，這是不可能的。

281—431（**816**）855—867

不信仰的人乃是最信仰的人。爲了不肯信仰摩西的奇蹟，他們就信仰了韋斯巴薌[22]的奇蹟。

---

19 按本段文字並不見於奧古斯丁的著作；據阿韋解說，它只是說明奇蹟對於信仰的重要性。

20 指蒙田《文集》第三卷、第十一章，該章中蒙田提到最平常的事實可以由於人們的想像而逐步膨脹爲奇蹟。

21 指蒙田《文集》第一卷、第二十六章，該章中蒙田宣揚了他的懷疑主義，即我們沒有權利拒絕任何看來是最不平常的事實，因爲習慣在本質上就是騙人的，此外我們又沒有任何別的辦法可以分辨眞假。

22 韋斯巴薌（Vespasien，即 Flavius Vespasianus）羅馬皇帝，西元七〇至七十九年在位。傳說韋斯巴薌曾在亞歷山大港治癒過瞎子和癱瘓；事見塔西佗《史記》，蒙田《文集》第三卷、第八章轉引。

825—477*（817）925—881

題目：**何以人們信仰那麼多口稱自己曾看見過奇蹟的騙子，卻不信仰任何聲稱自己掌握有可以使人不朽或恢復青春的祕密的人**[23]——考慮到何以人們把那麼大的信心賦給了那麼多口稱自己掌握有救治之道的騙子，竟至往往把自己的生命都交到他們的手裡，我覺得眞正的原因就在於有眞正的救治之道；因爲假如並沒有眞正的救治之道，那麼就不可能會有那麼多假的救治之道而人們卻還要賦予它以那麼大的信心了。假如對於任何災禍都從來沒有什麼救治之道，假如所有的災禍都是無可救治的，那麼就不可能會有人想像他們可以做出補救來；而且尤其不可能有那麼多其他的人會信仰那些自吹是掌握有救治之道的人了；正像假若某個人自吹能使人不死，就不會有任何人相信他一樣，因爲這樣的事是從沒有任何先例的。但是既然有大量的救治之道已經被最偉大的人物們的親身知識發現是眞實的，所以人們的信仰也就爲之傾倒；並且它既然被人認爲是可能的，所以人們也就由此結論說它是存在的。因爲人們通常是這樣推論的：「某件事物是可能的，因而它是存在的」；因爲既然有某些具體的作用是眞實的，於是這件事物就不能一般地加以否定，所以人們無從辨別這些具體的作用之中哪些才是眞實的，便全部相信了它們。同樣地，使得人們之所以相信月亮有那麼多的虛假的作用的，就正是由於其中有眞作用，例如海洋的潮汐。

預言、奇蹟、夢兆、邪術等等，也都是這樣。因爲假如這一切裡面從來就沒有任何眞實的東西，人們就不會相信其中的任何東西了；因此，我們就不要結論說，因爲有那麼多的假奇蹟，所以根本就沒有什麼眞奇蹟；相反地我們倒是必須說，既然有那麼多假奇蹟，所以就必定有眞奇蹟，並且其所以有假奇蹟就正是由於有眞奇蹟的緣故。對於宗教，我們也必須以同樣的方式進行推論；因爲假使從不曾有過一個眞正的宗教，那麼人類居然能想像那麼多的假宗教就是不可能的事。對這一點的反駁就是說，野蠻人也有一種宗教；但對這一點我們可以回答說，他們也聽說過眞正的宗教，諸如洪水、割禮、聖安德羅的十字架等等所表現的那些。[24]

825（a）—478*（818）882—870

考慮到何以有那麼多的假奇蹟、假啓示、巫術等等，我覺得眞正的原因就在於〔其中〕

23 可參看蒙田《文集》第一卷、第二十六章。

24 按本段所談的內容均係針對蒙田《文集》第三卷、第十一章的論點。

有眞的；因爲如果其中沒有眞的，就不可能會有那麼多的假奇蹟；如果其中沒有眞的，也就不可能會有那麼多的假啓示；如果其中沒有一種眞正的宗教，也就不可能會有那麼多的假宗教。因爲如果從不曾有過這一切的話，那麼就不大可能有人會想像到它，而且尤其不可能有那麼多其他的人會信仰它。但是既然有些非常偉大的事物是眞實的，並且它們又被偉大的人物這樣相信著，這種印象就是使得幾乎所有的人都可以相信那些虛假的事物的原因了。因此，我們就不要結論說，既然有那麼多的假奇蹟，所以根本就沒有什麼眞奇蹟；相反地我們倒是必須說，既然有著那麼多的假奇蹟，所以就必定有眞奇蹟，並且其所以有假奇蹟就正是由於有眞奇蹟的緣故；而且同樣地，其所以有假宗教，就正是因爲有一種眞宗教。——對這一點的反駁就是：野蠻人也有一種宗教；然而那乃是由於他們聽說過眞正的宗教，諸如聖安德羅的十字架、洪水、割禮等等所表現的那些。這是由於人類的精神既發現自己根據眞理而倒向了這一邊，便因此而變得易於感受其全部的虛假性……。[25]

755（a）—890（819）942—905

《耶利米書》第二十三章、第三十二節，假先知的**奇蹟**。在希伯來文與瓦塔布爾（Vatable）刊本[26]中則是**詭譎**。

奇蹟並不永遠指的是奇蹟。《列王紀》上第十五章，[27]奇蹟是指恐懼[28]，希伯來文中也是如此。《約伯書》中顯然也是同樣的，見第三十三章、第七節。[29]又見《以賽亞書》第二十一章、第四節；[30]《耶利米書》第四十四章、第十二節。[31]Portentum 指的是 Simulacrum；[32]《耶》第五十章、第三十八節，[33]在希伯來文與瓦塔布爾刊本中也是如此。

---

25 按本段內容爲上一段的改寫，係出自作者之姊比里埃夫人的手筆，約寫於一六六〇年。

26 瓦塔布爾（Vatable）爲波・羅雅爾的希伯來文教授，一五三九年曾出版過一種託名爲瓦塔布爾刊本的《聖經》。

27 按此處應作《撒母耳記》上第十四章、第十五節：「於是在營中、在田野、在眾民內都有戰兢，防兵和掠兵也都戰兢，地也震動，戰兢之勢甚大。」

28 按「恐懼」一詞本段所引《聖經》中譯本各段作「戰兢」、「驚嚇」、「驚駭」。

29 《約伯記》第三十三章、第七節：「我不用威嚴驚嚇你，也不用勢力重壓你。」

30 《以賽亞書》第二十一章、第四節：「我所羨慕的黃昏，變爲我的戰兢。」

31 《耶利米書》第四十四章、第十二節：「所剩下的猶太人，我必使他們盡都滅絕，必在埃及地仆倒，必因刀劍飢荒滅絕，從最小的到至大的，都必遭刀劍飢荒而死，以致令人辱罵、驚駭、詛咒、羞辱。」

32 〔奇蹟指的是偶像。〕

33 《耶利米書》第五十章、第三十八節：「有乾旱臨到他的眾水，就必乾涸，因爲這是有雕刻偶像之地。」

《以》第八章、第十八節：[34]耶穌基督說，他自己以及他的一切都會成爲奇蹟。

757—898（820）849—889

假如魔鬼偏愛那種能毀滅自己的學說，那麼他就會分裂的，正如耶穌基督所說的那樣。假如上帝偏愛那種能毀滅教會的學說，那麼他也就會分裂的：Omne regnum divisum[35]。因爲耶穌基督的行事是反對魔鬼的，並摧毀了他對人心的統治——打鬼就是這事的象徵——以便建立上帝的王國。因此，他又補充說：si in digito Dei ...regnum Dei ad vos。[36]

758—882（821）946—878

試探與導致錯誤這兩者之間是大爲不同的。上帝在試探，然而他並不導致錯誤。試探乃是提供機緣，它絕不把必要性強加於人；假如人們不愛上帝，他們就會做某一件事的。而導致錯誤則是使人有必要得出謬妄的結論並追隨這種結論。

763—906*（822）860—

亞伯拉罕，基甸（Gideon）[37]：超乎啓示之外的〔標誌〕。根據聖書在判斷奇蹟的猶太人使自己盲目。上帝永遠不曾離棄過他的眞正的崇拜者。

我更願追隨耶穌基督而不追隨任何別人，因爲他有著奇蹟、預言、學說、永存等等。

多那圖斯派[38]：並沒有奇蹟使人必須說它就是魔鬼。

---

34 《以賽亞書》第八章、第十八節：「看哪，我與耶和華所給我的兒女，就是從錫安山萬軍之耶和華來的，在以色列中作爲預兆和奇蹟。」

35 〔全國大分裂〕。《馬太福音》第十二章、第二十五節：「凡一國自相紛爭，就成爲荒場，」又見《路加福音》第十一章、第十七節。

36 〔以上帝的名……上帝的王國臨到你們。〕《路加福音》第十一章、第二十節：「我若靠上帝的能力趕鬼，這就是上帝的國臨到你們了。」

37 基甸爲以色列勇士，事見《士師記》六至八章。

38 多那圖斯派指西元四世紀北非多那圖斯（Donatus）所創的異端，以要求嚴格的聖潔聞名。

我們越是把上帝、耶穌基督、教會加以特殊化……。

759—876（823）945—

如果沒有假奇蹟，那麼我們就會有確鑿性了。如果沒有可以辨別它們的準則，那麼奇蹟就會是無用的，而且也就不會有信仰的理由了。

可是就人世而論，卻沒有人間的，確鑿性，而只能有理智[39]。

761—895（824）936—589

要麼是上帝滲入了假奇蹟，要麼便是上帝預告過它們；而無論是哪種情形，他都是把自己提升到對我們來說是超自然的東西之上的，並且也把我們本身提升到那裡。

762—729*（825）946—817

奇蹟不是用來皈化的，而是用來譴責的（Q.113, A.10, Ad.2）[40]。

760—874（826）951—817

人們所以不信仰的原因。

《約》第十二章、第三十七節。Cum autem tanta signa fecisset, non crede bant in eum, ut sermo Isayae imptefetur. Excaecavit 等等。[41]

Haec dixit Isaias, quando vidit gloriam ejus et locatus est de eo.[42]

---

39 據布倫士維格解說，此處意謂確鑿性雖是爲了人類的，但並非出自人間，信仰雖不應該違反理智，但理智卻不足以建立信仰。

40 括弧內字樣指：「〔聖多瑪斯．阿奎那《神學大全》第一部〕第113問，第十款，答第二條反駁。」

41 〔儘管他行了那麼多的奇蹟，他們還是不信他，這就應驗了以賽亞的話。叫他們瞎了眼等等。〕《約翰福音》第十二章、第三十七至四十節：「他雖然在他們面前行了許多神蹟，他們還是不信他；這是要應驗先知以賽亞的話說，……主叫他們瞎了眼……。」

42 〔以賽亞看見他的光榮並談到他，就說了這話。〕《約翰福音》第十二章、第四十一節：「以賽亞因爲看見他的榮耀，就指著他說這話。」

“Judaei signa petunt et Graeci sapientiam queerunt, nos autem Jesum crucifixum[43].” Sed plenum signis, sed plenum sapientia; vos autem Christum non crucifixum et religionem sine miraculis et sine sapientia.[44]

使得人們不相信眞奇蹟的，便是由於缺乏愛。《約》：Sed vos non creditis, quia non estis ex ovibus。[45]使得人們相信假奇蹟的，便是由於缺乏愛。《帖撒》第二章[46]。

宗教的基礎。那就是奇蹟。那麼，怎麼樣呢？難道上帝說過要反對奇蹟，要反對人們對他所懷有的信仰的基礎嗎？

如果上帝存在，那麼對上帝的信心就一定會在地上存在。可是，耶穌基督的奇蹟並不曾爲反基督者所預告，而反基督者的奇蹟卻爲耶穌基督所預告。[47]因此，假如耶穌基督不是彌賽亞，他就確實會導致錯誤；但反基督者卻的確是不能導致錯誤的。當耶穌基督預告了反基督者的奇蹟時，難道他想摧毀對他自己奇蹟的信心嗎？

摩西預告了耶穌基督，並吩咐人們追隨他[48]；耶穌基督則預告了反基督者，並禁止人們追隨他。[49]

在摩西的時代，人們要保持自己對反基督者的信念乃是不可能的，反基督者還不曾爲人所知；但是在反基督者的時代，要信仰已經爲人所知的耶穌基督，卻是十分輕而易舉的。

並沒有任何可以相信反基督者的理由是不可以用來相信耶穌基督的；然而卻有可以相信

耶穌基督的理由是不可以用來相信反基督者的。

---

43 〔「猶太人要奇蹟，希臘人求智慧，我們則傳釘上了十字架的耶穌」。〕《哥林多前書》第一章、第二十二節：「猶太人是要神蹟，希利尼人是求智慧，我們卻是傳釘十字架的基督。」

44 〔儘管充滿了奇蹟，儘管充滿了智慧，可是你們的基督沒有上十字架，你們的宗教既沒有奇蹟也沒有智慧。〕按，這句話是作者自己所補充的，句中的「你們」係指耶穌會士。

45 〔但你們不相信，是因爲你們不是羊。〕《約翰福音》第十章、第二十六節：「只是你們不信，因爲你們不是我的羊。」

46 《帖撒羅尼迦後書》第二章、第九至十節：「這不法的人來是照撒旦的行動，行各樣的異能神蹟和一切虛假的奇事，並且在那沉淪的人身上行各樣出於不義的詭詐，因他們不領受愛真理的心。」

47 《馬太福音》第二十四章、第二十四節：「因爲假基督、假先知將要起來顯大神蹟、大奇事。」

48 《申命記》第十八章、第五節：「因爲耶和華你的上帝從你各支派中將他揀選出來，使他和他子孫永遠奉耶和華的名侍立事奉。」

49 《馬太福音》第二十四章、第二十三節：「那時若有人對你們說基督在這裡，或說基督在那裡，你們不要信。」

756，756（a）—877（827）950—587

《士師篇》第十三章、第二十三節：「假如主是願意讓我們死亡，他就不會向我們表明這一切事物了」。[50]

希西家。西拿基立（Sennacherib）。[51]

《耶利米》。假先知哈拿尼雅（Hananiah）死於第七個月。[52]

《馬卡》下第三章：神殿本是準備被掠奪的，卻奇蹟般地得到了解救。[53]——《馬卡》下第十五章。

《列王紀》上第十七章：以利亞（Elijah）復活了孩子，寡婦就向以利亞說：「就憑這，我知道你的話是真的。」[54]

《列王紀》上第十八章：以利亞和巴力的先知在一起。[55]

在有關真上帝、有關宗教真理的爭論中，從來就不曾發生過奇蹟是在錯誤一邊而不是在真理一邊的。

766（a）—889（828）887—588

爭論——亞伯（Abel），該隱（Cain）；[56]摩西，魔法師們[57]；以利亞，假先知；[58]耶利

---

50 《士師篇》第十三章、第二十三節：「耶和華若要殺我們，必……不將這一切事指示我們。」

51 見《列王紀》下第十八至十九章

52 《耶利米書》第二十八章、第十七節：「這樣先知哈拿尼雅當年七月間就死了。」

53 見《馬卡比書》下第三章、第二十四節。按猶大・馬卡比（Judas Maccabaeus）曾於西元前一七五至前一六四年領導反敘利亞的叛亂，記載這次叛亂的《馬卡比書》（上、下）爲《舊約》經外經中的兩卷。

54 《列王紀》上第十七章、第二十三至二十四節：「以利亞將孩子……交給他母親說，看哪你的兒子活了。婦人對以利亞說……耶和華藉你口所說的話是眞的。」

55 事見《列王紀》上第十八章、第十八至二十九節。

56 見《創世紀》第四章。

57 見《出埃及記》第七章。

58 見《列王紀》上第十八章。

米（Jeremiah），哈拿尼雅；[59]米該亞（Micah），假先知；[60]耶穌基督，法利賽人；[61]聖保羅，巴-耶穌；[62]使徒，驅魔者；[63]基督徒與不信仰者；天主教徒，異端；以利亞，以諾；[64]反基督者。[65]

總是眞的東西在奇蹟之中占上風。兩種十字架。[66]

623—879（829）933—793

耶穌基督說，聖書是給他作見證的，[67]但是他沒有說明是在哪些方面。

甚至是預言，當耶穌基督在世時也不能證明他；因此，人們在他死前並沒有信仰他就不會是有罪的，假如奇蹟沒有學說仍然是不夠的話。可是在他活著時不曾信仰他的那些人都是罪人，正像他親自而又毫不寬貸地說過的。[68]因而就必定是有過一種他們曾經加以抗拒過的指示了。可是，他們又並沒有我們的這些，卻僅僅有奇蹟；因而當學說並不相反的時候，奇蹟就足夠了；並且人們是應該相信它的。

《約翰福音》第七章、第四十節。[69]猶太人之間的爭論正如目前基督徒之間的一樣。有人相信耶穌基督，又有人不相信他，這是因爲有預言說過他將誕生於伯利恆的緣故。他們最好還是提防他並不是耶穌基督。因爲他的奇蹟既是令人信服的，他們就應該對他的學說與聖書之間的這些假想的矛盾很有把握了；可是那種幽晦不明卻沒有寬恕他們而是使他們盲目。因此，目前那些爲了一個假想中的純屬子虛的矛盾而拒絕相信奇蹟的人，就是不可寬恕

---

59 見《耶利米書》第二十八章。

60 見《列王紀》上第二十二章。

61 見《路加福音》第五章。

62 見《使徒行傳》第十三章。

63 見《使徒行傳》第十九章、第十三至十六節。

64 見《創世紀》第五章。

65 見《啓示錄》第十一章。

66 「兩種十字架」指耶穌的十字架與強盜的十字架。見《馬太福音》第二十七章、第三十七節，又《馬可福音》第十五章、第二十七節，《路加福音》第二十三章、第三十三節。

67 《約翰福音》第五章、第三十九節：「給我作見證的就是這經。」

68 《約翰福音》第十五章、第二十二節：「我若沒有來教訓他們，他們就沒有罪，但如今他們的罪無可推諉了。」

69 《約翰福音》第七章、第四十節：「眾人聽見這話，有的說，這眞是那先知。有的說，這是基督。但也有的說，基督豈是從加利利出來的嗎？經上豈不是說基督是大衛的後裔，從大衛本鄉伯利恆出來的嗎？於是眾人因著耶穌起了紛爭。」

的了。

法利賽人向根據他那奇蹟而信仰他的那個民族說：「這個不知道法律的民族是該咒詛的；可是有沒有一個君主或是一個法利賽人是相信他的呢？因爲我們知道並沒有任何先知來自加利利。」尼哥底母回答道：「我們的法律難道在聽一個人說話之前就要判他罪嗎？」[70]（何況是做出了這樣的奇蹟的這樣一個人。）

621─476（830）920─615

預言曾經是含糊的：它們現在[71]。卻不再是那樣的了。

LII─901（831）894─564

五條命題[72]曾經是含糊的，它們現在[73]卻不再是那樣的了。

LIII—797（832）907—471

由於人們已經有了奇蹟的緣故，奇蹟現在就不再是必要的了。[74]然而當人們不再傾聽傳統的時候，當人們除了教皇之外就再提不出什麼來的時候，當人們拿他嚇唬人的時候，從而也就排除了眞理的眞正根源（那就是傳統）並從而歪曲了教皇（他是眞理的受託人）的時候；眞理就不再有出現的自由了：這時候人們既不再談眞理，眞理自身就應該出來向人們

---

70 《約翰福音》第七章、第四十七至五十二節：「法利賽人說：『你們也受了迷惑嗎？官長或是法利賽人豈有信他的呢？但這些不明白律法的百姓是被咒詛的。』內中有尼哥底母，就是從前去見耶穌的，對他們說：『不先聽本人的口供，不知道他所做的事，難道我們的律法還定他的罪嗎？』他們回答說：『你也是出於加利利嗎？你且去查考就可知道加利利沒有出過先知。』」

71 「現在」指自耶穌基督以後。

72 「五條命題」見本書下冊第850段。

73 「現在」指自聖荊棘的奇蹟而後。關於聖荊棘的奇蹟，見本書下冊第839段注。

74 按此處係針對耶穌會士反對聖荊棘奇蹟的論點而做的答覆。

講話了[75]。這就是阿里烏斯（Arius）[76]時代所發生的事。（在戴克里先（Dioclètien/ Caius Diocletianus）治下與在阿里烏斯治下的奇蹟。）

LV—475*（833）868—444

奇蹟——人民憑他們自身得出這個結論；但是假如必須把它的理由告訴你……。

成爲準則[77]的例外是可哀的事。準則還甚至於必須是嚴格的，不許有例外的。可是，既然它一定會有例外，那麼我們就必須嚴格地但卻公正地評判它。

LIV—888（834）930—251

《約翰福音》[78]第六章、第二十六節：Non quia vidistis signa, sed quia saturati estit。[79]

那些因耶穌基督的奇蹟而追隨他的人，在他的權力所產生的全部奇蹟之中尊崇他的權力；然而那些爲了耶穌基督的奇蹟而口稱是追隨他的人，實際上只不過是因爲他能慰藉他們並滿足他們的世俗財貨而在追隨他罷了；當他的奇蹟與他們的享受相違反時，他們就不尊崇他的奇蹟了。

《約》第九章：Non est hic homo a Deo, qui sabbatum non Custodit. Alii: Quomodo potest homo peccator haec signa facere[80]？

哪一個是最清楚明白的呢？

---

75 見本書下冊第807段。

76 見本書下冊第868段。作者此處係以阿達拿修斯派與阿里烏斯派的對立比喻詹森派與耶穌會的對立。阿里烏斯（Arius）爲阿里烏斯派異端的創立者，於羅馬皇帝戴克里先（Dioclètien，即 Caius Diocletianus, 284-305）末年開始傳教，不久即死去。

77 此處「準則」指自從建立教會以後就不再有奇蹟這一準則。

78 此處起初寫作："Hoc habebitis signum ad defendendos viros qui falsis..."〔你們要有奇蹟才能防護那些由於錯誤而……的人。〕

79 〔不是因爲你們看見了奇蹟，而是因爲你們吃飽了。〕《約翰福音》第六章、第二十六節：「你們找我，並不是因見了奇蹟，乃是因吃餅得飽。」

80 〔這個人不是從上帝那裡來的，他不遵守安息日。又有的人：這個罪人又怎麼能行奇蹟呢？〕《約翰福音》第九章、第十六節：「法利賽人中有的說，這個人不是從上帝來的，因爲他不守安息日。又有人說，一個罪人怎麼能行這樣的神蹟呢？」——譯注這座房院[81]不是上帝的；因爲這裡的人們不相信五條命題都在詹森裡面。另有的人：這座房院是上帝的；因爲這裡面造就了許多特異的奇蹟。

哪一個是最清楚明白的呢？

Tu quid dicis? Dico quia propheta est. Nisi esset hic a Deo, non poterat facere quidquam[82].

752—886（835）949—284

在《舊約》裡，當人們把你推離上帝的時候。在《新約》裡，當人們把你推離耶穌基督的時候。這些都是向信仰排斥被標誌出來的奇蹟的緣由。並不需要再做什麼別的排斥。

是不是由此就可以推論，他們有權排斥所有來到他們中間的先知呢？不是的。他們若不排斥那些否認上帝的人，便是有罪的；而他們要排斥那些不否認上帝的人，也是有罪的。

因此，只要我們見到奇蹟，我們就必須要麼膜拜，要麼就得有相反的驚人標誌。我們必須看，它是不是要否認上帝或耶穌基督或教會。

751—880（836）905—285

不擁護耶穌基督而老實承認，與不擁護耶穌基督而佯裝擁護，這兩者之間是大有不同的。前者能夠做出奇蹟，後者則不能；因爲前者是明明白白在反對眞理的，後者則不是；這樣，奇蹟就更加清楚明白了。

629—881（837）935—286

我們必須愛唯一的上帝，這是一件那麼顯然易見的事，以至於並不需要有奇蹟來加以證明。

81 「這座房院」，指波．羅雅爾修道院。

82 〔你說是誰？我說他是先知。假如他不是從上帝來的，他就什麼也做不出來了。〕《約翰福音》第九章、第十七節：「你說他是怎樣的人呢？他說，是個先知」；第三十三節：「這人若不是從上帝來的，什麼也不能做。」

620—365（838）889—287

耶穌基督造就了奇蹟，隨後又有使徒們以及大批最初的聖者們；因爲預言還未曾實現並且正在被他們所實現，所以除了奇蹟就沒有任何東西可以見證。彌賽亞將皈化萬國，這是被預告過的。[83]這一預言若沒有萬國的皈依，又怎麼能實現呢？而萬國若看不見可以證明彌賽亞這些預言的最後應驗，又怎麼能皈依彌賽亞呢？因而，在他死亡、復活與皈化萬國以前，一切就都沒有完成；因此，在整個這段時間裡都必須要有奇蹟。可是現在卻不需要有它們來反對猶太人了，因爲已經實現的預言乃是一場持久的奇蹟。

753—887（839）891—288

「假如你不相信我，至少你應該相信奇蹟。」[84]他捉到這話作爲是最堅強有力的。已經向猶太人說過，也同樣向基督徒說過，他們不應該總是相信先知；[85]然而法利賽人和猶太史官卻大肆渲染他的奇蹟，並力圖表明它們是假的或是由魔鬼所造就的；[86]假如他們承認它們來自上帝，那便有加以信服的必要了。

我們目前已經不去費力做這種分辨了。然而它卻很容易做到：凡是既不否認上帝又不否認耶穌基督的人，都沒有行過任何不確鑿的奇蹟。Nemo facit virtutem in nomine meo, et cito possit de me male loqui[87].

但是我們根本無須做這種分辨。這兒就有著一個神聖的遺物。[88]這兒就是世界救主的王

83《以賽亞書》第二章、第三節：「主必將他的道教訓我們，我們也必行他的路。」

84《約翰福音》第十章、第三十八節：「我若行了（我父的事），你們縱然不信我，也當相信這些事。」

85《申命記》第十三章、第一至三節：「你們中間若有先知，或是做夢的起來，向你顯個神蹟奇事；……他所顯的神蹟奇事雖有應驗，你也不可聽那先知或是那做夢之人的話。」

86《馬可福音》第三章、第二十二節：「從耶路撒冷下來的文士說，他（耶穌）是被別西卜附著，又說他是靠著鬼王趕鬼。」

87〔沒有人能以我的名行奇事，並且輕易誹謗我。〕《馬可福音》第九章、第三十九節：「因爲沒有人奉我名行異能，反倒輕易毀謗我。」

88 指耶穌臨死時頭上所戴的荊棘。事見《馬太福音》第二十七章、第二十九節，《馬可福音》第十五章、第十七節。一六五六年三月二十四日帕斯卡爾外甥女瑪格麗特・比里埃（Marquerite Perier）曾以傳說中的耶穌的荊棘，治癒了目疾，當時曾被認爲是奇蹟。

冕上的一根荊棘，世上的君主對它並沒有權威，它是由於爲我們而流的那種血所固有的權威而成就了奇蹟的。故此上帝親自選擇那座房院，好使他的威權在那裡輝煌照耀。

使得我們難以分辨的，並不是以一種人所不知的、可疑的德行而造就了這些奇蹟的人，而是上帝本身，而是他的獨子受難的這一手段，他許多地方都選擇了這一手段，並使人從各個角落都來在他們的勞苦倦極之中接受這種奇蹟般的慰藉。

LVII—891（840）940—287

教會有三種敵人：即猶太人，他們從來都不屬於它那團體；異端派，他們退出了它那團體；以及壞基督徒，他們從內部來分裂它。

這三種不同的對手常常以不同的方式來攻擊它。但是在這裡他們卻以同一種方式在攻擊它。既然他們都沒有奇蹟，而教會卻總是有奇蹟可以反對他們，所以他們就同樣都有著要加以迴避的興趣；並且都在引用如下的遁詞：即絕不能根據奇蹟來判斷學說，而只能根據學說來判斷奇蹟[89]。在傾聽耶穌基督的人們當中也有兩派：一派是由於他的奇蹟而追隨他的學說；另一派則是說：……[90]在喀爾文的時代就有兩派。……現在則有耶穌會士等等。

766，LIV—814，907（841）952—

奇蹟辨別了各種疑難的事物：辨別猶太人之與異教徒，猶太人之與基督徒，天主教之與異端，受謗者之與誹謗者，以及兩種不同的十字架。

但對於異端，奇蹟卻將是無用的；因爲被預先就占領了人們信心的那些奇蹟所權威化了的教會告訴我們說，他們並沒有眞正的信仰。毫無疑問他們並不信仰，因爲教會最初的奇蹟就已排斥了他們的信仰。因此，教會方面的最初的以及最偉大的人就有了反對奇蹟的奇蹟。

這些姑娘們[91]由於人們說她們是走上了沉淪的道路，說她們的懺悔師把她們引向日內瓦，[92]說他們蠱惑她們說耶穌基督並不在聖餐之中也不在父的右邊，而大爲驚訝；她們知道

---

89 按這是耶穌會士用以反對波・羅雅爾派的論點。可參看本書下冊第803段。

90 布倫士維格認爲此處所省略的話應該是《馬太福音》第十二章、第二十四節：「這個人趕鬼，無非是靠著鬼王別西卜阿。」

91 「這些姑娘們」指波・羅雅爾的女修道士，她們曾被指控爲喀爾文派。見帕斯卡爾《致外省人信札》第十六信。

92 按日內瓦爲喀爾文派活動的中心。

所有這一切都是妄誕的，於是她們便在這樣一種狀態中獻身於上帝：Vide si via iniquitatis in me est。[93]在這裡都發生了什麼事呢？據說是魔鬼的殿堂的那個地方，上帝卻把它造成了他自己的殿堂。據說必須要從那裡把孩子搬走的，上帝卻就在那裡治癒了他們。據說它是地獄的火藥庫，上帝卻使之成爲他的神恩的聖堂。最後，人們還以形形色色的憤怒以及形形色色上天的報應來威脅她們；可是上帝卻向她們傾注了他自己的恩寵。一定是喪心病狂才會結論說，她們這樣就走上了沉淪的道路。

（我們毫無疑問地有著聖阿達拿修斯[94]同樣的標誌。）

627（a）—885（842）888—

“Si tu es Christus, dic nobis.”[95]

“Opera quae ego facio in nomine Patris mei, haec testimonium perhibent de me. Sed vos non creditis quia non estis ex ovibus meis. Oves mei vocem meam audiunt.”[96]

《約》第六章、第三十節：“Quod ergo tu facis signum ut videamus et credamus tibi?”——Non dicunt: Quam doctrinam praedicas?[97]

“Nemo potest facere signa quae tu facis nisi Deus.”[98]

《馬卡》下，第十四章、第十五節：“Deus qui signis evidentibus suam portionem protegit”。[99]

“Volumus signum videre de caelo, tentantes eum.”[100]《路加福音》第十一章、第十六節。

93〔看我身上有沒有罪過〕。《詩篇》第一三九篇、第二十四節：「看在我裡面有什麼惡行沒有，引導我走永生的道路。」

94 可參看本書下冊第832、868段。

95〔你若是基督，就告訴我們。〕見《路加福音》第二十二章、第六十七節。

96〔我奉父的名行事，這便是我的見證。只是你們不信，因爲你們不是我的羊。我的羊聽我的聲音。〕見《約翰福音》第五章、第三十六節，及第十章、第二十六至二十七節。

97〔「你行什麼奇蹟，叫我們看見你就信你？」他們並沒有說：你宣揚什麼學說？〕按此處前一句話出自《約翰福音》第六章、第三十節，後一句話爲作者自己所加的詮釋。

98〔除了上帝，沒有人能行你所行的神蹟。〕見《約翰福音》第三章、第二節。

99〔上帝以顯著的神蹟在保護自己的分內。〕

100〔有人試探他，要求看見從天上來的神蹟。〕《路加福音》第十一章、第十六節：「又有人試探耶穌，向他求從天上來的神蹟。」

"Generatio prava signum quaerit; et non dabitur."[101]

"Et ingemiscens ait: Quid generatio ista signum quaerit."[102]（《馬可福音》第十八章、第十二節）那世代要求一種居心不良的標誌。

"Et non poterat facere."[103]然而他應允給他們約拿的標誌、他那復活之最偉大的莫與倫比的標誌。

"Nisi videritis signa, non creditis."[104]他並不因他們沒有奇蹟便不相信而譴責他們；而是因他們若不親自是奇蹟的目睹者便不相信而譴責他們。

聖保羅說，反基督者 in signis mendacibus。[105]《帖撒羅尼迦後書》第二章。

"Secundum operationem Satanae, in seductione iis qui pereunt eo quod charitatem veritatis non receperunt ut salvi fierent, ideo mittet illis Deus optationes erroris ut credant mendacio."[106]

正如摩西的這段話：Tentat enim vos Deus, utrum diligatis eum。[107]

Ecce praedixi vobis: vos ergo videte.[108]

101 〔一個紊亂的世代要求奇蹟，並沒有奇蹟給他們。〕《馬太福音》第十二章、第三十九節：「一個邪惡淫亂的世代求看神蹟，除了先知約拿的神蹟以外，再沒有神蹟給他們看。」

102 〔（耶穌）嘆息說，這世代爲什麼求奇蹟呢？〕

103 〔不能做什麼。〕《馬可福音》第六章、第五節：「耶穌就在那裡不得行什麼異能。」

104 〔若不看見奇蹟，你們就不信。〕《約翰福音》第四章、第四十八節：「若不看見神蹟奇事，你們總是不信。」

105 〔在謊言的標誌中。〕《帖撒羅尼迦後書》第二章、第二節：「有冒我名的書信，說主的日子現在到了。」

106 〔按照撒旦的行動，誘惑那些要滅亡的人，因爲他們不接受仁愛的眞理，使自己得救；因此上帝就給他們以錯誤的願望，以便相信謊言。〕《帖撒羅尼迦後書》第二章、第九至十一節：「照撒旦的運動，行各樣出於不義的詭詐，因他們不領受愛眞理的心，使他們得救，故此上帝就給他們一個生發錯誤的心，叫他們信從虛謊。」

107 〔上帝試探你們，要看你們是不是愛他。〕《申命記》第十三章、第三節：「這是耶和華你們的上帝試驗你們，要知道你們是盡心、盡性愛耶和華你們的上帝不是。」

108 〔看哪，我預告了你們；因此你們自己就要看。〕《馬太福音》第二十四章、第二十五至二十六節：「看哪，我預先告訴你們了。若有人對你們說，看哪……。」

754—878（**843**）908—

這裡根本不是眞理的國土，眞理徘徊在人們中間卻不爲人所認識。上帝用一塊幕布遮蓋了它，這就使得凡是沒有聽到它的聲音的人都不認識它。於是就給褻瀆神明開放了地盤，甚至於針對那些至低限度也是十分顯著的眞理。如果公布了福音書的眞理，便有相反的東西也公布出來；問題模糊得使人民無從分辨。他們問道：「你有什麼能使人信仰你而不信仰別的呢？你做出過什麼標誌呢？你有的只不過是詞句，而我們也有。假如你有奇蹟，那就好了。」[109]學說應該得到奇蹟的支持，這是一條眞理；但人們卻濫用奇蹟來褻瀆學說。假如奇蹟出現了，人們便說奇蹟沒有學說是不夠的；而這便是另一條可以用來褻瀆奇蹟的眞理。

耶穌基督治癒了天生的盲人，並在安息日行了大量的奇蹟。他就以此而使得那些聲稱必須根據學說來判斷奇蹟的法利賽人[110]盲目了。

「我們有摩西；但這裡的這個人，我們卻不知道他從哪裡來的。」[111]你們不知道他從哪裡來的，這正是最可讚美的事；而他就行了這樣的奇蹟。

耶穌基督既沒有說過反上帝的話，也沒有說過反摩西的話。

新舊兩約所預告過的反基督者和假先知們，將要公開反上帝並反耶穌基督。誰要是未曾隱蔽……；[112]誰要是暗藏的敵人，上帝就不會允許他公開行奇蹟。

在一場雙方都自稱是爲了上帝、爲了耶穌基督、爲了教會的公開爭論裡，奇蹟是從來不會在假基督徒那一邊的，而另一邊則從來也不會沒有奇蹟。

「他被鬼附著。」[113]《約》第十章、第二十一節。又有人說：「鬼也能打開盲人的眼睛嗎？」[114]

耶穌基督與使徒們從聖書中所引的證明並不是論證性的；因爲他們僅僅說摩西說過會有一個先知到來，然而他們並沒有由此證明那就是這裡的這個人；而這就是全部的問題之所在。因而這些假話只不過用以表明人們並未違反聖書，並且其中也絕沒有任何乖舛，而並非表明其中是符合一致的。故此只要把乖舛和奇蹟一道加以排除，就夠了。

---

109 關於此處引文，可參看上一段。

110 此處係以「法利賽人」作爲耶穌會士的祖先。

111 《約翰福音》第九章、第二十九節：「只是這個人，我們不知道他從哪裡來。」

112 這句話讀作：「誰要是未曾隱蔽，上帝就會允許他行奇蹟。」

113 《約翰福音》第十章、第二十節：「他是被鬼附著。」

114 《約翰福音》第十章、第二十一節：「又有人說，鬼豈能叫瞎子的眼睛開了呢？」

上帝與人之間有一種相互的義務才好行事，也才好賜予。Venite. Quid debui?[115]上帝在《以賽亞》中說：「譴責我吧。」

上帝應該履行他的諾言，等等。

人類對上帝應該是接受他所賜給他們的宗教。上帝對人類應該是不把他們引向錯誤。可是，假如奇蹟（的）製造者宣布了一種對於常識的見解來說並非顯而易見是虛妄的學說，並且假如一個更大的奇蹟製造者又不曾警告過人們不要相信它們；那麼他們就會被引向錯誤了。

因此，假如教會之中發生了分裂，例如：假若自稱也像天主教一樣是建立在聖書的基礎之上的阿里烏斯派做出了奇蹟而並非天主教徒做出了奇蹟，那麼人們就會被引向錯誤了。

因爲，正如一個向我們宣布上帝的祕密的人並不配以其私人的權威而受到我們信任，並且正是因此，不信神的人才要懷疑他；同樣地有一個人以使死者復活，預告未來，搬移大海，醫癒病人作爲其與上帝相通的標誌，那麼就不會有不虔敬者是不向他低頭膜拜的了；而法老和法利賽人的不信仰便是一種超自然的頑固性的結果。

因此，當我們看到奇蹟與不受懷疑的學說都在一邊時，就不會有什麼困難。但當我們看到奇蹟與〔受人懷疑的〕學說都在同一邊時，這時我們就必須看看到底哪一個才是最明確的。耶穌基督是受人懷疑的。

巴耶穌瞎了眼。[116]上帝的力量超過了他的敵人的力量。

猶太的驅魔者受到魔鬼的鞭撻時說道：「我認得耶穌和保羅，然而你們又是誰呢？」[117]

奇蹟是爲了學說的，而並非學說是爲了奇蹟的。

假如奇蹟是眞的，我們就能說服人相信所有的學說了嗎？不能，因爲這是不會發生的。

Si angelus[118]……。

準則：我們必須根據奇蹟來判斷學說，又必須根據學說來判斷奇蹟。這都是眞的，而且並不互相矛盾。

因爲我們必須分清時間。[119]

你們知道了這些普遍的準則該是多麼輕快啊，你們想著從此可以拋棄麻煩並使一切都歸

---

115 〔來吧。有什麼該做的呢？〕《以賽亞書》第五章、第四節：「我爲我葡萄園所做之外，還有什麼可做的呢？」

116 巴耶穌爲帕弗假充先知的猶太人。「巴耶穌瞎了眼」，事見《使徒行傳》第十三章、第六至十一節。

117 《使徒行傳》第十九章、第十五節：「耶穌我認識，保羅我也知道。你們卻是誰呢？」

118 〔無論是天使。〕《加拉太書》第一章、第八節：「但無論是我們，是天上來的使者，若傳福音給你們與我們所傳給你們的不同，他就應當被詛咒。」

119 布倫士維格注：當學說可疑時，奇蹟就可以辨別；當奇蹟曖昧時，學說就可以決定。

於無用了吧！我的父啊，我們要阻止你們這樣做：眞理只有一個並且是堅固的。

由於上帝的責任，所以一個人不可能隱蔽起自己的壞學說，使之只表現爲好學說，並自稱符合上帝和教會，從而做出奇蹟使得一種虛妄而精巧的學說不知不覺地流行起來；那是辦不到的。

更加不可能的是：認識人心的上帝竟會做出奇蹟來偏袒這樣的一個人。

LVIII，LXXI—867（844）909—

宗教的三個標誌：永恆性、善良的生活、奇蹟。他們[120]以或然性摧毀了永恆性，以他們的道德摧毀了善良的生活，又在摧毀奇蹟的眞理或其結論時摧毀了奇蹟。

假如我們相信了他們，教會對於永恆性、聖潔以及奇蹟就無事可做了。異端是否定這些的，或者是否定其結論的；他們也是一樣。但是根本就不需要什麼眞誠才可以否定這些；也不需要喪失理智才可以否定其結論。

人們從沒有爲了其白稱所見過的奇蹟[121]而使自己殉道的，因爲人類的愚蠢或許會〔爲了〕土耳其人傳說中所信仰的那些東西而不惜殉道，但絕不會爲了自己所見過的東西。

LXI—896（845）869—

異端總是在攻擊這三種爲他們所並不具備的標誌。

768—900（846）874—

第一條反駁：「從天上來的使者。[122]我們絕不可根據奇蹟來判斷眞理，而必須根據眞理來判斷奇蹟。因而奇蹟就是無用的。」

可是它們有用，並且它們絕不能違反眞理，因而林讓德神父（P. Lingendes/Claude de Lingendes）[123]所說的：「上帝不會容許一個奇蹟可能引向錯誤」……。

---

120 「他們」指耶穌會士。

121 「其自稱所見過的奇蹟」，即假奇蹟。

122 見本書下冊第843段注，《加拉太書》第一章、第八節。

123 林讓德神父（P. Lingendes）指當時耶穌會士Claude de Lingendes，以雄辯聞名，死於一六六〇年。

當同一個教會之內有了爭執的時候，奇蹟就會做出決定。

第二條反駁：「但是反基督者將會做出標誌。」[124]

法老的魔法師絕沒有誘人陷入錯誤。因此，關於反基督者，我們就不能向耶穌基督說：「你把我引入了錯誤。」因爲反基督者要使他們反對耶穌基督，因此，就不能引向錯誤。要麼上帝就根本不容許假奇蹟，要麼他就是要取得更大的奇蹟。

〔自從世界開始以來，耶穌基督是始終存在的；這就比反基督者的一切奇蹟都更加有力。〕

假如在同一個教會之內奇蹟是出現在錯誤那方面，人們就會被引向錯誤了。教會的分裂是看得見的，奇蹟也是看得見的。然而教會的分裂之爲錯誤的標誌更有甚於奇蹟之爲眞理的標誌；因而奇蹟就不能引向錯誤。

然而除了教會的分裂之外，錯誤之顯而易見就不如奇蹟之顯而易見了，因而奇蹟就會引向錯誤。

Ubi est Deus tuus?[125]奇蹟就指明了他，奇蹟就是光。

770—**735***（**847**）**872**—

聖誕節晚禱的頌歌之一：

Exortum est in tenebris lumen rectis corde.[126]

769—**733***（**848**）**871**—

假若上帝的仁慈是如此之巨大，甚至當他隱蔽起自己的時候，他也還在教導著我們；那麼當他顯現自己的時候，還有什麼光明是我們不該期待於他的呢？

---

124 見上段。

125〔你的上帝在哪裡呢？〕見《詩篇》第四十二篇、第三節。

126〔光在黑暗中向正直的心升起。〕《詩篇》第一一二篇、第四節：「正直人在黑暗中，有光向他發現。」

805，LX—820（849）896—

Est et non est[127]在信仰本身之中會不會也像奇蹟那樣地爲人接受呢？並且假如這在其他的裡面也是分不開的……。

當聖沙勿略（Saint Xavier/Saint Francois Xavier）[128]成就了奇蹟的時候。——〔聖希賴爾。[129]——可憐的人們啊，你們迫使我們談論奇蹟。〕

不義的審判者啊，此刻不要制訂法律吧；就根據已有的法律並根據你們自己來做出判斷吧：Vae qui conditis leges iniguas[130]。

連續不斷的、虛假的奇蹟。

爲了要削弱你的對手，你解除了整個教會的武裝。

假如他們[131]說，我們的得救有賴於上帝，那便是「異端」。假如他們說，他們服從教皇，那便是「僞善」。假如他們準備簽署他們全部的信仰條款，那也還不夠。假如他們說不應該爲一個蘋果而殺人，[132]「他們便是攻擊天主教的道德」。假如他們中間成就了奇蹟，那也不是聖潔的標誌，相反地那倒有異端的嫌疑。

教會始終得以存在的方式便是眞理沒有爭論；或者假如有爭論的話，也還有教皇，不然也還有教會。

764，LI—902（850）873—

五條被譴責的命題[133]並不是什麼奇蹟；因爲眞理並沒有遭受攻擊。然而索邦……然而教皇的聖諭[134]……。

---

127 〔是與否。〕

128 聖沙勿略（Saint Xavier，即 Saint Francois Xavier, 1506-1552）爲著名的耶穌會傳教士，曾來東方傳教。

129 聖希賴爾（St. Hilaire）爲波瓦迭主教，死於西元三六七年。

130 〔你們這些設立了不義的法律的人們有禍了。〕《以賽亞書》第十章、第一節：「〔禍哉，那些設立不義之律例的〕。」

131 「他們」指波．羅雅爾派。

132 可參看《致外省人信札》第七封。

133 「五條被譴責的命題」指羅馬教廷所譴責詹森《奧古斯丁》一書中的五條命題。

134 布倫士維格注：命題之被譴責應該是針對命題的本身，然而索邦（巴黎大學神學院）的檢查與教皇的聖諭卻是針對詹森與波．羅雅爾修道院而發的。

全心全意愛上帝的人竟然不認識教會，這是不可能的，它是太顯著了。——不愛上帝的人竟然信服教會，這也是不可能的。

奇蹟具有那麼大的力量，乃至上帝也必須警告人們說，絕不可想到奇蹟就違背上帝，儘管上帝的存在乃是明白不過的事；沒有這一點它們就足以令人惶惑了。

因此，《申》第十三章那些假話[135]，遠不是反對奇蹟的權威，反倒是再沒有別的更能標明它那力量的了。對於反基督者，也是一樣：「只要有可能就不惜誘惑選民。」[136]

747，767，771，LXIII—908（851）877—

生來瞎眼的人的歷史。

聖保羅說什麼呢？他是時時刻刻都在述說預言嗎？不是，而是他只說自己的奇蹟。[137]

耶穌基督敘說什麼呢？他是敘說預言嗎？不是：他的死並不曾實現它們；然而他說 Si non fecissem[138]。讓我們相信事蹟吧。

我們整個超自然的宗教有著兩種超自然的基礎：一種可見，一種不可見。具有神恩的奇蹟，沒有神恩的奇蹟。

猶太會堂被人滿懷熱愛地當作是教會的象徵來看待，又因為它只不過是教會的象徵而被人滿懷憎恨地來看待；既然當它好端端地與上帝同在的時候卻要傾頹而又被扶持起來，因而就是象徵。

奇蹟以其對於人身所施加的權力而證明了上帝對人心所具有的權力。

教會從未讚許過異端派中間的奇蹟。

奇蹟是宗教的支柱：它們辨別了猶太人，它們辨別了基督徒、聖者、清白無辜者和眞正的信仰者。

宗派分裂論者中間的奇蹟並不那麼可怕；因爲分裂比奇蹟更加顯而易見，也就顯然易見地標明了他們的錯誤。但當沒有發生分裂的時候，以及錯誤有了爭論的時候，奇蹟就可以辨別。

---

135 指《申命記》第十三章、第一至二節：「你們中間若有先知，或是作夢的起來，向你顯個神蹟奇事，對你說我們去隨從你素來所不認識的別神，侍奉他吧。他所顯的神蹟奇事雖有應驗，你也不可聽那先知或是那作夢之人的話。」

136《馬可福音》第十三章、第二十二節：「因爲假基督、假先知將要起來顯神蹟奇事，倘若能行，就把選民迷惑了。」

137 見《哥林多後書》第十二章。

138〔我若沒有行過。〕《約翰福音》第十五章、第二十四節：「我若沒有在他們中間行過別人未曾行的事。」

“Si non fecissem quae alius non fecit”.[139]那些迫使我們不得不談到奇蹟的不幸者們啊！亞伯拉罕、基甸[140]：以奇蹟證實信仰。

〈猶蒂絲〉[141]。上帝終於在最後的逼迫之下發言了。

假如仁愛的冷卻使得教會幾乎沒有眞正的崇拜者，奇蹟就會激發他們的。這就是神恩的最後作用之一。

假如也能給耶穌會士造就出一個奇蹟！

當奇蹟使得那些面臨奇蹟出現的人失望時，並且當他們的信仰狀態與奇蹟這一手段之間比例失調的時候，這時候它就應該引導他們變化。然而對你們，情形卻是另一樣。有著同樣之多的理由可以說，假如聖餐使死者復活，那就更應該使自己成爲一個喀爾文派，而不是繼續做一個天主教徒。然而當它滿足了期望，當那些希望上帝恩賜救治之道的人們看到了自己不需要救治之道就痊癒了的時候……。

不敬神者——從不曾有過任何標誌是出現在魔鬼方面，而同時沒有另一種更強的標誌是出現在上帝方面的，或者甚至同時沒有被預告過它是要出現的。

765，772；800（a），LXI—892（852）876—

對於上帝顯然在蔭庇著的人之不公正的起訴者：假如他們譴責你們的過分，那麼「他們說的話就像是異端」；假如他們說耶穌基督的神恩可以辨別我們，那麼「他們就是異端」；假如成就了奇蹟，「那麼這就是他們那種異端的標誌」。

以西結（Ezekiel）[142]——他們說：這就是上帝的人民，他就是這樣說話的。——希西家。[143]

的確說過：「要相信教會」；[144]但是並沒有說過「要相信奇蹟」；這是因爲後者乃是自然

139 〔我若沒有做過別人沒有做過的事。〕見《約翰福音》第十五章、第二十四節。

140 見本書下冊第822段。

141 〈猶蒂絲〉：經外經中之一篇，以猶太女英雄猶蒂絲爲名。

142 參見本書下冊第886段。

143 希西家（Ezechias）西元前七二〇至前六九二年猶太的王，見《歷代記》下第二十九至三十二章。

144 見《馬太福音》第十八章、第十七至二十節。

的，而前者卻不是。一個需要有誡命，另一個則否。

猶太會堂只不過是象徵，因此並不曾毀滅；但又只不過是象徵，因此就毀滅了。它是一個包含著眞理的象徵，因此，它就一直持續到它不再具有眞理爲止。

我可敬的父啊，這一切都以象徵而出現。其他的宗教都毀滅了；唯有這個宗教卻不毀滅。

奇蹟要比你所能想像的更加重要：它們曾被用來作爲基礎，並且將被用來延續教會，直到反基督者的時候，直到終了爲止。

兩種見證。

在《舊約》中和《新約》中，奇蹟是由於附麗於象徵而成就的。得救，假若不是爲了表明我們必須服從聖書，就是無用的：聖禮的象徵。

LX（a）—816（853）870—

〔父啊！我們必須嚴肅地判斷聖禮。〕[145]

聖保羅在瑪爾他島。[146]

（854）[147] 875—

因而，耶穌會士的頑強超過了猶太人的頑強；因爲猶太人拒絕相信耶穌基督無辜，僅僅是因爲他們懷疑他的奇蹟究竟是否來自上帝。反之，耶穌會士既不能懷疑波・羅雅爾（Pore Royal）的奇蹟是來自上帝的，卻仍然不放棄懷疑那座修道院的無辜。

LXII —875（855）890—

我設想人們是相信奇蹟的。你們敗壞宗教，不是在偏袒自己的朋友，就是在反對自己的敵人。你們在隨心所欲地加以處理。

---

145 見蒙田《文集》第一卷、第二十一章。

146 見《使徒行傳》第十八章。

147 第854段，布倫士維格版作本書下冊第853段附錄。

L—743（856）881—

•論•奇•蹟——正如上帝沒有使哪個家庭格外幸福，但願情形同樣是他也沒有發現其中有哪個格外感恩。

第十四編　辯駁斷想

786—324（857）861—

明白，幽晦——假如眞理並沒有顯明可見的標誌，那就會太幽晦了。它始終都被保存在一個教會和一個顯明可見的〔人〕群裡，這便是一個可讚美的標誌。假如那個教會裡只有一種情操，那就會太明白了；然而要想認識什麼是眞的，我們只須看一看那始終都存在著的；因爲眞的總是始終存在著的，而任何假的都不是始終存在著的。

778—562*（858）954—

教會的歷史應該確切地稱之爲眞理的歷史。

783—561*（859）898—

坐在一艘遭到風暴襲擊的船裡而又確實有把握它絕不會沉沒，那眞是賞心樂事。那些干擾著教會的種種宗教迫害就屬於這類性質。

782—822（860）944—

在有那麼多虔誠的標誌而後，他們[1]還遭到迫害，這就是虔誠的最好的標誌。

784—857（861）917—

教會當其就只有上帝扶持時的那種美妙狀態。

788—462（862）931—

教會總是受著各種相反錯誤的攻擊，但也許從來不像現在這樣是在同一個時間內。可是假如由於錯誤的多重性的緣故它所受的攻擊越多，那它也就越因之而獲得它們彼此相抵消的好處。

1「他們」詹森派。

它怨尤著雙方，但是由於宗教分裂的緣故而更多地怨尤著喀爾文派。

確實是相反的兩方都有許多人受騙，所以必須破除他們的執迷。

信仰包含著許多看來似乎是互相矛盾著的眞理。笑時，哭時[2]等等。Responde. Ne respondeas[3]等等。

它那根源便是耶穌基督身上兩種性質的結合；以及還有兩個世界（創造新天和新地；新的生命，新的死亡；一切事物都是兩重的，而同一名稱卻始終不變）；最後還有義人之中的兩類人（因爲他們就是兩個世界，並且是耶穌基督的一個組成部分和影子。因此，所有的名字都適用於他們：義人，罪人；死者，生者；生者，死者；被特選的，被遺棄的；等等）。

因而就有大量信仰上的和德行上的眞理看來彷彿是互相排斥的，卻又都維繫在一種可讚美的秩序之中。一切異端的根源都在於排斥了這些眞理之中的某一些；而異端們向我們所做的一切反駁，其根源都在於無視我們眞理之中的某一些。通常的情形是，他們不能設想兩種相反的眞理的關係，並相信承認了一種便包含著排斥另一種，於是他們便堅持一種而排斥另一種，並認爲我們是與之相反的。這樣，排斥便是使他們成爲異端的原因；而無視於我們掌握著另一種眞理便造成了他們的反對。

例一：耶穌基督既是神又是人。阿里烏斯派既不能把他們認爲是互不相容的這兩件事結合在一起，於是便說他是人；在這一點上，他們乃是天主教徒。然而他們否認他是神；在這一點上，他們便是異端。他們又揚言我們否定了他的人性：在這一點上，他們則是無知。

例二：關於聖餐禮的問題。我們相信麵包的實質改變了，並且變質爲我們的主的身體的實質，[4]耶穌基督確實是出現於其中的。這是眞理之一。另一個眞理則是，這種聖餐禮也是十字架與光榮的一種象徵，是對於這兩者的一種紀念。這就是天主教的信仰，它包含了這兩種看來彷彿是相反的眞理。

今天的異端不能設想這一聖餐禮同時既包括耶穌基督的出現又包括他的象徵都在一起，它既是犧牲又是對於犧牲的紀念，於是便相信我們不可能既承認這兩種眞理中的一種但又不因此之故而排斥另一種。

他們單單堅持這一點，即這種聖餐禮是象徵性的；而在這一點上他們並不是異端。他們以爲是我們排斥了這一眞理；由此而來的便是他們根據教父們所談到這一點的各個章節而對我們提出了那麼多的反駁。最後，他們否認耶穌基督的出現；而在這一點上，他們則是異端。

---

2 《傳道書》第三章、第三節：「哭有時，笑有時。」

3 〔回答他。不回答他。〕《箴言》第二十六章、第四至五節：「不要照愚昧人的愚妄話回答他，恐怕你與他一樣。要照愚昧人的愚妄話回答他，免得他自以爲有智慧。」

4 指基督教的變質說，即聖餐禮中的麵包和酒變質爲耶穌的血和肉。

例三：免罪券。

這就是何以防止異端的最簡捷的辦法就在於教給他們以全部的眞理，而駁斥異端最有效的辦法就在於向他們宣布全部的眞理。因爲異端還有什麼好說呢？

爲了要知道某種思想情操是不是父的……。

789—455（863）864—

他們越是各自追尋一種眞理，就越發危險地大家都要犯錯誤；他們的錯處並不在於追尋一種謬誤，而在於不肯去追尋另一種眞理。

793—863*（864）866—

目前的時代，眞理是那樣幽晦難明，謊言又是那樣根深蒂固，以至於除非我們熱愛眞理，我們便不會認識眞理。

790—947（865）903—

假如有一個時候人們必須承認兩種相反，[5]那便是當人們譴責我們抹殺了這兩種之中的一種的時候。因而耶穌會士和詹森派要掩蓋它們，便都錯了；但以詹森派更甚，因爲耶穌會士曾經更好地承認有這兩種。

19—864（866）

有兩種人把各種事物都等同起來，如把節日等於工作日，把基督徒等於牧師，他們之間的一切罪過等等。一種人就由此得出結論說，凡對牧師是壞的，對基督徒也是壞的；而另一種人則結論說，凡對基督教徒並不壞的，對於牧師也是可以允許的。

5　「兩種相反」指以上所說兩種相反的眞理。

816—544（867）844—

假如古代的教會是錯誤的，教會就會淪亡了。但若它今天是錯誤的，卻不會是這樣，因爲它永遠是出自古代教會之手的那一傳統的最高箴言；因此，對古代教會的這種依從與這種符合就壓倒了並糾正了一切。然而古代的教會並沒有設想過未來的教會，也沒有考慮過它，像我們在設想並考慮古代的教會那樣。

803—833（868）916—

妨礙我們把以往教會裡所出現過的事和目前在其中看得見的事加以比較的，便是我們通常都把聖阿達拿修斯、聖德麗撒（Sainte Thérèse/Teresa de Cepeda y Ahumada）[6]和其他的人看作是冠戴著光榮並……看作是神明。現在，時間已經弄清楚了這些事，它看來是這樣的。在他被迫害的時候，那位偉大的聖者只是一個名叫阿達拿修斯的人；而聖德麗撒只是個修女。聖〔雅各〕[7]說：「以利亞只是個像我們一樣的人，受著和我們一樣的感情所支配」，藉以破除基督徒要使我們摒棄聖者們的前例（彷彿它與我們的狀態不成比例的似的）那樣一種謬妄的觀念。我們說：「他們是聖者，是和我們不同的。」可是當時又發生了什麼呢？聖阿達拿修斯只是一個叫作阿達拿修斯的人，被控以許多罪行，被如此這般的會議判決爲犯了如此這般的罪行；所有的主教們一致同意這些，最後連教皇也同意了。人們對於反對這些的人又說些什麼呢？說是他們攪亂了和平，說是他們製造了宗教分裂等等。

熱誠，光明。有四種人：即有熱誠而無知識；有知識而無熱誠；既無知識又無熱誠；既有熱誠又有知識。前三種人都譴責他；後一種人寬免了他，於是便受到教會的破門，可是他們卻拯救了教會。

---

6 阿達拿修斯西元三二八年任亞歷山大港大主教，主張神人同質論，反對阿里烏斯派的神人異質論，曾被宗教會議判以褻瀆神明的罪名，由當時的教皇立柏（Liberius）所批准。作者此處係以這一古代的思想鬥爭比喻當時詹森派與耶穌會的鬥爭，阿達拿修斯係指阿諾德，聖德麗撒（St. Thérèse）係指昂熱利克（Angelique），「教皇」係指教皇克勒孟第九。

7 此處〔雅各〕字樣，作者最初寫作彼得，後又塗去。《雅各書》第五章、第十七節：「以利亞與我們是一樣性情的人。」

804—845（869）919—

假如奧古斯丁在今天來臨，並且也像他的辯護者們一樣沒有權威，他就會一事無成。上帝早就差驅他來並具有權威，所以就很好地引導了他的教會。

818—853*（870）216—

上帝並不想不要教會就進行赦免；正如教會在犯罪上是有份的，他就想使教會在寬恕中也有份。他把教會和這種權力連結在一起，有如國王之於議會；但是假若教會不要上帝便進行赦免或者係罪，那它就不復成其爲教會了；正像在議會裡，儘管國王已經恩赦了一個人，但仍需議會加以批准；然而假若議會不顧國王徑行批准或者拒絕根據國王的命令進行批准，那就不復成其爲國王的議會而是一個反叛集團了。

809—848（871）

教會，教皇。一，多。——把教會看作是一，則作爲教會之首的教皇便是整體。把教會看作是多，則教皇就只不過是其中的一部分。教父們是時而以一種方式，時而又以另一種方式來看待它的。所以關於教皇也就有不同的說法（聖西普里安〔St. Cyprien〕：Sacerdos Dei[8]）但在確立這兩種眞理中的一種時，他們並沒有排斥另一種。多而不歸結爲一，便成爲混亂；一而不依靠於多，便成爲暴政。除了法國之外，大概再沒有別的國家可以允許人說，宗教大會是高於教皇的。

810—847（872）810—

教皇就是爲首的。另外還有誰是大家都認識的呢？另外還有誰——因爲他掌握著那條到處扎根的主枝——是大家都承認有權扎根於一切團體的呢？使這蛻化爲暴政，又是多麼容易

8〔上帝的牧師。〕聖西普里安（St. Cyprien, 200-258）爲迦太基主教。

啊！這就是何以耶穌基督要向他們提出如下的這條誡命了：Vos autem non sic[9]。

LXIV—850（873）803—

教皇仇恨並且懼怕那些不肯宣誓對他服從的學者。

808—846（874）826—

絕不能根據教父們的某些話——就像希臘人在一次宗教大會上所說的那些重要準則——就判斷教皇是什麼；而是要根據教會的和教父的行爲並根據教規。

Duo aut tres in unum[10]。一與多：排斥這兩者中的任何一種都是錯誤的，像是教皇派所做的那樣排斥了多，或者胡格諾派那樣排斥了一。

813—854*（875）855—

是不是教皇由於是從上帝和傳統那裡獲得了他的光明，就會不受尊敬了呢？是不是把他從這一神聖的結合分離了出來，就不是不尊敬他了呢？

807—852（876）823—

上帝在他那教會的日常行動之中並不行奇蹟。假如一貫正確性[11]是在一的身上，那倒眞是件特別的奇蹟了；然而在多的身上這一點看來才顯得那麼自然，乃至上帝的行爲就隱藏在自然界之下，正如在他的其他一切創作之中一樣。

---

9 〔但你們不可這樣。〕見《路加福音》第二十二章、第二十六節。

10 〔二或者三合一。〕《約翰福音》第十章、第三十節：「我與父原爲一」；又《約翰一書》第五章、第八節：「作見證的原來有三，……這三樣也都歸於一。」

11 「一貫正確性」（或「不可錯誤性」，infaillibilité）指傳統天主教關於羅馬教皇作爲上帝在世上的代理人其言行一貫正確不可能有錯誤的理論。

812—851（877）827—

國王可以處置自己的王國，但是教皇卻不能處置自己的王國。

821—175（878）843—**

Summum jus, summa injuria。[12]

服從多數是最好的辦法，因爲它是顯然可見的，並且它具有使人服從的力量；但同時它也是最不高明的意見。

假如人們能夠辦到，他們是會把強力置之於正義的手中的：然而既然強力因爲具有可感覺的性質而不肯讓自己受人們的任意處置，而同時正義卻又具有人們可以任意加以擺布的精神性質，於是人們便把正義置於強力的手中；因此，人們就把被迫服從的事情叫作正義。[13]

由此便產生了劍的權利，因爲劍給人以一種眞正的權利。否則的話，我們便會看到暴力是在一邊而正義又在另一邊了。可參看《致外省人信札》第十二書的末尾部分[14]。由此便產生了投石黨（Fronde）[15]的不正義，他們舉起他們所號稱的正義來反對強力。教會的情形卻不一樣，因爲它只有眞正的正義而沒有暴力。

811—115[*]（879）829—

不正義——進行審判並不是爲了審判者，而是爲了被審判者。把這一點告訴人民卻是危險的；但假若人民對你有了太多的信仰，那就不會傷害他們而且還可能對你有用。於是就必須加以公布了。**Pasce oves meas，而非 tuas**[16]。

---

12 〔最大的正義就是最大的不義。〕沙朗《智慧論》上第二十七章、第八節引戴倫斯與西塞羅語。

13 可參看本書上冊第298段。

14 按《致外省人信札》爲作者與耶穌會士論戰的匿名作品。第十二書的末尾部分說過與此處同樣的話。

15 投石黨（Fronde）。一六四八年投石黨反對紅衣主教馬扎然（Mazarin, 1602-1662）當政，曾引起法國內戰。

16 〔餵養我的羊，〕（而非）你的〕。見《約翰福音》第二十一章、第十七節。

806—793（880）836—

人們喜歡確實可靠。人們喜歡教皇在信仰上是一貫正確的，喜歡嚴肅的博士們在道德上是一貫正確的，爲的是好得到自己的確實性。

817—856（881）837—

教會的教導與上帝的啓發，這兩者都一貫正確。但教會的活動只不過是用以準備著神恩或者懲罰罷了。它所做的事只足以懲罰，而不足以啓發。

LXI—818（882）821—

每一次耶穌會士要操縱教皇的時候，他們都使得整個的基督教宣了假誓。

教皇由於他的職務以及他對於耶穌會士的信任，是非常容易受操縱的；而耶穌會士則由於造謠誹謗，是特別擅長於操縱的。

XLVII—796（883）808—

不幸者啊，他們使我不得不談到宗教的基礎。

802（a）—797，785（884）806—

沒有懺悔就淨化了的罪人，沒有仁愛就證明為正義的義人，一切沒有耶穌基督神恩的基督徒，對於人的意志無能為力的上帝，沒有神蹟的前定（prédestination）[17]，沒有確定性的救贖。

17 按前定說（prédestination）為喀爾文派的理論之一，主張得救與否取決於上帝的前定而與教會或牧師的作用無關。

801—933（885）842—

想做祭司的，就被立爲祭司，像在耶羅波安（Jeroboam）的治下那樣。[18]

這眞是一件可怕的事：他們竟對我們提出，教會現在的紀律是那麼良好，以致想要加以改變便是一樁罪過了。從前它一點不錯是良好的，並且我們發現我們可以改變它而不至於犯罪；可是現在像它那個樣子，我們卻不能希望加以改變了！的確也曾允許過可以改變不以極大的愼重便不能立祭司、竟致差不多根本就沒有人配做祭司的那種慣例，可是卻不許人埋怨立了那麼多不配做祭司的人的那種慣例。

800—809（886）835—

異端——以西結。所有的異教徒都說過以色列的壞話，先知也如此[19]；但以色列人卻遠沒有權利對他說：「你說的話就像異教徒一樣」，從而在異教徒說的話像他一樣這一點上，他就形成了自己最大的力量。

802（b）—828（887）839—

詹森派以其道德改革而有似於異端；但你們[20]卻在幹壞事方面有似於異端。

802（c，d）—842（888）834—

假如你不知道這一切都要到來，你就會忽視這些預言：君主、先知、教皇甚而至於教士；然而教會卻會始終存在。由於上帝的恩典，我們還沒有到達那裡。這些教士們有禍了！但我們希望上帝會對我們慈悲，使我們不至於如此。

聖彼得，第二章：[21]以往的假先知，未來的影子。

18《列王紀》上第十二章、第三十一節：「耶羅波安在丘壇那裡建殿，將那不屬利未人的凡民立爲祭司。」

19 見《以西結書》第十六章。

20「你們」指耶穌會士。

21 指《彼得後書》第二章。

802—838（889）828—

……從而的確是一方面有一些並不屬教階成員的怠惰的修士們和腐化的決疑論（Casuistique）者們是陷於這種腐化之中的；但另一方面又總是有著教會的眞正牧師，他們是神明教諭的眞正受託人，他們始終不變地在反對那些力圖要毀滅它的人們的努力而把它保存了下來。

因此，虔信者就沒有任何托詞可以追隨這種只是出於決疑論者[22]的陌生之手所提供給他們的怠惰，而不去追隨出於他們自己的牧師慈父般的手所贈送給他們的健全的學說。並且不信神者和異端派也就沒有任何藉口可以就上帝對他自己教會缺乏天意的標誌而橫加誹謗了；因爲教會當然地就存在於教階團體之內，所以我們遠不能從目前的事態就結論說，上帝已把它放棄給了腐化，而是應該結論說，上帝從來都不曾像現在這樣表現出他顯然可見地是在防範它的腐化的。

因爲，假使這些人之中有人由於一種特殊的召喚而宣稱要從世上隱退並穿上僧侶的衣服，以求生活於比普通基督教徒更爲完美的一種狀態中，但卻陷入歧途而使得普通的基督徒深感恐怖，並且在我們中間變成了假先知在猶太中間的那種樣子；那也只是個別的、個人的不幸。它確實是值得惋惜的，但我們卻不能由此得出可以反駁上帝關懷他的教會的任何結論來；既然所有這些事情都是如此之明白地預告過的，並且如此長期以來就已經宣告了這些誘惑是要在這類人身上出現的，因而當我們好好地懂得了之後，我們反倒會在其中看到上帝行爲的標誌而不是他對我們遺忘的標誌。[23]

816（a）—855（890）819—

特土良[24]：Nunquam Ecclesia reforrnabitur[25]。

---

22 「決疑論者」此處指耶穌會士。按決疑論（Casuistique）一詞原指解決疑難的方法，後轉爲專指耶穌會的倫理學說；它討論在道德行爲的後果不可能確定的情況下，道德行爲標準應如何決定；其解答通常分爲三種，即probabilism, probabiborism 和 tut orism。

23 按本段文字，各版出入甚大。可參看拉於爾版（Lahure）《帕斯卡爾全集》第二卷，第二九四頁。

24 特土良（Tertullien，即 Q. Septimius Tertullianus，約西元一六〇至二三〇年）羅馬作家，爲早期教父之一。

25 〔教會永遠不會被改造。〕

XIIX—839*（891）840—

必須讓那些引用耶穌會士的學說的異端們認識到，那並不是教會的學說……教會的學說；並且我們的分裂並沒有使我們脫離神壇。

IX，LXVII—780*（892）852—

假如我們有分歧而又進行譴責，那麼你們就說對了。有一致而沒有歧異就對別人是沒有用的，有歧異而沒有一致則對我們是毀滅性的。——前者從外部而有害，後者則從內部。[26]

795—815（893）807—

我們只要指出眞理，就可以使人相信它；然而我們指出大臣們的不義，卻改正不了它。我們指出謬誤，就可以心安理得；但我們指出不義，卻保障不了錢囊充裕。

796—831（894）814—

熱愛教會的人看到道德壞敗就會嘆息；但是至少法律還繼續存在。然而那些人卻在敗壞法律：典範被他們損壞了。

794—813（895）824—

人們幹壞事從來都沒有像他們是出自良心而幹壞事時幹得那麼淋漓盡致而又那麼興高采烈了。

---

26 按這段話爲對耶穌會士的攻擊所做的答覆，「我們」指波・羅雅爾的詹森派，「別人」指耶穌會士。

799—849（896）845—

教會創立了革出教門、異端之類的字樣都是枉然；人們就用這些來反對教會。

797—788（897）813—

僕人不知道主人所做的事，[27]因爲主人只告訴僕人去做而沒有告訴他目標；而這就是他爲什麼要奴隸式地服從並往往違反目標的緣故了。但耶穌基督卻告訴了我們目標。[28]而你們卻毀壞了那個目標。

798—859*（898）820—

他們不能具有永恆性，於是他們就追求普遍性；爲了這一點，他們就敗壞了整個教會好使自己成爲聖人。

820—465*（899）300—

反對那些濫引聖書章節並以自己在其中發現了某段話似乎有利於自己的錯誤而自鳴得意的人。——晚禱那一章，受難的安息日，爲王而禱告。

對這類話的解說：「誰不贊成我，就是反對我。」[29]以及其他那類話：「誰不反對你，就是贊成你。」[30]若有人說：「我既不贊成也不反對」；我們就應該回答他說……。

550（b）—485*（900）846—

誰要是想賦給聖書以意義而不是從聖書中汲取意義，便是聖書的敵人。（奧・d.d.

27《約翰福音》第十五章、第十五節：「以後我不再稱你們爲僕人，因爲僕人不知道主人所做的事。」

28《路加福音》第十二章、第十七節：「僕人知道主人的意思。」

29《馬太福音》第十二章、第三十節：「不與我相合的，就是敵我的。」

30《馬可福音》第九章、第四十節：「不敢擋我們的，就是幫助我們的。」

ch.[31]）

550（a）—768（901）831—

“*Humilibus dat gratiam*”; an ideo non dedit humilitatem?[32]

“*Sui eum non receperunt quotquot autem non receperunt*” an non erant sui?[33]

551—777，778（902）850—

費揚派（Feuillant）[34]說：「這一點只好是不很確定的；因爲爭論就標誌著不確定[35]（聖阿達拿修斯，聖克里索斯多姆（St. Chrysostome）[36]；道德，不信神者）。」

耶穌會士並沒有使得眞理不確定，然而他們卻使得自己的不虔誠確定了。

矛盾是永遠都要有的，爲的是使惡人盲目；因爲一切窒息眞理與仁愛的都是壞的，這便是眞正的原則。

815—865（903）844—

世上所有的宗教和教派都以天賦的理性作爲指導[37]。唯有基督徒才受約束要向自身以外去汲取自己的規律並使自己熟悉耶穌基督所留給古人的規律，以便把它們傳給虔信者。這種

---

31 奧·d. d. Ch. 爲 Augustin, De Doctrina Christiana〔奧古斯丁：《論基督教學說》〕的簡寫。

32 〔「賜恩給謙卑的人。」；難道他沒有賜給他們謙卑嗎？〕《雅各書》第四章、第六節：「賜恩給謙卑的人。」

33 〔「自己的人倒不接待他，而凡是不接待他的」，難道他們不是自己的人嗎？〕《約翰福音》第一章、第十一至十二節：「他到自己的地方來，自己的人倒不接待他。凡接待他的就是信他名的人，他就賜他們權柄做上帝的兒女。」

34 費揚派（Feuillant）爲巴里霧（J. de la Barriere）於一五八〇年所成立的教派，此派屬西妥（cistercien）教派中的改革派，十七世紀流傳於法國。

35 見本書上冊第384段。

36 聖克里索斯多姆（St. Chrysostome, 347-407）爲安提阿克派有名的經師，主張犯罪若非出於己意即不應受懲罰。

37 此處作者最初曾引《耶利米書》第六章、第十六節與第十八章、第十二節兩段拉丁文並附解說，後經刪去。

束縛使這些善良的教父們厭倦。他們也像別的民族一樣，想要有追隨自己想像的自由。我們向他們呼籲都是枉然，就像以往先知們向猶太人所說的：「你們要到教堂裡去；你們應該熟悉古人所留給它的法律，並遵循這些路徑。」[38]他們就像猶太人那樣回答道：「我們不要走到那裡去；我們要遵循我們內心的思想」；[39]而且他們還向我們說：「我們也要像別的民族一樣。」[40]

XXII—801（904）804—

他們使得例外成了規律。

古人是在懺悔之前就予以免罪的嗎？應該以例外的精神來做這種事。然而，你們卻把這種例外弄成了一種沒有例外的規律，從而你們甚至於不再要求這種規律應該有例外了。

819—836（905）573—

•論•沒•有•悔•恨•標•誌•的•懺•悔•和•免•罪——上帝只看內心；教會則只憑外表下判斷。上帝只要看到了內心的懺悔就會免罪；教會則要看到有懺悔的行動。上帝要造就一個內裡純潔的教會，這個教會將以其內心的、純屬精神的聖潔性來羞辱高傲的智士與法利賽人內心的不虔敬；而教會則將造就一大群人，他們外表的道德將是那麼純潔，以致可以羞辱異教徒的道德。假如他們之中有僞善者而又僞裝得那麼好，以致教會並沒有辨識他們的惡毒，教會就會容忍他們；因爲儘管他們不會爲他們所不能欺騙的上帝接受，但他們卻可以爲他們所欺騙的人們接受。所以教會並沒有被他們那貌似神聖的行動所侮辱。然而你們卻要求教會既不判斷內心（因爲這是僅僅屬於上帝的），也不判斷外表（因爲上帝僅僅止於內心）；因此，你們便取消了教會對人的一切選擇，而只給教會裡保留下最肆無忌憚的人以及那些如此強烈侮辱它的人，就連猶太人的禮拜堂和各派哲學家也都要把那些人看作是毫無價值而放逐他們，並看作是不虔敬的人而厭惡他們的。

38 《耶利米書》第六章、第十六節：「你們當站在路上查看，訪問古道，那是善道，便行在其間。」
39 《耶利米書》第十八章、第十二節：「他們卻說這是枉然，我們要照自己的計謀去行。」
40 《撒母耳記》上第八章、第二十節：「使我們像列國一樣。」

720—705*（906）822—

在世人看來是最安逸的生活條件，在上帝看來則是最艱難的生活條件；反之，在世人看來沒有什麼是像宗教生活那麼艱難的；在上帝看來則沒有什麼是比過宗教生活更加容易的了。在世人看來，沒有什麼比高官貴爵和廣積財富更加安逸的；在上帝看來，卻沒有什麼比過那種生活（而又並不享受它或喜愛它）更加艱難的了。

XVIII—832*（907）841—

決疑論者把決定委之於腐朽的理智，又把對決定的選擇委之於腐朽的意志，爲的是使人性中所具有的一切腐朽的東西都來參與自己的行爲。

XXVI—843*（908）851—

但是**或然性**所保證的是不是**或然**的呢？

安心與良心的確實性這兩者之間的區別。除了眞理之外，沒有什麼能保證確實；除了眞誠地追求眞理之外，沒有什麼能使人安心。

717—844*（909）2—

他們決疑論者的整個團體都無法向錯誤的良心做出保證，而這就是選擇良好的指導之所以重要了。

因此，他們便是雙重有罪的：既由於追尋了他們所不應當追尋的道路，也由於聽信了他們所不應該聽信的教師。

XXXI—786*（910）1—

除了順從使你發現一切事物都只是或然而已的那個世界之外，還能有什麼別的嗎？你們能使我們相信這就是眞理嗎；並且假如並沒有決鬥的風氣存在的話，你們觀察這種事本身的時候也會發現人們之可能搏鬥乃是或然的嗎？

XXXII—704（911）4—

爲了防止有惡人出現，就必須殺人嗎？那就是以兩個惡人來代替一個惡人了：Vince in bono malum[41]（奧古斯丁）。

20—710（912）40—

普遍的——道德與語言是特殊的科學，然而又是普遍的科學。[42]

XXIV—784（913）380—

或然性——人人都能夠引用，沒有人能夠取消。

他們讓慾念活動而又約束顧慮，可是應該做的卻正好相反。

XLX—679（914）95—

XX—783（915）3—

蒙達爾[43]——放縱不羈的見解是那麼令人愜意，以至於他們的那些見解若是令人不愜意，反倒是怪事了。這是因爲它們是超軼一切限制的。此外，又有許多人雖看到了眞理，卻不能夠獲得它。但很少有人不知道宗教的純潔是與我們的腐化相反的。要說對埃斯柯巴（Eszobar）[44]派的道德也提供了一種永恆的補償，那就荒唐可笑了。

---

41 〔你要以善勝惡。〕《羅馬書》第十二章、第二十一節：「你不可爲惡所勝，反要以善勝惡。」

42 布倫士維格注：人人都有語言，然而人人的語言又各不相同；人人都有道德，然而道德對人人又各不相同。

43 蒙達爾（Montalte）爲作者寫《致外省人信札》所虛擬的筆名。

44 埃斯柯巴（Eszobar, 1589-1669），西班牙耶穌會士，決疑論派作家。

XXV—868（916）568—

•或•然•性——他們也有一些眞原則；但是他們卻濫用這些原則。然而，濫用眞理是應該受到像引用謊言一樣的懲罰的。

就好像是有著兩種地獄，一種是爲著反仁愛的罪行的，另一種是爲著反正義的罪行的。

XXVII—861（917）314—

•或•然•性[45]——假如或然的就是確實的，那麼聖者們追求眞理的熱誠就是枉然了。那些永遠在遵循最確實的東西的聖者們的敬畏。（聖德麗撒永遠遵循著她的懺悔師。）

XXXIV—800*（918）310—

抽掉•或•然•性，我們就再不能討世人喜歡；加進•或•然•性，我們就再不能不討他喜歡。

XXXIII — 869* (919) 155 —

這便是各族人民的罪惡與耶穌會士的罪惡的結果了：大人物希望受人奉承；耶穌會士則希望受大人物寵愛[46]。他們都不愧是委身於撒謊的精神，一個是欺騙，另一個是受騙。他們是貪婪的、野心的、獸慾的：Coacervabunt sibi magistros[47]。有其師必有其徒，他們尋找的是阿諛奉承者，並且找到的也是阿諛奉承者。

---

45 按決疑論關於或然性的學說爲耶穌會所接受，本編均係針對耶穌會的這一論點而發。

46 耶穌會爲一五三四年羅耀拉（即聖依納爵，Ignatius Loyola, 1491-1556）所創立的組織，爲天主教反宗教改革運動的主要力量，此派特別注重與西歐各國上層人物相勾結。

47 〔給自己增加好多師傅。〕《提摩太后書》第四章、第三節：「增添好些師傅。」

XXLX，LXVI—830（920）321

假如他們不放棄或然性，[48]他們的好格言就要和他們壞格言一樣地不夠神聖了，因爲它們都是以人世的權威爲其基礎的；因而即使它們更公正，那也只是更合理，而不是更神聖。它們抓住的乃是它們自身就被接種於其上的那枚野花枝。

假如我所說的無助於使你們明白，它卻會有助於人民。[49]

假如這些人[50]還沉默著，那麼石頭也要講話了。

沉默是最大的迫害，聖者是從不緘默的。確實是必須有召喚，但絕不能是依據宗教會議的禁令[51]來理解我們是否受到召喚，那只能是依據言論的必要性。在羅馬發了話之後，我們以爲它已經譴責了眞理，[52]而且他們已經把這寫了下來；但在持有相反說法的書籍已經被查禁之後，我們越是被查禁得不公道，他們越是專橫地窒息言論，我們就越是一定要大聲疾呼，一直等到有一個傾聽兩造並請教於古代以主持正義的教皇到來爲止。這樣，善良的教皇就會發現教會仍然是在呼號著的。

異端裁判所與耶穌會，這是眞理的兩大災難。

你爲什麼不指控他們是阿里烏斯主義？因爲他們說過耶穌基督是上帝；也許他們的意思

並不是指由於本性如此，而是像人們所說的 Dii estis[53]。

假如我的文字在羅馬受到譴責，那麼我在其中所譴責的就要在天上受到譴責：Ad tuum, Domine Jesu, tribunal appello[54]。

你們自身是會腐朽的。

我看到自己受譴責，生怕是我自己寫錯了，但是那麼多虔誠作家們的先例卻使我相信情形恰好相反。已經不再容許人好好寫作了，異端裁判所已是那麼地腐朽而又愚昧！

「聽從上帝比聽從人更好。」[55]

---

48 指耶穌會士不放棄決疑論的或然性學說。

49 讀作：「它卻會有助於人民明白耶穌會與詹森派之間的爭論。」

50 「這些人」指波・羅雅爾的作家們，作者指責他們過於沉默。

51 指一六五七年六月二十五日教會查禁帕斯卡爾論異端裁判所的文字的命令。

52 指一六五七年三月三十一日羅馬教皇亞歷山大第六發表聖諭譴責詹森派。

53 〔你就是上帝。〕《詩篇》第八十一篇、第十節：「我是耶和華你的上帝。」據布倫士維格解說，這段話的意思是：如果心懷惡意，則一切都可以成爲異端，甚至於耶穌是上帝這個命題也可以成爲異端。

54 〔主耶穌啊，我籲請你審判。〕

55 阿韋以爲這句話即《使徒行傳》第五章、第二十九節：「順從上帝不順從人是應當的。」

我不怕什麼，我不希望什麼。[56]主教們卻不是這樣。波・羅雅爾害怕了；可是解散他們卻是一項壞政策，[57]因爲他們不會再恐懼而且會製造出更多的恐懼來。我甚至於不怕你們這類查禁，假如它們不是以傳統的查禁爲根據的話。你們要查禁一切嗎？怎麼？甚至於我的敬意嗎？不是的。那麼就請你們說說到底是什麼；否則你們就會一事無成，假如你們指不出惡來及其何以是惡。而這正是他們難以做到的。

或然性——他們非常可笑地解說了確實性；因爲肯定了他們一切的道路都是確定的之後，他們就不再把引向上天並且由此並無不能達到上天的危險的東西，反而把引向上天而並無脫離那條道路的危險的東西稱之爲確實的。

III—803（921）356—

……聖者們的詭譎是爲了發現自己是罪人並控訴自己最美好的行爲。而這些人的詭譎卻是爲了寬恕最罪過的行爲。

有一種外表上是同樣好看的結構，但卻是建立在壞基礎之上的，它是異教的智者們建立起來的；而惡魔就以這種基於極其不同的基礎之上的表面相似性來欺騙人。

人們從來不曾有過像我這麼好的理由；也從來不曾有別人提供過像你們那麼好的獎

品……。

他們越是指出我這個人的弱點，他們就越是權威化了我的理由。

你們說我是異端。這是可以允許的嗎？即使你們不怕人們主持正義，難道你們也不怕上帝主持正義嗎？

你們會感到眞理的力量的，你們會向它讓步的……。

在這樣一種盲目之中是有著某種超自然的東西的。Digna necessitas。[58]

Mentiris impudentissime……[59]。

Doctrina sua noscitur vir……[60]。

虛僞的虔誠，這是雙重的罪過。

---

56 關於此處所談到的作者與耶穌會的論戰，可參看《致外省人信札》第十七信。

57 指一六五六年封閉開解散波・羅雅爾修道院。

58〔功績是必然的。〕《智慧書》第十九章、第四節：「他們的功績是必然要到來的。」

59〔你們最厚顏無恥地在撒謊。〕

60〔觀其言，知其人。〕《箴言》第十二章、第六至八節：「惡人的言論是埋伏人的血，……人必按自己的智慧被稱讚。」

我是獨自一個人在反對三萬人嗎？絕不是。袒護吧，你這個法庭、你這個騙子；而我卻有著眞理；這就是我的全部力量，我若喪失了它，我就失敗了。我是並不缺少控訴和迫害的。然而，我有眞理，我們可以看看究竟誰會勝利。

我不配保衛宗教，但是你也不配保衛錯誤和不正義。但願上帝以他的仁慈，不看在我身上所有的惡而看在你身上所有的善，來賜給我們一切的神恩吧，從而使眞理在我的手裡面不至於屈服，使謊言也不……。

XXX—792（922）91—

或然——就讓我們比較我們所喜愛的事物，來看看我們是不是眞誠地在尋求上帝吧：**或許**這種肉食不會對我有毒；**或許**我不申訴也不致輸掉我這場訴訟……。

468—709（923）44—

在懺悔禮中並不是僅僅有赦免就可以解除罪惡，而且還要有悔恨，但若不追求聖禮，悔恨就絕不會是眞的。

VI—811（924）123—

沒有信用、沒有信仰、不要榮譽、不要眞理、心懷兩端、言語不一的人們，你們之被人譴責就活像從前寓言中的那種兩棲動物一樣，他們認爲自己是介於魚和鳥之間的一種模棱兩可的狀態。

對於國王們、對於諸侯們來說，最重要的就是要博得虔誠的好評；而爲了這一點，他們才不得不向你們懺悔。[61]

61　按上段與本段均係針對耶穌會，「你們」即指耶穌會士。當時的耶穌會士往往充當懺悔師，而尤其是充當王侯貴族的懺悔師。

編者按

本書段落按布倫士維格編次排列，布編段落序碼標粗體灰底，居中。括弧兩側四個數碼為參考碼，內側兩碼與拉編本有關，外側兩碼與謝編本有關。左側兩碼供順查，從布碼查謝碼、拉碼；右側可逆查，從拉碼、謝碼查布碼。中間的布碼於逆查時借作拉碼、謝碼用，一碼三用。

請看本書上冊第一二二頁，布164＝謝211＝拉73。拉164＝布457。謝164＝布181。

布碼到924號為止（參看本書上冊第三七一頁注），拉碼到991號，而謝碼只編到840號（另有羅馬字編號71段）。這當然跟各版分量有關，也跟編法有關。有的一段分為數段，有的數段拼而為一，前此對照序列上的空碼即由於此。布本近來似有再編新版，編號增至958，對照序列上有924後的編號即由於此。

編對照時，借重沃譯本所注布碼，謝編本所附對照表（表上的布碼編到958），諸多稱便。沃本偶有誤植，已糾正三處，均注＊於拉碼左上角，另一處疑誤，一時未查清，未敢輕改。拉碼右上角注一＊者，指非帕所寫，兩＊者指部分為帕手跡，本表照注。

下列為924段後，即超出布碼所提供的便利而無法於正文標明拉碼者。形式順序仍如正文。當然，這裡只有拉碼（左）和布碼（右，括弧內）。

925（17）	942（266）	959（188）	976（59）
926*（18）	943（35）	960*（8）	977*（42）
927*（18）	944（23）	961（355）	978（58）
928（512）	945（776）	962（106）	979（52）
929（775）	946（627）	963（47）	980（55）
930（744）	947（865）	964（12）	981（7）
931*（32）	948（943）	965（46）	982（5）
932*（33）	949（486）	966（31）	983（114）
933（885）	950（50）	967*（39）	984*（34）
934*（13）	951（777）	968（40）	985（36）
935*（65）	952（370）	969（48）	986（30）
936（63）	953（120）	970（57）	987*（35）
937（368）	954（119）	971（27）	988（38）
938（568）	955（26）	972（54）	989（45）
939（41）	956（15）	973（53）	990（24）
940（160）	957（14）	974（28）	991（6）
941（754）	958（25）	975（56）	

附錄

帕斯卡爾的生平和科學貢獻

十七世紀的法國基本上仍是一個封建農奴制的國家，但新的資本主義生產關係已經在封建制母體之內開始滋長。生產技術上的需要，在自然鬥爭的領域內向先進的科學家們提出了一系列的科學課題；意識形態上的需要，則在思想鬥爭的領域內向先進的思想家們提出了一系列的思想課題。在這兩條戰線上，本書作者帕斯卡爾都占有重要的歷史地位。

帕斯卡爾一六二三年六月十九日生於法國奧維涅（Auvergne）州的克勒蒙—菲朗（Clermont-Ferrand）城；父親艾提安（Étienne Pascal）爲克勒蒙城法庭庭長，以博學知名。帕斯卡爾八歲時，舉家遷至巴黎。遷居巴黎後，艾提安和當時社會上的科學家、作家和藝術家經常交往，也常攜帕斯卡爾參與各種學術集會。帕斯卡爾自幼生長在學術氣氛濃厚的環境之中，並且受到他父親的嚴格教育而沒有受當時流行的經院教育；這爲他後來的學術思想活動創造了有利的條件。

幼年的帕斯卡爾顯示了他對研究自然的興趣和卓越的才能。十一歲時他寫了一篇關於聲學問題的論文，探討振動體一經摸觸立即停止發音的原因。這篇文章給他父親以深刻的印象，以致父親怕他的智慧發展過早不利於成長而中止了向他教授幾何學。但帕斯卡爾卻獨自鑽研幾何學並掌握了大量的幾何學知識。一六三九年帕斯卡爾十六歲時寫成有名的論文《圓錐曲線論》，其中提出以他的名字命名的定理。這個帕斯卡爾定理，帕斯卡爾稱之爲「神祕的六邊形」，即圓或橢圓的任意內接六邊形的三組對應邊的交點是在一條直線上。《圓錐曲線論》繼承並發展了數學家德札爾格（Desargues, 1593-1662）的工作，引出推論四百餘條；笛卡兒看到後曾大爲讚嘆。帕斯卡爾就這樣和笛卡兒、德札爾格一起開闢了近代的幾何學。從此帕斯卡爾在科學界顯露頭角，並與當時有名的科學家和思想家笛卡兒、霍布斯（Thomas Hobbes）、伽森狄（Pierre Gassendi）、德札爾格、費馬（1601-1665）、梅爾森（Mersenne, 1588-1648）、羅伯瓦（Roberval, 1602-1675）等人建立了聯繫；帕斯卡爾一生的科學工作和思想發展與這些人有著密切的關係。

一六四一年帕斯卡爾十八歲時，開始設計計算機；他曾先後草擬過五十種模型，終於根據齒輪系的轉動原理製成了世界歷史上第一架計算機，能夠手搖計算出六位數字的加減法。計算機製造的成功是當時國際科學上的一件大事。也是在這時候艾提安病中得到一個詹森派醫生的治療，於是舉家接受了詹森教義，這就是所謂帕斯卡爾的「第一次皈依」。

此後，帕斯卡爾開始從事大氣壓力的研究；在這個問題上，他完成了由伽利略（Galileo Galilei）所開始並由伽利略的弟子托里拆利（Torricelli, 1608-1647）所進行的工作。空氣有重量的事實至遲在一六三〇年已經被人知道了；伽利略也知道空氣是有重量的並做過測定空氣重量的實驗，但是他沒有把水銀柱的高度和大氣壓力聯繫在一起加以考察。一六三二年伽利略在他的著作中曾談到抽水機只能把水抽到一定高度爲止，這個命題就在理論上蘊涵了大氣壓力的問題在內，但他在思想上卻仍然侷限於「自然畏懼眞空」的傳統觀念而未能對這一現象作出正確的解釋。一六四三年托里拆利用水銀柱做實驗，認識到不同氣候條件下氣壓的變化。托里拆利的實驗開闢了人類流體力學研究的新時代，它決定性地證明了大氣是有壓力的，並且奠定了測量大氣壓力的基本方法。但托里拆利對氣壓的觀念是含混的、不明確的，還沒有能確定氣壓變化的規律。一六四六年二十三歲的帕斯卡爾重複做了托里拆利的實驗。帕斯卡爾細心研究了水銀柱在各種高度不同的地方的變化，從而使氣壓及其變化的規律問題獲得了明確的科學概念。一六四七年帕斯卡爾請他的姐夫比里埃（Perier）分別在山頂和山腳用水銀柱反覆進行實驗，觀察水銀柱高度的變化。帕斯卡爾已確知山腳的空氣要比山頂的空氣濃厚，因此，結論應該是水銀柱的高度在高處比在低處更低，亦即氣壓隨高度的增加而減小。一六四八年九月十九日比里埃在奧維涅州的普・德・多姆山（Puy de Dome，海拔一千四百公尺）按照帕斯卡爾的設計進行了實驗；實驗證明在山腳和山頂水銀柱的高度相差3.15吋，使得當時在場的實驗者們驚嘆不止。這個實驗震動了整個科學界，並且得到科學界的公認（它同時也標誌著科學中心在十七世紀中葉由義大利轉移至西北歐）。在這個實驗的基礎上，帕斯卡爾寫成他的《液體平衡論》和《大氣重力論》兩部著作，確立了大氣壓力的理論與流體靜力學的基本規律。

一六四八年的實驗是科學革命史上最動人心弦的實驗之一。它是自從阿基米德以來流體靜力學歷史上最重要的進步，同時它也是長期以來「在普遍的革命中發展著，並且它本身便是澈底革命的」[1]新興科學向舊思想意識作戰又一次光輝的勝利；它證明了水銀柱的高度是大氣壓力作用的結果，從而澈底粉碎了經院哲學中「自然畏懼眞空」的古老教條。帕斯卡爾的眞空試驗對近代思想所起的解放作用，可以和伽利略的落體實驗[2]相媲美；兩人同樣以自己的實驗打破了中世紀思想的束縛，開闢了近代實驗科學和思想方法的新紀元。這一成功標誌著思想領域內兩條路線鬥爭的新高潮：一條路線是由伽利略所開始的近代實驗科學的路線，另一條則是傳統中世紀經院哲學的路線。帕斯卡爾就這樣以其科學實驗、以其通過觀察與實驗所總結的自然界的客觀規律而有力地保衛並發展了近代實驗科學的路線。

---

1 恩格斯：《自然辯證法》。北京，人民出版社，一九五五年，第六頁。

2 但伽利略在比薩斜塔上以輕重不同的兩個球進行落體實驗從而打破了亞里斯多德的教條這一長期以來廣泛流傳的故事，卻並沒有任何文獻上的根據。（可參看伽利略，《兩大世界體系對話錄》，加州大學版，一九五三年。頁xxii。）

隨著這一實驗的成功，帕斯卡爾並且從思想方法的高度上總結出一套卓越的認識論理論。在題名爲《眞空論》的論文裡，帕斯卡爾尖銳地攻擊了當時「哲學上的權威」，並提出如下的論點：

（一）墨守古代權威的教條，絕不是追求眞理的態度。他說：「我們今天對古人的崇拜——本來在各個學科上，它都不應該具有這麼大的分量的——已經到了這樣的地步，竟至把他的全部思想和神話當成了神諭，竟至敢於提出新的創見來就不能沒有危險，竟至一個作家的條文就足以摧毀最堅強有力的依據。」[3]這裡的「一個作家」即指亞里斯多德（Aristotle）；亞里斯多德的教條在中世紀是被經院學者奉爲權威的。帕斯卡爾堅決反對經院哲學的這種崇古風尚。他認爲古人的權威只能在神學和歷史學，亦即在憑啓示與記述的知識領域內，才能成爲根據；「但在屬於感覺與推理的題目上，情形就不同了，在這裡權威是毫無用處的，唯有理智才能認識它。」[4]事實是否認不了的；因此，他的結論是我們絕不可盲從古人與教條，一切科學眞理唯有依靠實驗和推理才能臻於完善，這是「科學的唯一準則」[5]。

（二）人和動物不同。動物的能力和技巧只是出於天然的需要，它們並不知其所以然，因而只能盲目地不自覺地重複。人卻可以積累前人的經驗，因而具有無窮的能力。積累是無止境的。古人若是活在今天，有著今天的憑藉，也會像今人一樣地高明。這並不是今人有什麼特殊的優異，而是人類歷史進步過程的自然結果。人類綿延相續，其情形正如一個永生不死的人在永遠不斷地進步一樣。崇拜古人是錯誤的，因爲古人實際上只是嬰兒。古人的知識也不應該加以蔑視，這是「因爲他們留給我們的知識，可以作我們自己知識的墊腳石」[6]。學習古人乃是爲了超越古人，所以不應該盲從古人。今人由於積累了更多的知識而超出於古人之上；「我們的見解更廣」，「我們看到的比他們更多」[7]。所以，應該加以崇拜的並不是古人而是今人；可是人們卻又何其顛倒：「反對古人竟成了罪行，補充古人竟成了叛逆，竟彷彿古人再也沒有留下來任何有待後人加以認識的眞理似的。」[8]我們不應該崇尚古人而應該崇尚眞理。眞理儘管是新發現，但它卻比一切古人和古人的意見都更爲古老[9]。

（三）「自然畏懼眞空」的教條是荒謬的。一六四八年的實驗證明水銀柱的高度是被大

---

3 《眞空論・序》。
4 同前注。
5 同注3。
6 同注3。
7 同注3。
8 同注3。
9 按，這個論點在本書中又有所發揮。

氣壓力所支持，而不是由於什麼「自然畏懼眞空」的緣故。帕斯卡爾質問道：「說沒有生命的物體也有感情和畏懼，說沒有知覺、沒有生命、甚至於不可能有生命的物體也有感情，還有什麼能比這種說法更加荒謬的呢？而且，假如這種畏懼的對象果眞是眞空的話，那麼眞空又有什麼可以使它們害怕的呢？還有比這更無聊、更可笑的事情嗎？不僅如此，假如它們體內眞有逃避眞空這樣一條原則的話，難道說它們也有手，有腳，有肌肉，有神經嗎？」[10]毫無疑問，自然本身是沒有生命的，它絕不會畏懼什麼眞空。所謂「自然畏懼眞空」，只是古人在他們當時的認識條件之下對自然所做的解釋。

這篇論文裡不但包含有他非常可貴的方法論，即認識眞理不能僅憑信仰與教條而須依靠理智進行觀察與實驗；並且也包含有他的歷史進步觀，即人類的認識是不斷積累的，歷史是不斷前進的。文中充滿了戰鬥精神，對封建經學籠罩之下的頑固思想進行了嚴厲的批判。但同時也可以看到，雖然論文以其頌今非古的宣言打破了歷來的迷信，解放了人們的思想，提出了關於科學方法的理論，因而成爲十七世紀思想史與科學史上的一篇里程碑式的重要宣言；然而在積極因素之外，其中也透露出了確鑿的認識乃是不可能的這樣一種消極思想的萌芽。這一思想上的矛盾在十年以後的《思想錄》一書中，得到更進一步的表現。

和這個實驗相聯繫，帕斯卡爾還設想了一個逆實驗，即以氣壓計的變化來測量山的高度；這個逆實驗的工作後來由法國科學家馬略特（Mariotte, 1620-1684）所完成。帕斯卡爾又以大氣壓力解釋虹吸現象，並發現氣壓的變化與氣候條件有關，這對後來氣象學的發展具有巨大的啓蒙意義。

進行了氣壓試驗之後，帕斯卡爾就轉而研究液體平衡的一般規律，並發現了流體靜力學最基本的原理，即封閉器內流體任何一點所受的壓力以同等的強度向各個方向同樣地傳遞；這就是有名的「帕斯卡爾原理」。這一原理的發現有著極大的理論上與實踐上的價值，它奠定了近代流體力學的基礎。

進行過一個時期的流體力學的研究，帕斯卡爾又回到數學工作上來。與帕斯卡爾同時而稍早的義大利數學家加伐麗麗（Cavalieri, 1598-1647）曾經提示過三角形的面積可以用劃分爲無數平行直線的辦法來計算。帕斯卡爾在這個基礎上做出了重大的新貢獻。他指出加伐麗麗所謂的直線實際上乃是細小的長方形，由此遂導致了極限與無窮小的觀念。這一不朽的研究開闢了近代的數學方法，爲以後的微分積分學掃清了道路。

此外，帕斯卡爾還從事多方面的科學研究與技術設計。十七世紀在某些科學史著作中曾

10《眞空論・序》。這個論點在本書中繼續有所發揮。

有「天才的世紀」[11]之稱。還在青年時代，帕斯卡爾就以他的光輝的科學貢獻而側身於十七世紀的天才的行列。但「天才的世紀」的天才行列並不是憑空湧現的，它是新的資本主義生產方式刺激的結果。海外航行刺激了天文學的建立，水利工程刺激了流體力學的出現[12]，機器的採用「對當時的大數學家來說……就是使近代力學得以創造出來的實際支點和刺激」[13]。沒有這個社會物質基礎，十七世紀就不會舉行近代科學的奠基禮。

帕斯卡爾這些豐富的科學研究工作，是在疾病不斷纏繞、身體極其衰弱的情況下進行的。從十八歲起，他就沒有一天不在病中，二十四歲時又曾因中風而癱瘓。這段時期內，他和父親與妹妹雅克琳（Jacqueline）同住在一起，受到他們兩人的影響，逐漸注意思想和信仰的問題。

一六五一年他的父親去世，接著妹妹又入波・羅雅爾修道院。從這時候到一六五四年爲止的兩、三年間，帕斯卡爾（二十八至三十一歲）獨居巴黎，過著世俗生活。現存的《愛情論》一文，大多數研究者都認爲是帕斯卡爾的著作，並且是這一世俗生活時期的作品；這篇文章全文洋溢著伊比鳩魯主義的精神，表明他的詹森主義的思想已經遭遇到危機。這時，他和當時的無神論者、自由思想者、人性學者戴巴魯（Des Barreaux, 1602-1673）、米東（Miton）、默雷（Méré, 1610-1684）等人交遊，特別受到默雷的影響；同時他又深入鑽研從愛比克泰德（50-135?）至蒙田（1533-1592）等人的著作。他在科學中、在哲學中、在沉思生活中又在世俗生活中，探求世界的眞理問題和人生的幸福問題，並且往而不返地求之不倦。這一段時期的世俗生活使他有機會比較深入地觀察形形色色的社會生活與人世現象，從而爲後來的《思想錄》提供了多方面的素材。世俗生活的另一個側面，賭博，則誘導了他著手研究概率論。

帕斯卡爾和費馬兩人是概率論這一學科的創立人。據萊布尼茲說，十七世紀的數學家們是從計算賭博中的機遇而開始奠定概率論的。帕斯卡爾的友人而兼賭客的默雷提出了如下的問題：賭博進行到任何一定階段而告中斷時，其勝負的機遇應該如何計算？這個問題在當時的學者中間曾轟動一時；帕斯卡爾就這樣被引入概率論的研究[14]。帕斯卡爾曾把自己的研究通知費馬，兩人分別得出了自己的解答。萊布尼茲於一六七二至一六七六年僑居巴黎時讀到帕斯卡爾的研究成果，深刻地意識到這一門「新邏輯學」的重要性，並且進行了認眞的研究。繼帕斯卡爾、費馬和萊布尼茲之後，歷代的數學家如惠更斯、雅．貝努義、德厤福、

11 懷海德（A. N. Whitehead）：《科學與近代世界》。倫敦，一九三三年，第五十頁以下。
12 恩格斯：《自然辯證法》第一五〇頁。
13 馬克思：《資本論》，北京，人民出版社，一九六三年，第一卷，第三七〇頁。
14 萊布尼茲：《人類理智新論》英譯本第二版。芝加哥，一九一六年，第五三九頁。

拉卜拉司等人，都曾繼續研究過並發展了概率論。由帕斯卡爾所開創的這一學科在近代科學技術的許多部門日越獲得廣泛的應用，對於近代理論科學和哲學思想也有巨大的啓發，它的重要的意義和價值已經爲後來的科學實踐所證明。

帕斯卡爾的世俗生活時期也是他豐富的科學創作時期。他的兩篇著作《大氣重力論》與《液體平衡論》均於一六五三年問世；次年他又完成了一系列數論和概率論的研究工作，代數學上沿用至今的有名的「帕斯卡爾三角形」（即二項式係數的三角形排列法）就是在這一年提出的。

一六五四年十一月二十三日帕斯卡爾乘馬車遇險，兩匹馬均墜死巴黎塞納河中，而帕斯卡爾本人卻奇蹟般地倖免於難。這次事故刺激他經歷了一番特殊的內心經驗，這就是歷來某些帕斯卡爾研究者所謂的「第二次皈依」。此後，帕斯卡爾即入居波・羅雅爾修道院，終其餘生全心全意地追求宇宙與人生的眞理，而且是在激烈的鬥爭與痛苦之中追求著的。詹森派的風格是強調理智的，帕斯卡爾所遵循的基本路線也是理智的而非經院的，是哲學的、思考的，而非神學的、教條的。他短促一生的晚年所寫的幾部重要著作——一六五五年的《與沙西先生的談話》，一六五六至一六五七年的《致外省人信札》與一六五八年開始寫作的《思想錄》——都反映著這一思想特色。

自從投石黨被鎭壓之後，耶穌會在法國的活動加強了。在十七世紀法國思想戰線上的那場尖銳鬥爭中，即詹森派反抗耶穌會的理論鬥爭中，帕斯卡爾作爲詹森派突出的辯護人，曾以俗人的身分前後寫了十八封抨擊耶穌會的信。這十八封信成爲當時反耶穌會的教權思想統治的重要歷史文獻，對新興的人文主義思想起了鼓舞作用。這部《致外省人信札》和後來的《思想錄》，以其論戰的鋒芒和思想的深邃以及文筆的流暢雋永已經成爲思想文化史上的古典著作，它們對後世有著深遠的影響。

就在沉耽於哲學與宗教沉思的時期，他也沒有放棄他的科學研究工作。他的《數學三角形論》經費馬修訂後於一六六五年出版，書中第一次奠定了關於數學歸納法的證明方法。他晚年研究得最多和貢獻最大的科學問題是旋輪線的問題。旋輪線的研究提供了十七世紀由於工業技術的發展「運動和辯證法便進入了數學」[15]的光輝例證，並爲後來牛頓（Isaac Newton）和萊布尼茲的工作奠定了基礎。旋輪線是當時數學界最有名的曲線，笛卡兒、托里拆利、費馬等人都曾用心鑽研過；他本人則解決了當時被認爲是最困難的求積問題。隨著這一問題的解決，他又提出了一系列的其他問題向科學界挑戰，惠更斯等人都參加應戰，他也公布了他本人對於這些問題的解法。這些研究直接促成了微分學的誕生。他的科學業績曾

---

15 恩格斯：《自然辯證法》第二一七頁。

被十八世紀百科全書派（Encyclopédiste）的科學家達朗貝爾（D'Alembert, 1717-1783）譽爲阿基米德的工作與牛頓的工作兩者的中間環節，這個評價基本上是符合史實的。

晚年的帕斯卡爾又是反對耶穌會的堅決鬥士。當波・羅雅爾修道院幾經統治當局的嚴厲打擊已經瀕於失敗的關頭，一些詹森派的代表人物都傾向於妥協，唯有他堅持要繼續鬥爭。因此之故，他幾乎與他的波・羅雅爾的朋友們決裂，並且終於在痛苦與疾病之中結束了他天才而又短促的一生。一六六二年八月十九日帕斯卡爾死於巴黎，享年三十九歲。詹森派與耶穌會的這場論戰，作爲一場狹隘的神學理論的爭論，早已成爲歷史陳跡；但是他在這場論戰的過程中所醞釀的某些光輝的近代思想內容而尤其是近代思想方法，卻超出神學範圍之外而爲思想史留下了一份值得重視的遺產。關於他的生平活動，他的姐姐吉爾帕特（即比里埃夫人）曾爲波・羅雅爾版的《思想錄》寫過一篇帕斯卡爾傳略，讀者可以參看[16]。

每一個時代的哲學觀點和思想方法論總是根據當時的科學成就和政治鬥爭總結出來的。十七、十八世紀的思想家，其世界觀與方法論的形成幾乎無一不是和他們的科學工作（而在這一歷史階段裡，主要的是數理科學）緊密地聯繫在一起的。但是除了與他們的科學知識和科學方法相制約之外，他們的世界觀和方法論又是和他們的時代特徵和政治特性相制約的。帕斯卡爾生於神學思想統治行將崩潰但還沒有崩潰的時代，所以他的理論體系裡往往採用神學的思想資料；他的社會地位又是屬於近代早期中等階級的市民反對派，所以其中又不可避免地帶有大量唯心主義和不可知論的觀點。這些都是我們在肯定他的歷史貢獻的同時，所應該注意並加以分析和批判的。

16 這篇傳略一六七〇年波・羅雅爾版並沒有刊登，第一次是刊登在一六八四年阿姆斯特丹的吳爾夫崗版上；布倫士維格編《思想錄與著作集》（巴黎，一九一二年）收入卷首。

有關版本和譯文的一些說明

帕斯卡爾身後的影響雖大，但《思想錄》一書卻長期未曾被人很好地整理過，顯得雜亂無章；以致十七、十八兩個世紀裡，無論是贊成他的人還是反對他的人，都沒有可能很好地閱讀和理解《思想錄》的內容和思想。一直要到十九世紀的中葉，這位十七世紀中葉思想家的遺著才逐步恢復它原來的面貌而呈現於讀者的面前。

他死後不久，他的外甥女艾提安・比里埃（Étienne Perier）就整理這部未完成的大書的片段草稿。整理過的草稿復經詹森派中心波・羅雅爾修道院刪訂，特別是剔除了其中一些異端色彩過於濃烈、鋒芒過於外露的部分，於一六七〇年出版；這是《思想錄》最早的一個版本，通稱波・羅雅爾本。事實上，這一最早的版本與著者原作的本來面貌大有出入，並且簡牘錯亂，難以卒讀。

自波・羅雅爾本問世後，歷代都有人研究帕斯卡爾，包括伏爾泰（1694-1778）、孔多塞（Condorcet, 1743-1794）、夏多布里昂（Chateaubriand, 1768-1848）等著名人物在內。歷代也有過不同的版本問世，如一七七六年的孔多塞本、一七七九年的鮑絮（Bossut）

本、一八一九年的勒斐弗爾（Le Fevre）本，但沒有一種是接近原貌的。要到一八三五年的法蘭丹（Frantin）和一八四二年的庫贊（Cousin）才開始企圖按照作者本人的原來設想來恢復本書的次序；一八四四年的弗熱（Faugère）本，是第一個大體上符合原書手稿狀態的版本。此後的各家版本都在弗熱本的基礎上不斷進行訂正，它們是：一八五一年阿韋（Havet）本，一八五四年盧安德（Louandre）本，一八五七年阿斯吉（Astie）本，一八五八年拉於爾（Lahure）本，一八七三年羅歇（Rocher）本，一八七七年莫利尼埃（Mollinier）本，一八八一年德雷烏（Drioux）本，一八八三年冉南（Jeannin）本，一八九五年維拉爾（Vialard）本，一八九六年米肖（Michaud）本，一八九七年狄狄奧（Didiot）本，一九〇四年布倫士維格本，一九〇七年迦齊埃（Gazier）本，一九一一年馬吉瓦（Margival）本，一九二五年馬昔斯（Massis）本，一九三一年斯特羅斯基（Strowski）本，一九三三年蘇瑞（Souriau）本，一九三七年狄德（Dedieu）本，一九四九年謝瓦里埃（Chevalier）本，一九五〇年斯圖爾特（Stewart）本，一九五七年謝瓦里埃《帕斯卡爾全集》本。弗熱、阿韋、莫利尼埃、米肖、布倫士維格各家均對帕斯卡爾做過專門的研究與注釋；其中布倫士維格本較爲晚出，一般公認是最好的版本。此外，聖柏甫（Sainte Beuve, 1888）、斯特羅斯基、索爾鋒（Soltau）、布特魯、克里昂（Criand）諸家也都以研究帕斯卡爾著稱。關於帕斯卡爾的生平，他的姐姐比里埃夫人爲波・羅雅爾本所寫的「帕斯卡爾傳」爲後世留下了可貴的原始材料。關於波・羅雅爾的歷史，聖柏甫的《波・羅雅爾史》（一八四二至一八四八年）一書迄今仍不失爲一部詳盡的研究，其中對帕斯卡爾的評論也有一些獨到的見解，雖則作者標榜客觀主義。有關帕斯卡爾的詳盡書目，可參看梅爾（A. Maire）編《帕斯卡爾書籍總目》和吉羅德（J. Giraud）編《16、17、18世紀法國文學書目》（一四八至一六一頁）。至於較簡明的書目，可參看梅納（J. Mesnard）《帕斯卡爾的生平與著作》一書的附錄（英譯本。紐約，一九五二年。二〇二至二〇八頁）。

中譯文是根據布倫士維格編《帕斯卡爾思想錄與著作選集》修訂第六版（巴黎 Hachette 版，一九一二年）的原文譯出的。布倫士維格本雖然號稱精審，但也有錯誤，甚至於是非常明顯的錯誤，尤以注釋及引文部分較多，正文部分也有一些；譯文中已就個人所知加以改正，不再一一注明。譯文及注釋還參考過謝瓦里埃編訂的《帕斯卡爾全集》（巴黎 Gallimard 版，一九五七年）。這個本子的編次與布倫士維格本頗爲不同，有些地方吸取了較近的研究成果。帕斯卡爾這部書本來就是一部未完成的草稿的殘簡，因此，行文每嫌過於簡略，許多地方甚至於不是完整的句子，從而使得歷來的研究者莫衷一是；自己由於水準所限，錯誤更爲難免，希望能得到讀者的指正。

在翻譯過程中參考過特羅特（W. Trotter）的英譯本，部分地參考過黑塞（H. Hesse）的德譯本（萊比錫，P. Reclam 版）。英譯本有特羅特、羅林斯（G. B. Rawlings）與沃靈頓（J. Warrington）三種，「人人叢書」本、「現代叢書」本及「哈佛古典叢書」本中的三種《思想集》都用的是特羅特的英譯本。這個英譯本雖然也不無可取，但錯訛甚多，並且出現有整段整句的遺漏，次序上的顛倒混亂更是屢見不鮮。凡是布倫士維格本錯誤的地方，無論是正文還是注釋，特羅特英譯本大都承繼下來以訛傳訛；布倫士維格本原來不錯的地方，特羅特英譯本也弄出許多錯誤，有些是非常可笑的錯誤，例如把帕斯卡爾的友人米東（Miton）弄成了英國詩人米爾頓（Milton，見《人人叢書・第八七四種》第一九二段，一九三一年）之類，使人啼笑皆非。

凡是作者原文中的錯字或漏字經後人補正的，均用方形括弧標出。至於書中若干本來就不完整的句子，除了後人已能確定其含義者加以增補之外，其餘均照原文逐字譯出，以免綴補成文有傷原意。

翻譯任何一部思想作品，最感棘手的莫過於名詞與術語難以統一。雖然在翻譯過程中對於重要的名詞和術語儘量求其前後一致，但有時仍然不得不分別用幾個不同的中文字來表示原文中的同一個字，甚至於原文中關鍵性的字。另一方面，大部分名詞雖然照顧了前後的譯名一致，但這種一致卻又不可能不在不同的使用場合之下或多或少地偏離了原意。困難在於，沒有一種文字可以完全精確一貫地符合並表達另一種文字。

中文中的自然、人性、天性和由它們演變來的形容詞自然的、天然的、天賦的，在原文中是同一個字 nature 和它的形容詞 naturel；但我們卻在不同的場合中使用不同的對應詞。中文中的成員、組成部分和肢體在原文中也是同一個字 membre，這個字在國家則譯成員，在整體則譯組成部分，在個人則譯肢體。

Esprit 這個字全書都譯作精神。這個字大致相當英文的 spirit、德文的 Geist、中文的精神、心靈、心智或頭腦，在本書第一編中這個字實際指的是思想方式。所謂幾何學精神與敏感性精神或「精微性的精神」，英譯本作「直覺的精神」的不同，即指幾何學的思想方式與敏感性思想方式之不同。Esprit 這個字在十七、十八世紀有著遠比我們今天所說的「精神」更微妙得多的含義。一個字是不能不受時代的影響而不斷改變它自身的品質和重量的。另一個情形相似的字是 philosophe（哲學家），在十七、十八世紀這個字的含義在一定程度上不同於我們今天所稱的哲學家，它是指有別於形而上學家——而「形而上學」這個字又和我們今天的含義也有不同——的知識追求者。要用一種文字表達不同的時間、地點和條件之下另一種文字所表達的內容，幾乎是不可能的事；因此，就只能希望讀者體會文字的精神實質，做到以意逆志而不以詞害意。

另一個關鍵性的字是 raison。十七世紀的 raison 可以相當於十八世紀的 Verstand（或英文的 understanding：理智、知性、理解、悟性），也可以相當於十八世紀的 Vernunft（或英文的 reason，中文的理性）。這裡我們必須注意到，無論是在帕斯卡爾本人還是在整個十七世紀的思想裡，Verstand 和 Vernunft 還沒有獲得後來它們在康德那裡所被賦予的那種區別。這個字在帕斯卡爾的用法裡分別指推理能力、理智、道理或理性，我們在書中大多譯作「理智」，少數場合譯爲「理性」或「道理」。當然，德譯本也可以把它譯作 Vernunft，只要不把這個字理解爲一個半世紀以後它在德國古典哲學中所獲得的那種嚴格的意義。嚴格來說，更接近於 Vernunft 的，在帕斯卡爾的用語裡應該是 pensée（思想）。帕斯卡爾用 pensée 這個字，大致相當於笛卡兒用 cogitatio（思想，即「我思故我在」中的「思」字）。笛卡兒說：「我所謂的思想（cogitatio）是指我們意識到在自己心中活動著的全部東西。這就是爲什麼不僅僅是理智（understanding）、意志、想像而且還有感情，在這裡都和思想是同一回事。」[17]笛卡兒的「思想」包括知、情、意三方面，帕斯卡爾的「思想」也包括知、情、意三方面。可以說，笛卡兒和帕斯卡爾的「思想」大致相當於 Vernunft，而「理智」則大致相當於 Verstand。康德的提法是：「全部心靈能力或者說能量（Seelen vermögen oder Fähigkeiten），可以歸結爲不能從一個共同的立場再進一步加以引申的如下三種，即認識能力、好惡的感情與願望能力。」[18]帕斯卡爾的命題是：「心靈有其自己的理智（道理），

---

17 笛卡兒：《哲學著作集》劍橋版，第一卷，第二二二頁。

18 康德：《判斷力批判》，萊比錫，P. Reclam 版，第二十七頁。

這是理智所不認識的。」[19]帕斯卡爾的「心靈」或「思想」接近於康德的「心靈能力」即理性，而帕斯卡爾的理智則接近於康德的認識能力。理智有所不能認識，但這一點卻是靠理智自己來認識的。這個推論形式正如康德的純粹理性乃是其自身認識能力的立法者一樣；這裡面談不到有什麼像文德爾班（Wilhelm Windelband）所指責的「悖論」[20]。

有的字相當於中文一個以上的意義，我們有時只採用一個譯名。如 lumière 這個字既是光明又是知識，特別是對於某些理性主義者來說，理智的知識本來就是天賦的光明；我們在書中大多數是用「光明」而不用「知識」。另有些字既有字面的意義也有實質的意義；在這種情況下，譯文大多採用其實質的意義。如 l'esprit de finesse 字面上應作「精微性的精神」，我們則用「敏感性的精神」[21]以與「幾何學的精神」相對應；又如 pyrrhonisme 字面上應作皮浪主義（皮浪〔Pyrrhon〕是懷疑主義〔Skepticism〕的創始人），譯文則逕作懷疑主義。

人名譯音大多採用一般通用的，所以有些人名沒有採用拉丁文的「烏斯」字尾；如 Virgilius 我們就用較通行的維吉爾（Virgilius）而不用魏吉里烏斯。法文專名詞的拼法和拉丁文或英文的都不一樣，有些名字一般中文譯名是以拉丁文或英文爲根據的，在這種情形下，我們便不以法文爲准。如塞爾修斯我們便不根據法文形式 Celse，而根據較常見的拉丁文與英文的形式 Celsus；同樣，阿達拿修斯就根據 Athanasius，而不根據法文形式

Athanase。

至於 religion chrétienne 之譯作基督宗教而不譯作基督教，是因爲基督宗教不僅更符合原文，也更符合原意，它標誌著帕斯卡爾由中世紀全神性的宗教朝向近代半神性半人性宗教的過渡。

19 本書上冊第277段。

20 文德爾班：《近代哲學史》第一卷，第三七三頁。

21 可參看本書上冊第1段譯注。

《思想錄》不同版本編次對照表

MANUSCRIT	1re COPIE	2de COPIE	PORT-ROYAL	BOSSUT	FAUGÈRE	HAVET	MOLINIER	MICHAUT	BRUNSCHVICG
1	358	315	IX 8	II XVII 68	II 79	XXIV 57	I 82	2	412
1	90	116	VIII 1	II VII 1 II IV 8	II 269	XI 8	I 281	3	693
1	357	313	...	...	II 89	...	I 295	4	660
1	316	313	...	...	II 260	XXV 156	I 267	5	664
3	201	409	VII 1	II III 1	II 163	X 1	I 146	6	235
4	...	...	VII 2	II III 4	...	X 1^{b}	...	...	...
7	...	...	XXVIII 69	II III 5	...	...	...	...	...
8	...	...	...	II XVII 63	...	...	...	...	...
3	361	318	XXIV 8	I VI 4	II 56	III 4	I 118	15	97
4	207	418	...	...	II 171	XXV 38	I 124	7	535
4	259	316	...	...	II 274	XXV 97	I 200	16	731
4	358	315	IX 1	II XVII 64	II 84	XXIV 53	I 72	17	146
7	...	...	...	II IV 9	II 172	XI 9^{b}	I 303	8	604
7	357	314	IX 3	II XVII 65	II 143	XXIV 54	II 42	18	479
8	206	416	...	...	II 169	XXV 91	I 98	9	89
8	206	417	...	II XVII 3	II 170	XXIV 2	I 314	10	231
8	207	418	XXVIII 51	II XVII 5	II 172	XXIV 5	II 140	11	277
8	...	...	...	...	II 172	XXV 39^{b}	I 309	12	542
8	207	418	XXVIII 51	...	II 172	XXIV 5	II 140	13	278
8	206	417	IX 5	II XVII 67	II 171	XXIV 56	II 39	14	477
			IX 6	...	...	XI 4^{b}	I 309	...	...
8	206	417	II 6	II IV 4	II 171	XXV 39	I 309	14	606
8	357	313	...	...	II 260	XXV 156	I 267	19	663
8	358	314	...	...	II 92	XXV 29	I 173	20	394
11	354	309	...	I IX 48	I 195	VI 15^{b}	I 144	21	36
11	354	310	...	I IX 58	I 195	VI 55	II 152	22	155
11	357	313	IX 7	II XVII 67	II 143	XXIV 56^{b}	II 40	24	492
11	349	303	XVI 8	II XII 5	II 320	XIX 5	II 10	25	750
12	354	310	...	...	I 261	XXIV 94	II 115	23	30
						XXV 133	...	...	...
12	351	306	XXVIII 37	II XVII 35	I 328	XXIV 25	II 93	26	868
15	173	207	...	...	II 254	XVI 8^{t}	I 273	27	652
15	126	152	...	...	II 254	...	II 25	28	679
15	126	152	...	...	II 254	XXV 111^{b}	I 256	29	649
15	129	156	XIII 4 5 6	II IX 8 9	II 254	XVI 7	I 245	30	678
17	127	153	X 7	II VIII 3	II 362	XV 1	I 267	31	662
17	126	152	XVIII 14	II XIII 7	II 281	XX 11	II 6	32	758
17	420	394	XXVIII 59	II XVII 52	II 177	XXIV 42	II 58	33	247
17	420	395	...	...	II 181	XXIV 97	I 315	34	230
19	423	398	...	...	II 382	XXV 196	II 24	35	782
19	423	398	XV 12	II XI 5	II 340	XVIII 20	I 199	36	712

M.	1e C	2e C	PORT-R.	BOSSUT	FAUG.	HAVET	MOLINIER	MIC.	BR.
19.	423	398	....	II XVII 8..	II 352.	XXIV 8 ...	II 58.....	37.	561
19.	125	152	....	....	.....	....	....	38.	900
19.	125	151	....	....	II 248.	XXV 153 ..	I 270.....	39.	657
19.	173	207	....	....	.....	....	....	40.	623
21.	20.	40.	....	....	II 79..	....	....	41.	174
21.	13.	31.	XXIV 42 ..	I VI 5....	II 43..	III 5......	I 440.....	42.	172
21.	14.	32.	....	I VIII 9...	I 485..	V 8........	I 99	43.	305
21.	8b.	23.	....	I X 3!....	I 206..	VII 34	II 450....	44.	134
21.	9..	23.	XXIV 2 ...	I V 4.....	I 209..	II 4b......	I 88	45.	158
21.	14.	32.	XXXI 44 ..	I IX 47 ...	I 214..	VI 44.....	I 63	46.	132
23.	9..	23.	....	I IX 62...	II 44..	VI 59b	I 63	47.	164
23.	9..	23.	....	....	II 44..	....	I 63	48.	141
23.	15.	33.	....	....	II 89..	XXV 28....	I 67	49.	429
23.	14.	32.	....	....	II 435.	XXV 36....	I 470.....	50.	388
23.	9..	23.	....	....	II 73..	I 1........	I 49	51.	71.
23.	...	...	....	....	.....	....	....	Err.	154
23.	14.	32.	....	I IX 3....	II 392.	VI 3......	I 99	52.	293
23. 459	8b. 385	23. 342	....	....	II 75..	I 4b.......	I 42	53.	69.
23.	8b.	23.	....	....	I 224..	XXV 47....	I 44	54.	207
23.	8b.	23.	XXIV 44...	I IX 25...	I 245..	VI 22b....	I 60	55.	136
23.	79.	104	....	II XVII 4..	II 387.	XXIV 3b...	II 62.....	56.	189
23.	77.	102	XXVIII 45.	II XVII 48.	II 446.	XXIV 46...	I 323.....	57.	226
23.	2..	14.	....	....	II 394.	X 44......	II 62.....	58.	248
23.	2..	15.	....	....	II 392.	XXV 440...	II 62.....	59.	291
23.	2..	14.	....	....	II 389.	XXII 4....	II 64.....	60.	60.
23.	1..	14.	....	....	II 390.	X 9.......	II 62.....	61.	247
23.	2..	15.	....	....	II 394.	X 40......	II 62.....	62.	246
27.	1..	13.	....	....	II 334.	XXV 45 ...	I 479.....	63.	596
27.	2..	15.	....	....	II 388.	XXV 499...	II 64.. ..	64.	602
27.	2..	15.	....	....	II 44..	....	I 58	65.	167
27.	80.	105	I 4.......	II II 4....	II 48..	IX 5......	I 46	66.	183
27.	79.	104	XXVIII 49.	II XVII 49.	II 48..	XXIV 47b..	I 454.....	67.	218
27.	120	147	....	.... 24..	II 456.	XXIV 82...	II 24.....	68.	510
27.	3..	15.	XXVIII 38.	II XVII 36.	II 387.	XXIV 26...	II 63.....	69.	187
27.	119	146	XVIII 44...	II XIII 7..	II 282.	XX 7......	II 6	70.	795
29.	1..	13.	....	....	II 389.	XXV 409 ..	II 64.....	71.	227
29.	1..	13.	....	....	II 389.	XXV 200 ..	I 344	71.	244
29.	1..	13.	....	....	II 390.	XXV 408b..	II 64.....	72.	184
29.	...	...	....	....	II 246.	XVI 8b....	I 272.....	73.	647
29.	132	159	XIII 8.....	II IX 40...	II 246.	XVI 8b....	I 272.....	74.	683
29.	126	164	XIII 7.....	II IX 40...	II 345.	XVI 8.....	II 24.....	75.	545
31.	137	164	XIII 44....	II IX 44...	II 258.	XVI 42....	I 246.....	76.	687
							I 256.....	...	...
31.	140	188	XVII 3....	II XVI 8..	II 334.	XIX 8	I 480.....	77.	691
					II 247.	XXV 452 ..	....	...	...
31.	125	152	....	....	II 247.	XXV 452 ..	I 243.....	78.	648
31.	125	151	....	....	II 247.	XXV 452 ..	I 243.....	79.	653
33.	133	160	XIII 47 48..	II IX 47 48.	II 307.	XVI 45....	II 44.....	80.	692
						XVI 46....	I 264.....	...	...

M.	1e C	2e C	PORT-R.	BOSSUT	FAUG.	HAVET	MOLINIER	MIC.	BR.
35.	134	162	X 3 5 6 8....	II viii 3 4 5	II 254.	XVI 43....	I 262.....	81.	670
			XIII 45 46..	II ix 45 46	.....	XV 3^b 5....	....	...	...
					.....	XVI 44....	....	...	...
35.	130	157	X 43......	II viii 9..	II 274.	XV 8	I 201.....	82.	757
35.	111	158	....	....	II 254.	....	I 244.....	83.	677
37.	355	310	XV 40.....	II xi 3...	II 249.	XVIII 45 ..	I 255.....	84.	766
			....	....	.....	XVIII 46 ..	II 3	85.	...
							II 5	...	...
37.	355	311	XV 44	II xi 3....	II 250.	XVIII 47 ..	I 205.....	86.	736
37.	132	159	XIII 48....	II ix 48...	II 247.	XVI 46^b et 46^t	I 270.....	87.	680
37.	131	158	X 43......	II viii 9..	II 325.	XV 8^b.....	I 323.....	88.	762
39.	131	158	X 4.......	II viii 3..	II 203.	....	....	89.	746
39.	138	165	X 9.......	II viii 6..	II 203.	XV 6	I 323	90.	745
39.	131	159	....	....	II 272.	XXV 462 ..	I 200	91.	719
39.	131	158	....	....	II 203.	....	II 43.....	92.	686
38.	125	151	....	....	II 249.	....	I 243	93.	667
39.	125	151	....	....	II 249.	XXV 454 ..	I 272	94.	681
39.	125	151	....	....	II 249.	....	I 272	95.	674
39.	417	391	....	....	II 403.	....	....	96.	612
39.	420	395	....	....	II 403.	....	....	97.	193
41.	422	397	....	....	I 228..	XXV 20 ...	I 455	98.	259
41.	422	397	VII 2.. ..	II iii 5...	II 481.	X 3.......	I 453	99.	240
41.	422	397	....	II xvii 7..	II 357.	XXIV 7 ...	I 287	100	615
41.	417	391	....	....	II 445.	XXV 88 ...	I 495	101	532
41.	157	188	....	....	II 234.	....	II 67.....	102	809
43.	419	394	....	....	II 329.	XXV 401 ..	II 48.....	103	519
	420	...	....	....	.....	....	....	...	...
43.	139	167	X 1.......	II viii 2..	II 245.	XV 2	I 248	104	643
				II ix 3 ...	.....	....	....	...	...
45.	138	165	XIII i	II ix 5 ...	II 363.	XVI 4.....	I 242	105	642
						XXV 486 ..	....	...	...
45.	117	143	XVIII 22 ..	II xiii 44 .	II 372.	XX 46	II 404....	106	789
45.	117	143	....	II xvii 4..	II 369.	XXIV 4 ...	I 296 et...	107	523
							II 404....	...	...
45.	118	145	XVIII 5...	II xiii 3..	II 458.	XX 3......	I 319	108	501
45.	123	149	....	....	II 455.	....	....	109	228
45.	117	143	....	....	II 392.	XXV iii...	II 64.....	110	570
45.	117	143	XXVIII 22.	II xvii 22.	II 323.	XXIV 20 ..	II 47.....	111	233
45.	118	144	XVIII 24 ..	II xiii 44 .	II 446.	XX 49	I 319	112	506
45.	118	144	....	....	II 369.	XXV 52 ...	I 290	113	444
47.	117	143	....	vol. II p.547	I 224..	XXIV 99...	II 89.....	114	816
47.	117	143	XVIII 43 ..	II xiii 7 40	II 282.	XX 9	I 319	115	751
						XX 40	....	...	...
47.	118	144	....	....	II 449. (note)	....	....	116	430 (note)
47.	118	144	....	suppl. 20..	II 456.	XXIV 84^b..	I 345	117	511
47.	359	316	....	....	II 95..	XXV 32^b...	I 474	118	462
47.	360	317	....	....	II 431.	XXV 83 ...	I 68......	119	94.
47.	361	318	XXIV 6 ...	I v 4.....	II 81..	II 4	II 66.....	120	411
47.	359	315	....	....	II 42..	XXV 26 ...	I 64......	121	131
47.	360	317	III 43.....	II v 5....	II 81..	XII 8.....	I 284	122	417

M.	1e C	2e C	PORT-R.	BOSSUT	FAUG.	HAVET	MOLINIER	MIC.	BR.
49.	360	317	XXIV 4 ...	I v 2.....	I 209..	II 2b......	I 90......	123	153
						XXV 122 ..	....	...	...
49.	360	316	XXIV 5 ...	I v 3.....	I 208..	II 3	I 88......	124	150
49.	89.	115	....	....	I 225..	XXV 16b ..	I 43......	125	208
49.	89.	115	....	....	I 235..	....	II 151....	126	57.
49.	90.	116	....	....	I 236..	....	I 85......	127	86.
						....	II 364....	...	...
49.	359	316	....	....	II 80..	....	I 102	128	214
49.	161	192	XVI 5.....	II XII 4...	II 321.	XIX 4	II 41.....	129	640
49.	164	194	....	....	II 384.	....	II 44.....	130	178
49.	120	147	XIII 10....	II IX 12...	II 446.	XVI 10....	I 297	131	765
49.	163	193	XIV 5.....	II X 4....	II 323.	XVII 5....	II 45.....	132	800
51	420	395	....	....	II 494.	XXV 93b...	II 2	133	741
51.	421	395	XVI 0...	II XII 2...	II 370.	XIX 2.....	II 45	134	798
51.	421	396	XXVIII 60.	II XVII 53.	I 910..	XXIV 43...	II 99	135	895
51.	421	396	XXXI 22...	I X 16....	I 196..	VII 16	II 150	136	6..
51.	163	198	....	....	II 273.	XVI 4b....	I 242	137	792
53.	158	189	XIV 1.....	II X 1....	II 330.	XVII I....	II 21	138	793
53.	163	192	XVI 6.....	II XII 4...	II 324.	XIX 4b....	II 42	139	639
53.	120	147	....	....	II 273.	....	I 499	140	705
55.	161	191	XVI 1.....	II XII 1...	II 322.	XIX 4b....	II 16	141	801
55.	157	187	XIV 2.....	II X 2....	II 325.	XVII 2....	II 43	142	786
55.	121	148	XVIII 20 et	II IV 5 ...	II 446.	XI 5......	I 348	143	585
			II 7	II XIII 10.	II 264.	....	....	...	...
55.	121	148	XVII 1....	II XII 7..	II 335.	XIX 7	I 477	144	601
57.	119	145	XVIII 2 17	II XIII 2 9	II 263.	XX 1	II 13.....	145	578
			et 18......	II VIII 18 .	.....	XX 13	I 271	...	...
			XI 2.......	....	.....	XXV 158 ..	I 324	...	...
				....	.....	XV 13.....	I 490	...	...
57.	164	195	XVII 6....	II XII 10..	II 335.	XIX 10....	I 479	146	600
57. 317	69.	95.	III 1 et 2 ..	II V 1 et 2.	II 152.	XII 1.....	I 274	147	430
318	121	147	3 et 10....	5 et 12 ...	II 147.	XII 3.....	I 285	...	...
321	...	...	11 et 12 13 .	II XVII 60.	.....	et 4	I 278	...	...
322	...	...	XVIII 1...	II XIII 1..	.....	et 20......	I 316	...	...
325	...	...	IV 1......	....	.....	et 5.......	....	...	...
326	...	...	XXVIII 66.	....	.....	XX 1......	....	...	...
57.	118	145	XVIII 12 ..	II XIII 7..	II 330.	XX 8	II 7	148	771
59.	157	187	XV 5	II XI 2 ...	II 277.	XVIII 5...	I 204.....	149	772
59.	161	191	XIV 4.....	II X 4....	II 349.	XVII 4....	II 44.....	150	797
59.	158	188	XVI 6 et 7 .	II XII 4...	II 320.	XIX 4t....	II 42.....	151	638
59.	118	144	XVIII 21 ..	II XIII 10 .	II 349.	XX 15	II 26.....	152	796
59.	120	146	X 2	II VIII 3..	II 251.	XV 3	I 261.....	153	645
59.	163	192	....	....	II 404.	....	....	154	697
59.	163	192	....	....	II 374.	XXV 193 ..	II 115.....	155	569
59.	157	187	XXXI 26 ..	I X 19....	II 265.	VII 19	I 195.....	156	283
59.	163	195	....	....	II 274.	....	I 309.....	157	699
61.	158	189	....	II X 4....	II 324.	XVII 6....	II 24.....	158	764
61.	163	194	....	....	II 371.	....	II 43.....	159	755
61.	157	187	XIV 6.....	II X 5....	II 330.	XVII 9....	II 20.....	160	742
61.	158	188	....	....	II 322.	XXV 174 ..	II 13.....	161	743

M.	1ᵉ c	2ᵉ c	PORT-R.	BOSSUT	FAUG.	HAVET	MOLINIER	MIC.	BR.
61.	157	188	....	....	II 370.	XIX 2^b....	II 21.....	162	799
61.	158	188	....	....	II 324.	XXV 175..	II 21.....	163	763
61.	89.	115	....	....	II 55..	XXV 80...	I 85.....	164	98
61.	79.	105	I 1.......	II ii 1....	II 18..	IX 1......	I 15.....	165	200
61.	78.	104	....	....	I 221..	XXIV 101..	I 172.....	166	225
61.	78.	104	XXVIII 67.	II xvii 61.	II 182.	XXIV 50...	I 153.....	167	257
63.	361	318	....	....	II 96..	XXV 33^b..	I 174.....	168	422
63.	78.	103	XXVIII 17.	II xvii 18.	II 172.	XXIV 16^t..	I 153.....	169	237
63.	78.	...	....	....	II 173.	....	....	170	281
63.	80.	105	XXIX 44..	II xvii 69.	I 214..	XXIV 58..	I 114.....	171	210
63.	79.	104	XXVIII 19.	II xvii 19.	I 221..	XXIV 98..	I 172.....	172	221
63.	78.	104	....	....	II 19..	....	II 61.....	173	190
63.	100	129	XXIII 6...	I iv 6....	II 84..	I 6.......	I 70.....	174	347
63.	78.	104	....	....	II 276.	....	....	175	204
63.	77.	103	I 1.......	....	II 18..	IX 3......	I 16.....	176	215
63.	101	129	....	....	II 343.	XXV 209 4.	II 34.....	177	517
63.	78.	103	....	....	II 174.	XXV 92...	I 154.....	178	238
63.	77.	103	VIII 1....	....	II 19..	XIV 1.....	I 114.....	179	211
65.	78.	104	XXVIII 18.	II xvii 19.	II 173.	XXIV 17..	I 153.....	180	236
65.	359	316	IX 9......	II xvii 68.	I 226..	XXIV 57^b..	I 16.....	181	495
65.	361	318	I 1.......	....	II 19..	....	I 16.....	182	198
65.	349	303	....	....	II 296.	....	I 311.....	183	576
65.	350	304	II 13......	II iv 11...	II 17..	XI 11.....	I 285.....	184	450
65.	15.	33.	....	....	I 191..	XXV 118..	I 38.....	185	111
67.	15.	33.	....	....	I 223..	XXV 72...	I 11.....	186	379
67.	21.	40.	....	....	II 130.	....	I 104.....	187	454
67.	20.	39.	....	....	I 224..	XXV 16...	I 11.....	188	205
67.	15.	33.	XXIX 36..	I ix 66...	I 194..	VI 63.....	I 111.....	189	181
67.	16.	35.	....	I ix 12...	I 187..	VI 9......	I 99.....	190	296
67.	15.	35.	XXIX 35..	I ix 39...	I 191..	VI 36.....	I 121.....	191	103
67.	15. 16.	34.	XXIX 37..	I ix 40 et 43	I 188..	VI 37.....	I 102.....	192	332
						VI 40.....	....	...	...
69. 365	16.	35.	XXV 5 et 6.	I vi 8 et 9.	II 126.	III 8......	I 91.....	193	294
				I ix 5....	....	....	....	...	...
69.	21.	40.	XXXI 16..	I ix 48...	I 191..	VI 45.....	I 47.....	195	110
69.	19.	38.	....	....	I 204..	XXV 66...	I 86.....	196	151
70. 366	22.	41.	....	....	II 123.	....	I 173.....	194	75
							I 158.....	...	...
70.	20.	39.	....	I ix 10...	II 130.	VI 40^b....	I 98.....	197	326
73.	19.	38.	....	....	I 189..	XXV 63...	I 48.....	198	115
73.	21.	40.	....	I ix 25...	II 42 n.	....	....	199	165
73.	350	312	XXIX 43..	II xvii 69.	II 94..	XXIV 57^t..	I 172.....	200	219
73.	21.	40.	XXIV 3...	I v 2.....	II 89..	II 2......	I 90.....	201	405
73.	20.	39.	....	....	II 132.	XXV 85...	I 97.....	202	879
73.	19.	38.	XXXI 25..	I ix 53...	I 186..	VI 50.....	I 103.....	203	295
73.	19.	37.	....	I ix 5....	II 132.	VI 5......	I 96.....	204	309
73.	19.	38.	XXIX 34..	I ix 38...	I 187..	VI 35.....	I 113.....	205	177
73.	21.	40.	....	....	II 135.	XXV 37...	I 159.....	206	389
75.	350	305	XXIX 18..	I ix 23...	I 197..	VI 20.....	I 128.....	207	455

M.	1° c	2° c	PORT-R.	BOSSUT	FAUG.	HAVET	MOLINIER	MIC.	BR.
75.	356	312			II 86.		I 65	208	443
75.	21.	40.			I 226.	XXV 60	I 154.	209	66.
75.	349	303	XVI 9.	II XII 5.	II 320.	XIX 5^b.	II 40.	210	768
					II 483.			...	...
75.	27.	45.	XXIV 9	I V 6.	I 208.	II 6	I 90	211	152
75.	197	9.	XXIII 5	I IV 5	II 80.	I 5	I 66	212	400
77.	192	2.		II XI 4	I 202.	XVIII 18	II 4	213	617
77.	193	3.	II 8	II IV 5	II 244.	XI 5^t	I 260.	214	644
77.	196	7.	XX VIII 65.	II XVII 58.	II 79.	XXIV 48	I 68	215	174
79.	198	9.		I VII 3	II 40.	VI 4.	I 59	216	171
79.	6.	19.		I IX 46	II 44.	VI 43.	I 89	217	127
79.	5.	18.			I 484. n			218	318
79.	13.	30.			I 207.		I 89	219	163
79.	5.	18.			I 294.	*Pro* 296.		220	...
79.	5.	18			II 392.			221	292
79.	5.	17.		I IX 62	I 207.	VI 60	I 63.	222	161
79.	7.	19.		I VIII 8.	I 478.	V 7^b.	I 82.	223	330
79.	14.	31.	XXV 9	I VI 12	II 53.	III 9.	I 40.	224	366
79.	5.	17.			II 335.	XXV 102	I 123.	225	113
81.	6.	19.	XXVIII 52.	I IX 44.	I 498.	VI 44	I 126	226	67.
81.	5.	17.			II 353.	XXV 103	II 53.	227	338
81.	8.	21.	XXV 4	I VI 4	II 98.	III 4.	I 44.	228	374
81.	6.	19.		I VIII 8.	I 482.	V 7.	I 82.	229	308
81.	27.	45.			II 79.	XXV 81	I 67.	230	126
81.	9.	22.			II 55.	XXV 80^t.	I 86.	231	117
83.	5.	17.		I X 39	I 206.	VII 38	I 85.	232	133
83.	5.	17.			I 235.	I 4^b	I 72.	233	410
					II 82.			...	...
83.	8.	21.		I VIII 10.	I 478.	V 9.		234	320
83.	8.	21.			I 485.			235	317 n
83.	7.	20.			I 203.	XXIV 89.	I 43.	236	354
83.	5.	18.	XXV 3.	I VI 2.	II 75.	III 2^b.	I 40.	237	381
83.	8.	21.	XXIV 10	I V 7.	I 208.	II 7.	I 89.	238	149
83.	6.	18			XXV. 420.		I 40.	239	367
83.	8.	20.	XXIX 38	I IX 44	I 215.	VI 38.	I 86.	240	156
83.	9.	22.		I VI 2.	II 98.	III 2.	I 169.	241	376
85.	...	...			I 269.	*Pro.* 287	II 144.	242	882
85.	...	...			I 312.		*Pro.* 100.	243	...
85.	...	...			I 231.	XXIV 33^b.	II 46.	244	459
85.	...	...		II XVII 74.	I 234.	XXIV 63.	II 57.	245	520
						XXV 126		...	...
85.	...	...		II XVII 74.	I 234.	XXIV 63^b	II 57.	246	582
						XXIV 63^t	I 320.	...	...
85.	...	...			II 333.	XXV 181	II 45.	247	460
87. 89.	...	...			II 338.	XXV 209^1.	II 27.	248	553
90.	...	...			II 348.	XXV 112.	II 44.	...	...
99.	...	...			.....	XXV 113.	I 98.	...	...
						XXV 209^2.	II 29.	...	...
						XXV 209^3.	I 147.	...	...

M.	1ᵉ C	2ᵉ C	PORT-R.	BOSSUT	FAUG.	HAVET	MOLINIER	MIC.	BR.
99.	...	...	...	...	...	XXV 114	II 32	...	553
						XXV 115	II 33	...	...
90.	...	...	...	...	II 318	XXV 209	...	248	791
100	...	...	...	...	II 177	XXV 137	I 202	249	698
89.	...	...	...	...	II 326	XXV 44	II 32	250	785
90.	...	...	...	...	II 376	XXV 54	II 47	251	504
90.	...	...	...	...	II 328	XXV 209^{8}			
						209^{9}	II 33	252	554
90.	...	...	...	...	II 350	XI 3^{b}	II 50	253	250
90.	...	...	...	...	II 262	XXV 157	II 129	254	661
90.	...	...	...	suppl. 9	II 384	XXIV 70	I 294	255	580
90.	...	...	...	...	II 384	XXV 107	I 294	256	490
93.	...	...	...	...	I 294	XXV 205	II 89	257	856
93.	352	307	...	II XVII 73	I 325	XXIV 62	II 121	258	905
93. } 94. }	...	...	...	...	I 293	*Pro.* 295	*Pro.* 109	260	...
					I 300	...	...	...	...
94.	...	...	...	II XVII 72	II 180	XXIV 61^{t}	II 49	259	498
97.	...	...	...	...	I 380	XXV 105	II 52	261	668
97.	...	...	...	...	I 274	*Pro.* 290	II 121	262	897
97.	...	...	...	...	II 318	XXV 209	II 26^{e}	263	790
99. }	...	...	...	II XVII 77	I 266	*Pro.* 287	II 106	264	920
100 }	...	...	...	...	I 270	XXIV 66	II 116	...	...
						XXIV 66^{b}	...	...	...
						Pro. 288	...	...	...
99.	...	...	...	...	I 230	XXV 73	II 51	265	540
100	...	...	...	...	II 177	XXV 137	I 202	249	698
103	...	...	...	...	I 177	XXV 1	I 46	266	104
103	409	385	...	I IX 60	I 210	VI 57	I 123	268	101
105	409	385	XIV 10	II VIII 19	II 197	XV 20	I 202	269	737
						XV 19	I 308	...	...
103	...	...	...	...	...	...	...	272	518
104	...	...	...	...	II 372	XXV 189	I 248	267	658
104	...	...	...	Sup. 6	I 243	XXIV 69	II 34	270	550
104	...	...	...	...	I 294	...	II 116	271	191
105	...	...	...	...	I 246	XXV 70	II 60	273	264
105	...	...	...	...	I 204	...	II 129	274	...
107	...	...	...	suppl. 18	I 234	XXIV 79	I 45	275	505
							II 152	...	...
107	...	...	...	...	I 233	XXV 127	II 50	276	499
107	...	...	...	...	I 233	XXV 209^{17}	II 33	277	555
						XXV 209^{6}	...	...	...
109	325	275	XXXI 29	I X 21	I 250	VII 21	II 134	278	48.
109	325	275	...	suppl. 14	I 348	XXIV 75	II 114	279	880
109	325	275	...	I IX 17	I 286	*Pro.* 294	II 125	280	869
109	470	275	...	...	II 99	VI 14	I 115	281	378
109	340	293	XXVIII 49	II XVII 44	II 232	XXIV 34	I 321	288	263
110	326	330	...	...	II 75	...	I 39	282	70.
110	326	332	...	...	II 129	...	I 94	283	375
110	326	276	...	...	II 98	...	I 171	284	387
110	326	277	...	...	II 37	IV 2	I 57	285	140

M.	1° C	2° C	PORT-R.	BOSSUT	FAUG.	HAVET	MOLINIER	MIC.	BR.
110	...	...	...	...	I 37	IV 2	I 58	286	145
110	326	...	...	...	I 314	...	...	288	853
110	335	287	...	I x 23	I 255	VII 23	II 134	289	45.
110	336	287	...	...	I 489	XXV 63	I 47	290	114
					I 257	...	...	...	...
110	339	292	XII 4	II ix 4	II 253	XVI 3	I 273	291	646
113	441	237	...	II xvii 20	II 264	XXIV 18	I 317	292	564
113	441	238	...	...	I 283	...	II 97	293	855
							Pro. 112.	...	...
113	337	289	...	II xvii 49	I 228	XXIV 39^{b}	II 41	294	485
113	338	290	...	...	II 313	XXV 171^{b}	I 177	295	591
115	333	284	...	...	II 329	XXV 180	I 207	296	778
115	333	284	XXVIII 48	II xvii 43	I 232	XXIV 33	II 45	297	458
115	333	285	XXVIII 33	II xvii 33	II 329	XXIV 23	II 26	298	515
115	334	285	XXVIII 34	II xvii 33	II 330	XXIV 23^{b}	II 26	299	784
115	334	255	...	...	II 330	XXV 180	II 104	300	779
115	334	285	...	...	II 330	XXV 180	II 106	301	780
117	452	250	...	II xvi 10	II 216	XXIII 35	II 84	302	839
						XXIII 36	II 85	...	...
117	340	295	...	...	II 265	XXV 159	I 257	303	651
119	441	238	XXVII 3	II xvi 2	II 227	XXIII 3	II 67	304	824
119	441	238	XXVIII 61	II xvii 54	II 227	XXIV 44	I 187	305	671
119	442	239	XXVII 8	II xvi 5	II 228	XXV 149	II 88	306	827
						XXIII 15	...	...	...
119	336	288	...	...	II 343	XXV 209^{5}	II 32	307	552
119	345	299	...	...	II 194	XV 13^{b}	I 188	308	704
						XXV 139	...	...	...
121	...	...	...	...	II 383	XXV 55	II 127	309	513
					II 382	XXV 55^{b}	II 128	...	...
						XXV 197	...	...	...
121	53.	75.	XXVI 4	I vii 4	II 39	IV 5	I 58	310	168
121	53.	75.	...	...	II 40	...	I 58	311	169
121	5..	18.	...	...	I 284 n.	...	...	218	318
121	5..	18.	...	...	I 207	...	...	221	292
123	338	290	...	suppl. 15	I 317	XXIV 76	II 143	312	874
						XXIV 77	...	...	...
123	338	290	...	...	II 214	XXV 94^{1}	II 72	313	815
123	338	290	...	suppl. 16	I 317	XXIV 77	II 143	314	872
123	339	291	XII 2 et 3	II ix 2	II 324	XVI 2	I 254	315	768
123	339	292	...	suppl. 17	II 374	XXIV 78	II 126	316	775
123	342	296	...	...	I 259	XXV 74	I 47	317	12.
125	444	241	XXVII 6 et 9	II xvi 4 et 5	II 230	XXIII 7	II 86	318	829
						XXIII 16	...	...	...
						XXV 150	...	...	...
125	342	296	...	...	I 260	XXV 132	II 136	319	53.
125	342	295	...	...	I 260	XXV 76	II 236	320	28.
125	53.	75.	...	I iv 11	II 176	I 11	I 115	321	469
127	334	285	XXVIII 43	II xvii 39	II 317	XXV 209 4^{0}	II 34	322	744
						XXIV 29	II 9	...	...
127	335	286	...	I vi 15	I 200	III 11	I 84	323	84.
127	335	286	...	I ix 50	I 200	VI 47	I 39	324	107

M.	1e C	2e C	PORT-R.	BOSSUT	FAUG.	HAVET	MOLINIER	MIC.	BR.
127	337	289	....	....	I 240..	XXV 13 ...	I 114	325	173
127	336	288	XXXI 30 ..	I x 22.....	I 249..	VII 22	II 135....	326	27.
127	337	289	....	II xvii 59.	II 374.	XXIV 49...	II 115....	327	886
129	343	296	XXXI 31...	I x 24....	I 255..	VII 24	II 132....	328	32.
129	344	297	XXXI 32...	I x 25 ...	I 256..	VII 25	II 136....	329	33.
129	344	298	XXIX 14 ..	I ix 18 ...	I 257..	VI 15.....	I 120	330	34.
130	341	294	XXXI 15 ..	I viii 10..	II 173.	XXIV 88 ..	I 155	331	234
					I 247..	V 9^{b}	I 121	...	...
130	345	299	....	....	II 327.	XXV 99 ...	I 270.....	332	656
130	329	280	XXXI 6 ...	I x 4.....	I 224..	VII 4.....	II 143....	333	274
130	343	296	....	....	I 258..	XXV 25...	II 135....	334	56.
130	343	296	....	....	I 258..	XXV 25^{b} ..	....	...	15.
139						XXV 118^{b}..	II 132....	334	...
210 209 217 133 217	53.	76.	XXVI 1 2 3.	I vii 1 2 3.	II 31..	IV 2......	I 49	335	139
134	327	277	....	I ix 43 et 11	II 130.	VI 40.....	I 96	336	325
134	328	278	....	I ix 64 ...	I 193..	VI 61.....	I 88	337	408
134	328	278	XXXI 4 ...	I x 3.....	I 173..	VII 3.....	II 141....	338	40.
134	328	279	....	I ix 57 ...	I 240..	VI 54.....	II 152....	339	57.
134	329	279	XXIX 39 ..	I ix 42....	II 54..	VI 39.....	I 39	340	105
137	330	280	XXXI 27...	I viii 1...	II 96..	V 1	I 167.....	341	373
137	330	280	XXXI 27 ..	I ix 55...	II 96..	VI 52.....	I 118.....	341	331
137	330	281	XXXI 7 ...	I x 5.....	I 257.	VII 5	II 137....	342	5..
137	331	280	XXIX 10 ..	I ix 14 ...	I 209..	VI 11.....	I 116.....	343	102
137	338	290	XVIII 10 ..	II xiii 6..	II 205.	XX 6	I 196.....	344	575
141	331	282	....	....	II 374.	XXV 194...	I 195.....	345	579
141	331	282	XXIX 11 ..	I ix 15 ...	I 209..	VI 12.....	I 124.....	346	407
141	332	283	....	....	II 374.	XXV 194...	I 196	347	531
141	332	283	....	I vi 13 ...	I 223..	III 10.....	II 39.....	348	99.
							I 196.....	...	...
141	331	282	XXIX 13 ..	I ix 1....	I 205..	VI 1......	II 151....	349	380
					I 187..	VI 1^{b}.....	I 103.....	...	...
142	333	284	....	....	I 235..	....	II 151....	350	120
142	333	284	....	....	I 216..	XXIV 92...	I 42	351	370
						VI 48 n....	....	...	...
142	...	...	....	....	I 291..	....	II 101....	352	...
142	342	295	....	s ppl. 27..	I 247..	XXIV 87^{b}..	II 132....	353	26.
142	59.	82.	XXXI 3 ...	I ix 61 ...	II 40..	VI 58.....	I 58	354	166
142	335	287	....	....	I 213..	XXIV 91...	I 83	355	303
142	329	280	XXIX 9...	I viii 59..	I 199..	V 18......	I 85	356	85.
142	346	300	....	....	II 404.	....	....	357	186
142	337	289	....	....	I 222..	XXV 71....	II 44.....	358	534
142	345	299	....	....	II 178.	XXV 40 ...	II 56.....	359	279
142	341	294	....	....	II 373.	XXV 192...	II 100....	360	567
145	335	287	XXXI 8 ...	I x 6.....	I 248..	VII 6.....	II 135....	361	47.
145	339	292	....	....	I 259..	XXV 130...	II 135....	363	54.
145	308	530	X 12 et 14..	II viii 8.. et 10 ...	II 261.	XXVI 9 ...	I 249.....	364	675

M.	1e C	2e C	PORT-R.	BOSSUT	FAUG.	HAVET	MOLINIER	MIC.	BR.
...	...	...	XIII 9	II ix 10 .. et 11 ...	.....	....	....	...	...
146	...	...	....	....	I 250 n.	....	....	362	371
146	58.	82.	XXVI 1 ...	I vii 1 ...	II 38..	IV 3......	I 61	365	142
146	177	210	XXVIII 54.	II xvii 48.	I 214..	XXIV 38...	I 112.....	366	539
149	181	214	XXIX 3 ...	II xvii 70.	II 370.	XXIV 59b..	II 37.....	367	483
						XXIV 591..	....	...	...
149	178	211	....	II xvii 70.	II 378.	XXIV 59...	II 37.....	368	482
150	85.	111	....	II xv 2...	II 316.	XXII 7....	II 48.....	369	547
151	31.	47.	XXIX 1 ...	I vi 25 ...	I 180..	III 18.....	I 126.....	370	327
151	148	170	X 16 18 et 19	II viii 10 12 et 13.	II 363.	XV 10	I 266.....	372	607
152	32.	48.	....	t. II, p. 547	I 181..	XXIV 100b.	II 148....	371	79.
153	395	367	....	....	II 281.	XX 18	I 315.....	373	568
							I 201.....	374	...
								375	...
								376	...
155	...	...	....	....	I 285..	*Pro.* 293 ..	II 100....	377	...
155	...	...	....	....	I 319..	....	....	378	...
155	...	...	....	....	I 320..	....	....	379	...
157	410	387	XXXI 19 ..	I ix 52 ...	I 186..	VI 49.....	I 99......	380	393
157	40.	61.	XXIII 4...	I iv 4....	II 84..	I 4.......	I 71......	381	409
157	394	265	....	....	I 226..	XXV 125 ..	I 87......	382	501
157	167	197	....	....	II 273.	....	I 271.....	383	725
159	411	387	....	....	I 193..	XXV 5....	I 46......	384	160
							I 45......	...	...
159	32.	48.	....	I ix 8	II 133.	VI 7b.....	I 101.....	385	878
159	428	399	XXVIII 63.	II xvii 56.	II 190.	XXIV 46...	I 181.....	386	593
161	46.	66.	XXI 4	II 1 4 et 5..	II 83..	VIII 13....	I 65......	387	416
161	81.	107	V 2.......	II vi 1 ...	II 347.	XIII 2	II 57.....	388	268
161	412	388	....	....	I 380..	XXV 119 ..	....	389	314
161	37.	54.	....	....	I 246..	....	I 109.....	390	467
161	178	210	....	....	I 227..	XXIV 22 ..	II 38.....	391	481
163	412	389	....	....	I 234..	XXV 206...	I 109.....	392	310
						XXIV 90b..	I 121.....	...	...
						XXV 119...	I 104.....	...	...
						XXV 22 ...	....	...	...
163	413	389	XXXI 37 ..	I ix 56 ...	I 253..	VI 53.....	I 123.....	393	41.
163	179	211	....	....	I 235..	XXV 23 ...	II 121....	394	209
163	84.	111	....	....	II 349.	XIII 5b....	II 47.....	395	254
						XXV 46 ...	....	...	...
163	...	221	....	....	II 195.	XXV 141 ..	I 194.....	396	633
163	394	365	....	....	.....	....	....	397	258
163	46.	67.	XXV 15 ...	II vi 19...	II 131.	III 13.....	I 96......	398	92.
165	39.	60.	....	....	II 84..	I 6b	I 70......	399	348
165	40.	60.	XXIII 3...	I iv 3....	II 82..	I 3.......	I 71......	400	397
165	172	205	XV 6	II xi 2 ...	II 308.	XVIII 7...	I 204.....	401	735
165	172	205	XV 6	II xi 2 ...	II 308.	XVIII 6...	I 204.....	402	729
165	170	204	....	II xi 2 ...	.....	....	....	403	738
165	31.	47.	....	I ix 7 et 8 .	II 134.	VI 7......	I 100.....	404	299
165	31.	47.	....	....	II 135.	XXV 86 ...	I 321.....	405	271

M.	1e C	2e C	PORT-R.	BOSSUT	FAUG.	HAVET	MOLINIER	MIC.	BR.
167	169	202	XVIII 15 ..	II XIII 8 ..	II 280.	XXV 167 ..	II 14.....	406	753
						XX 12	....	...	...
167	397	371	....	....	II 135.	VI 62b	I 115.....	407	306
167	167	200	XV 2.....	II XI 1 ...	II 271.	XVIII 2...	I 199.....	408	710
167	168	201	XV 1.....	II XI 1 ...	II 270.	XVIII 1 ...	I 198.....	409	706
167	181	213	....	....	II 378n.	....	....	410	473
169	36b	55.	....	I IX 9....	II 134.	VI 8......	I 100.....	411	296
169	323	403	....	I X 34 et 36.	I 151..	VII 34	II 139....	412	4..
169	323	404	....	....	I 223..	XXV 124...	II 139....	413	356
169	403	378	XXIX 30 ..	I IX 35 ...	I 222..	VI 32	I 119.....	414	68.
169	404	378	....	....	II 88..	XXIV 96 ..	I 85	415	88.
						XXIV 96b..	I 85	...	...
169	84.	110	V 6.......	II VI 3 ...	II 348.	XIII 7	II 59.....	416	253
169	84.	110	....	....	II 214.	XXV 94b...	II 72.....	417	811
169	395	367	....	....	II 83..	....	I 70	418	346
171									
173	...	...	....	....					
175									
177	...	...	....	....					
179									
181	...	...	....	....	II 298.	XXV 170...	I 228.....	419	713
183							I 224.,...	...	...
185	...	...	....	....					
187									
189	...	...	....	....					
191	38.	58.	XXVIII 13.	II I 1	II 108.	VIII 6	I 156	420	282
				II XVII 77.	II 352.	....	I 158	...	...
191	61.	85.	XXIX 40 ..	II XVII 71.	II 95..	XXIV 6b...	I 172	421	463
193	389	355	....	....	II 236.	....	II 71	422	818
193	83.	109	XVI 4.....	II XII 3...	II 214.	XIX 3.....	II 73	423	838
195	425 / 325	399	VII 3	II III 6...	II 174.	X 8	I 116	424	252
			XXVIII 68.	II XVII 62.	.....	XXIV 52 ..	II 140....	...	...
195	47.	67.	XXV 15 ...	I VI 19 ...	II 132.	III 13.....	I 96	425	93.
195	171	204	XV 14.....	II XI 5 ...	II 272.	XVIII 22 ..	I 202	426	723
197	37b	57.	XXXI 5 ...	I VI 21...	II 107.	III 15.....	I 170	427	392
197	61.	85.	....	....	II 315.	XXV 43 ...	II 20.....	428	466
197	180	212	XXVIII 10.	II XVII 16.	II 370.	XXIV 14...	II 126....	429	672
197	...	...	XV 6	II XI 2 ...	II 275.	XVIII 10 ..	I 206	430	733
199	169	202	XV 5	II XI 2 ...	II 276.	XVIII 4...	I 203	431	724
							I 207	...	...
199	182	215	....	II XVII 70.	II 380.	XXIV 60b..	II 39.....	432	476
199	181	213	....	....	II 380.	XXIV 60t..	II 39.....	433	480
201	390	357	....	....	I 203..	XXV 121 ..	II 143....	434	96.
201	390	357	XXIX 26...	I X 10....	I 173..	VII 10	II 143....	435	10.
201	391	357	....	....	I 203..	XXV 11b ..	II 149....	436	341
201	391	357	....	....	I 286..	*Pro.* 294..	II 101 ...	437	864
201	391	359	....	....	I 223..	XXV 123 ..	II 115 ...	438	583
201	47.	68.	....	I IV 10 ...	II 92..	I 10	I 38	412	415
201 / 222	391	359	....	suppl. 1 ..	I 223..	XXIV 67 ..	II 149....	439	340

M.	1e c	2e c	PORT-R.	BOSSUT	FAUG.	HAVET	MOLINIER	MIC.	BR.
202	390	359	XXIX 27	I IX 32	I 196	VI 20	I 118	440	108
202	390	359	XXVIII 45	II XVII 41	I 324	XXIV 31	I 322	441	859
202	141	171	...	...	II 208	XXV 145	I 299	443	635
202	178	210	III 21	II v 11	II 377	XII 19	II 49	444	538
205	426 221	399 433	XXIV 13 et I 1	II II 4	II 20 sqq	XXV 134	I 16	445	194 notes
				II XVII 8 et 33	...	XXV 135	II 89	...	...
				I VI 6	...	XXIV 45	I 16	...	...
						XXIV 8b	I 155	...	...
						III 6	I 15	...	...
							II 88	...	...
							I 15	...	...
							I 16	...	...
							I 15	...	...
							II 88	...	...
							I 15	...	...
							I 344	...	...
							I 43	...	...
							I 17	...	...
							I 16	...	...
							I 84	...	...
							I 293	...	...
206	404	379	XXIX 31	I IX 36	II 27	VI 33	I 21	446	62
206	405	380	XX 1	II XV 1	II 113	XXII 2	I 137	447	242
206	429	400	...	II 403	...	...	...	448	901
213	149	179	...	...	II 249	...	...	449	689
213	317	401	XXXI 28	I X 20	I 250	VII 20	II 135	450	49
213	317	...	XXXI 1	I X 1	I 186	VII 1	II 151	451	7
213	317	401	XXXI 2	I X 2	I 152	VII 2	II 146	452	2
213	82	108	V 3	II VI 2	II 348	XIII 3	II 58	453	273
213	393	361	...	suppl. 23	II 357	XXIV 86	I 323	454	589
214	249	465	...	...	II 196	...	I 186	455	618
214	249	465	...	...	II 322	...	II 16	456	572
214	84	110	V 6	II VI 3	II 348	XIII 6	II 59	457	272
214	314	406	...	...	II 402	XXV 201	I 171	458	363
214	147	178	...	...	I 321	*Pro*. 301	II 93	459	867
217	59	82	XXVI 1	I VII 1	II 31	IV 1	I 56	460	143
218	145	175	II 8	II IV 5	II 199	XI 5b	I 301	461	613
221	397	373	XXVIII 58	II XVII 51	I 265	XXIV 41	II 119	462	903
221	385	347	...	...	II 403	...	...	463	754
221	166	197	...	...	II 271	XXV 160	I 205	464	732
221	37	55	XXIX 6	I VIII 15	I 179	V 11	I 105	465	324
221	...	...	...	...	...	...	...	466	759
222	285	400 507	XV 15 et 16	II XI 2 et 3	II 278	XVIII 14	II 7	467	727
					II 280	XXV 166	I 201	...	...
							I 203	...	...
222	...	...	XV 8	II XI 2	II 325	XVIII 13	II 9	468	761
222	39	60	XXIII 1	I IV 2	II 83	I 2	I 72	469	339
225	406	381	...	II XVII 46	I 190	XXIV 36	I 197	470	266

M.	1e C	2e C	PORT-R.	BOSSUT	FAUG.	HAVET	MOLINIER	MIC.	BR.
225	...	...	....	....	.....	XXV 3....	I 126	470	266
225	406	381	....	....	I 183..	XXV 62 ...	I 45.....	471	357
225	406	382	....	....	I 254..	XXV 128...	I 197	472	23.
225	406	382	....	....	II 327.	XXV 100...	II 128....	473	776
225	407	383	....	....	II 328.	XXV 100 ..	II 2	474	627
225	407	382	....	....	I 287..	XXIV 12^b..	II 100....	475	865
225	407	382	....	....	II 328.	....	II 100....	476	...
225	407	382	XXVIII 2 ..	II xvii 42.	II 350.	XXIV 11^b..	I 297.....	477	486
225	407	383	....	I x 32....	I 250..	VII 32	I 197.....	478	50.
225	407	383	....	....	II 328.	XXV 100 ..	II 128....	479	777
227	402	376	XXVIII 46.	II xvii 42.	II 375.	XXIV 32...	II 43.....	480	497
227	401	375	XXIX 28 ..	I ix 33 ...	I 244..	VI 30.....	I 142....	481	103
227	113	139	XIV 9.....	II x 5....	II 343.	XVII 12...	II 24.....	482	774
227	113	139	....	....	II 364.	XV 11.....	II 44.....	483	747
229	393	362	....	....	I 185..	XXV 2.....	I 48	484	456
229	393	263	XXIV 14 ..	I VI 7....	I 185..	III 7......	I 115.....	485	176
229	393	363	....	I x 33....	I 254..	VII 33	II 141....	486	3..
229	394	365	....	....	I 186..	XXV 64 ...	II 125....	487	865
229	471	204	XV 13	II xi 5 ...	II 202.	XVIII 21 ..	I 200.....	488	720
229	82.	109	XXXI 13 ..	I vi 23 ...	I 215..	III 47......	I 322.....	489	384
229	395	367	....	II iv 7 ...	II 204 n.	XI 7.......	I 348.....	490	857
229	394	365	IX 2......	II xvii 64.	II 85 et note..	XXIV 53^b et note	I 73......	491	365
229	395	367	XXVIII 16.	II xvii 18.	II 80..	XXIV 16^b..	I 153.....	492	212
229	37^b	57.	....	....	I 203..	XXV 11 ...	II 148....	493	342
231	33.	50.	....	I viii 14..	I 221..	V 13.......	I 104.....	494	315
231	34.	50.	XXIX 2...	I viii 3...	I 218..	V 2........	I 107.....	495	337
231	34.	51.	XXXI 10 ..	I viii 2...	I 219..	V 2^b......	I 107.....	496	335
231	34.	51.	....	I viii 1...	I 219..	V 2^b......	I 107.....	497	328
231	34.	51.	....	....	I 220..	XXIV 90...	I 109.....	498	336
232	36.	52.	....	....	I 220..	....	I 109.....	499	329
232	36.	52.	XXIX 4 ...	II xvii 70.	I 220..	XXIV 61...	I 105.....	500	334
232	35.	52.	....	I viii 13..	I 179..	V 12.......	I 106.....	501	316
232	36.	53.	XXIX 5 ...	I viii 11..	I 247..	V 10.......	I 69......	502	80.
232	36.	53.	XXVIII 53.	II xvii 47.	I 247..	XXIV 37...	I 69......	502	536
232	165	198	VII 2.....	II iii 5...	II 275.	X 4	II 5	503	694
232	165	197	XV 6 et 7..	II xi 2 ...	II 309.	XVIII 9...	I 206.....	504	730
					II 275.	XVIII 11 ..	....	...	...
232	166	198	XV 7	II xi 2 ...	II 314.	XXX 172 ..	II 3	505	770
235	393	362	VII 2.....	II iii 5 ..	II 174.	X 2	I 153.....	506	239
235	45.	65.	XXIII 7...	I iv 7....	II 85..	I 7.......	I 68	507	418
						I 7^b	....	...	...
235	439	235	XXVII 2 et 3	II xvi 1 et 2	II 213.	XXIII 1...	II 66.....	508	803
235	439	235	XXVII 4...	II xvi 3 ..	II 139.	XXIII 4...	I 280.....	509	487
237	439	236	XXVII 15 14 12 et 13 ..	II xvi 7 .. 5 et 10..	II 228.	XXIII 22 ..	II 68.....	510	828
						XXIII 18 ..	....	...	...
237	147	177	II 10......	II iv 7 ...	II 204.	XI 7......	I 307.....	511	616
239									
240	241	455	XIX 1 et 2..	II xiv 1 et 2	II 357.	XXI......	I 303.....	512	610
243							I 271	...	...
244							I 303.....	...	...

M.	1e C	2e C	PORT-R.	BOSSUT	FAUG.	HAVET	MOLINIER	MIC.	BR.
244	7..	20.	XXV 13...	I vi 18...	II 88..	III 12.....	I 99.....	513	436
244	194	5..	XXVIII 56.	II xvii 49.	I 198..	XXIV 39^{c}..	II 41.....	514	471
244	82.	109	....	....	II 350.	XXV 47...	II 46.....	515	256
244	35.	52.	....	I viii 4...	I 179..	V 3........	I 106.....	516	313
247	...	221	....	....	II 494.	XXV 141..	I 192.....	517	632
							I 193.....	...	...
247	428	400	XXXVIII 21	II xvii 20.	II 18..	XXIV 18^{t}..	I 17.....	518	217
247	145	175	XXVIII 39.	II xvii 36.	II 205.	XXIV 26^{b}..	I 188.....	519	690
247	81.	107	....	....	II 347.	XIII 2^{b}...	II 57.....	520	269
						XXV 182..	....	...	...
247	84.	111	V 1.......	II vi 1...	II 347.	XIII 1....	II 57.....	521	267
249	402	376	XXIX 29..	I ix 34...	I 205..	VI 31.....	I 60.....	522	155
249	167	200	X 6......	II viii 4..	II 278.	....	I 273.....	523	748
249	352	307	....	....	I 324..	XXIV 93...	II 124.....	524	885
249	353	308	....	....	II 375.	XXV 104..	II 47.....	525	502
251	355	309	....	suppl. 23..	I 341..	XXIV 94...	II 442.....	526	871
251	61.	86.	....	II i 1....	II 94..	VIII 3....	I 174.....	527	464
251	401	375	XXXI 18..	I ix 19...	I 247..	VI 46.....	I 61.....	528	355
					I 202..	XXIV 89^{b}..	I 128.....	...	...
251	401	376	....	I ix 54...	I 240..	VI 54.....	II 152.....	529	58.
253	392	361	....	....	II 325.	XXV 177..	II 13.....	530	787
253	128	154	XIII 12 et 13	II ix 13...	II 256.	XVI 11....	I 259.....	531	728
253	128	155	XIII 2 et 3.	II ix 5 et 7.	II 254.	XVI 6.....	I 259.....	532	685
255	127	155	XIII 11....	II ix 2...	II 257.	XVI 10^{b}...	I 258.....	533	684
255	149	179	X 21 et 17..	II viii 15 et 13....	II 362.	XV 12.....	I 266.....	534	608
255	62.	87.	XXI 1....	II i 1....	II 92..	VIII 4....	I 175.....	535	350
257 258	48.	69.	XXI 1 et 4.	II i 1 et 4..	.....	VIII 1....	I 161.....	536	434
261 262	...	...	III 5 6 et 8..	II v 3 et 4..	II 400.	....	I 292.....	...	...
			XXVIII 14.	II xvii 23.	II 158.	....	....	...	...
265	177	209	III 18.....	II v 9....	II 145.	XII 15....	I 289.....	537	529
265	179	212	XXVIII 57.	II xvii 50.	II 349.	XXIV 40...	II 102.....	538	249
265	180	213	....	II xvii 70.	II 377.	XXIV 60...	II 36.....	539	474
265	180	213	....	....	II 377.	XXV 195...	I 188.....	540	611
265	182	215	....	....	II 93..	XXV 30...	I 291.....	541	503
265	182	215	....	....	II 377.	XXIV 60...	II 36.....	542	475
265	171	204	XVI 6.....	II xii 6...	II 274.	....	I 188.....	543	637
265	85.	112	XX 2......	II xv 2...	II 114.	X 5......	I 139.....	544	543
265	147	178	II 11......	II iv 9...	II 172n.	XI 9......	I 303.....	545	603
267	142	172	....	....	II 206.	XXV 144..	I 297.....	546	446
267	179	212	....	....	I 273..	*Pro.* 289..	II 121.....	547	914
269	429	400	....	I ix 65...	I 182..	VI 62.....	I 83.....	548	304
269	430	401	XXXI 20..	I x 12....	I 183..	VII 12....	I 44.....	549	351
269	314	406	....	....	II 403.	....	....	550	90.
								551	...
270	397	371	....	I ix 2....	I 212..	VI 2......	II 143..	552	345
270	429	400	X 15......	II viii 11.	II 259.	XV 9.....	I 274.....	553	673
						XXV 155..	I 272.....	554	...
270	172	206	....	....	II 972.	XXV 161..	I 200.....	555	718

M.	1^e C	2^e C	PORT-R.	BOSSUT	FAUG.	HAVET	MOLINIER	MIC.	BR.
270	81.	107	....	....	II 214.	XXV 94 ...	II 72.....	556	812
270	82.	108	....	....	II 351.	XXV 48 ...	I 323.....	557	261
273	397	371	....	I x 18....	I 250..	VII 18	II 136....	558	39.
273	397	371	....	I x 37....	I 206..	VII 36	II 153....	559	8..
273	313	405	....	....	I 291..	....	II 104....	560	260
					II 351.	XXV 49 ...	II 142....	561	
273	47.	68.	....	I iv 10 ...	I 226..	I 10^b	I 38	562	396
275, 276	385	347	XXVII 3...	II xvii 13.	I 321..	XXIV 12 ..	II 90.....	563	862
275	62.	87.	....	....	II 92..	VIII 5	I 176	564	461
277	82.	108	XXVIII 7..	II xvii 13.	II 351.	XXIV 13 ..	II 126....	565	563
277	148	178	X 17 18 et 19	....	II 361.	XV 10^b....	II 44.....	566	609
277	301	523	....	....	II 79..	XXV 27 ...	I 68	567	439
277	301	525	....	....	II 401.	....	I 211	568	714
							I 271.....	569, 570, 571	
277	302	525	XIV 3.....	II x 3....	II 311.	XVII 2....	II 2	572	792
277	301	523	....	....	......	....	....	573	721
277	301	523	X 22......	II viii 16 .	II 192.	XV 13	I 269.....	574	641
277	302	524	....	....	II 393.	....	I 269.....	575	630
277	302	524	....	....	II 400.	....	I 212.....	576	715
279, 280	...	...	....	....	I 296.	*Pro.* 296 et 297....	*Pro.* 108 et 116...	577	...
283	...	...	....	....	I 294..	....	*Pro.* 113.	578	...
283	145	175	II 9	II iv 6 ...	II 201.	XI 6......	I 303.....	579	614
281	33.	49.	....	....	II 51 n.	III 3^b.....	I 83	580	307
285	...	...	....	....	I 300..	*Pro.* 297 et 298....	*Pro.* 118.	581	...
309, 311, 313, 315, 289, 291, 293, 295	271	489	....	....	II 283.	XVIII 22 n. et 18 remarque......	I 214.....	582	722
295	314	...	....	....	II 404.	....	....	583	364
297, 298, 341	223	447	VIII 4	II vii 4 ..	II 186.	XIV 4.....	I 184.....	584	620
339, 301, 303, 305, 307, 305, 307	279	499	....	....	II 291.	XXV 168 ..	I 207.....	585	682
317	et suivants. (*Voir* page 57.)								
329, 330, 333	267	485	....	....	II 296.	XXV 169 ..	I 213	586	711

M.	1e C	2e C	PORT-R.	BOSSUT	FAUG.	HAVET	MOLINIER	MIC.	BR.
333	237	451	VIII 2	II vii 2...	II 488.	XIV 5.....	I 268.....	587	631
335 336 339	245 246	461 462	VIII 1	II vii 1... II xvii 9..	II 485.	XIV 3.....	I 182.....	588 ...	619 ...
335	246	463	....	....	.....	....	....	589	717
343	468	267	....	....	I 289..	*Pro.* 295..	II 409....	590	...
343	468	268	....	II xvi 10..	I 289..	XXIII 42.. XXIII 33.. XXIV 83b.. XXV 204..	II 119 110.	591	851 ... ...
345	225	271	....	I ix 63...	II 97..	VI 60.....	I 168.....	592	585
344	471	271	....	I x 40....	I 272..	VII 39.... *Pro.* 289..	II 119....	593 ...	916 ...
344	471	271	....	....	I 259..	XXV 430b..	II 135....	594	55.
344	471	271	XXVIII 64.	II xvii 87.	I 230	XXIV 47..	II 59.....	595	262
344	471	272	....	II xvi 10..	I 268.. I 269..	XVIII 43.	II 119.... II 116....	596 ...	924 ...
344	472 344 471	272 352 272	....	.... II xvii 10.	II 260. II 326. II 260.	XXV 44... XXIV 11.. XXV 44...	II 25..... II 126.... II 25.....	597 598 599	781
347 348 351 352 355 356 359 360	91.	117	XXII..... et XXXI 23	I iv 1.... I vi 24 et 26	II 63..	I 1.......	I 25.....	600 ...	72. ...
361 362 369 370	8b	24.	XXV 4 et 8. 7 et 10.... 11 12 et 14.	I vi 3 10 11 14 16 17 et 27... I viii 9...	II 47..	III 3......	I 76.....	601	82.
370	8b.	24.	....	....	II 47..	III 19.....	I 75.....	601	83.
373 374	106	131	III 14 et 22.	II v 5 et 11.	II 136.	XII 11....	I 282.....	602	435
374	62.	86.	XI 1......	II i 1....	II 93..	XXV 436..	I 176.....	603	360
374	86.	113	....	....	II 316.	XXV 173..	II 20.....	604	549
377 378	65.	91.	XXI 1.... III 7......	II i 1.... II v 3.....	II 121.	VIII 2....	I 143.....	605 ...	425 ...
381	147	391	XXVIII 42.	II xvii 38.	II 373. II 260.	XXV 494.. XXIV 28...	I 255.....	606 ...	666 ...
381	418	392	XXIX 42..	I ix 45....	I 490..	VI 42.....	I 122.....	607	122
381	418	392	XXXI 17...	I vi 20....	II 102n.	III 14.....	I 168.....	608	386
381	419	393	....	....	II 406.	XXV 35...	I 296.....	609	447
381	419	393	XXXI 21..	I x 14....	I 251..	VII 14....	I 46.....	610	106
382	419	393	XXIV 1...	I v 1.....	.....	II 1......	I 87.....	611	147
382	305	527	....	....	II 310.	....	I 223.....	612	700
382	305	527	....	II ix 6...	II 253.	XVI 5.....	I 244.....	613	659
383 386	...	...	....	....	I 328..	*Pro.* 300..	*Pro.* 310.	614	...

M.	1e C	2e C	PORT-R.	BOSSUT	FAUG.	HAVET	MOLINIER	MIC.	BR.
389 390	...	...	...	...	I 303.	*Pro.* 298	*Pro.* 120.	615	...
390	...	...	...	...	II 372.	XXV 190	II 429	616	512
393	...	...	...	...	I 401.	XXV 207	II 450	617	75.
394	...	...	...	...	II 295.	XXV 98	II 428	618	636
393	177	209	III 16 et 17.	II v 7 et 8.	II 145.	XII 14	I 289	619	526
393	41.	60.	...	...	II 94.	XXV 31	I 172	620	349
393	46.	67.	...	...	II 89.	VIII 15	I 68	621	125
						XXV 116	...	...	...
394	40.	60.	XXIII 3	I IV 3	II 82.	I 3	I 71	622	398
394 419 420	305	527	X 10 11 et 12	II VIII 7 8.	II 244.	XV 7	I 254	623	571
				II IX 2		XV 7^b	...	...	...
394	48.	68.	...	...	II 55.	XXV 80^b	I 86	624	116
397 398	...	...	...	...	I 305.	*Pro.* 298 299	*Pro.* 114.	625	921
397	...	...	...	...	...	...	...	625	362
397	...	...	...	...	I 327.	*Pro.* 302	II 98	626	888
397	36^b	56.	XXIX 7	I VIII 16	I 184.	V 15	I 103	627	322
398	83.	110	...	II VI 3	II 349.	XIII 5	II 59	628	255
					II 347.	XXV 183	II 17	...	...
							II 125	...	...
398	166	197	XV 6	II IX 2	II 275.	XVIII 8	I 206	629	734
						XXV 165	II 5	...	...
401	460	259	...	...	II 218.	XXV 95	II 82	630	846
401	462	259	...	...	II 56.	III 4	I 119	631	138
402	459	258	...	II XVI 9 10.	I 279.	XXV 202	II 98	632	849
					I 324.	XXIII 39	...	...	...
						XXIII 26	...	...	...
						XXIII 27	...	...	...
						XXIII 40	...	...	...
401	378	337	XXIX 23	I IX 29	I 212.	VI 26	I 124	633	9..
401	81.	107	...	...	II 274.	...	...	634	696
402	370	327	...	...	I 288.	*Pro.* 294	II 101	635	...
402	370	327	XXXI 34	I X 27	I 247.	VII 27	II 432	636	25.
402	370	327	...	...	I 226.	XXV 19	I 128	637	457
402	81.	107	...	...	II 372.	XXV 53	II 17	638	224
405 406	321	401	XXXI 2	I X 2	I 149.	VII 2^b	II 144	639	1..
405	168	200	XV 3	II XI 2	II 276.	XVIII 3	I 204	640	708
405	45.	65.	...	...	I 225.	XXIV 80^t	I 404	641	402
405	168	201	XV 4	...	II 276.	XVIII 3	I 204	642	709
405	177	209	III 19	II V 9	II 144.	XII 16	I 289	643	524
406	31.	47.	...	I VIII 12	I 184.	V 11	I 208	644	317
406	33.	49.	...	...	II 129.	...	I 98	645	297
406	82.	108	V 4	II VI 2	II 348.	XIII 4	II 59	646	270
406	...	...	...	...	I 342.	*Pro.* 300	*Pro.* 109.	647	902
409	...	...	...	...	I 288.	*Pro.* 294	*Pro.* 112.	648	...
409	...	...	...	...	I 292.	...	*Pro.* 107.	649	...
409	84.	111	V 7	II VI 4	II 349.	XIII 8	II 57	650	265
409	168	201	...	...	II 310.	...	II 21	651	716

M.	1ᵉ C	2ᵉ C	PORT-R.	BOSSUT	FAUG.	HAVET	MOLINIER	MIC.	BR.
409	82.	107	....	II XVII 4..	II 478.	XXIV 3 ...	II 60.....	652	185
409	428	400	....	....	II 369.	XXV 51 ...	II 57.....	653	522
411 412	...	...	....	....	I 326.	*Pro.* 304..	II 97.....	654	889
411	84.	111	....	....	I 268..	....	II 96.....	655	...
411	...	221	....	....	II 496	XXV 442...	I 492.....	656	634
411	178	210	III 24.....	II V 44 ...	II 376.	XII 48	II 52.....	657	541
412	177	209	III 45.....	II V 7....	II 445.	XII 43	I 288.....	658	537
412	179	212	....	....	I 207..	XXV 67 ...	II 400.....	659	496
412	385	347	....	....	I 264..	XXV 447 ..	II 445.....	660	196
412	385	347	....	....	I 264..	XXV 447 ..	II 445.....	660	38.
415	464	262	....	....	I 284..	*Pro.* 292..	II 442.....	661	...
415	464	263	....	....	I 260..	XXV 434 ..	II 436.....	662	51.
415	464	263	....	....	I 484 n.	XXIV 400^{b}.	II 436.....	663	78.
415	464	263	....	....	I 260..	XXV 434 ..	II 436.....	664	52.
415	464	263	XXIX 20 ..	I IX [illegible]	II 49	VI 22.....	I 460.....	665	165
415	464	263	....	I IV 48 ...	II 88..	....	....	666	450n
415	465	263	....	II XVI 40..	II 243.	XXIII 44 ..	II 67.....	667	804
416	463	262	....	....	II 323.	XXIV 20^{b}..	II 46.....	668	222
416	464	262	....	....	I 275..	....	II 446.....	669	...
416	464	262	....	....	I 286..	*Pro.* 294..	II 442.....	670	860
415 416	...	...	....	....	I 284..	*Pro.* 292..	II 406.....	671	...
					I 285..	*Pro.* 293..	II 96.....	...	...
					I 272..	....	II 447.....	...	...
416	45.	45.	XXIV 7 ...	I V 5.....	I 208..	M 5	I 88.....	672	148
416	61.	85.	....	....	II 95..	XXV 32 ...	I 476.....	673	509
416	86.	115	XX 2	II XV 2 ...	II 345.	XXII 5....	I 444.....	674	527
419	37^{b}	57.	....	....	I 220..	XXIV 80^{b}..	I 404.....	675	403
419	177	209	....	....	II 376.	XXV 54^{b}...	II 48.....	676	767
419	182	215	XXVIII 44.	II XVII 47.	II 378.	XXIV 45...	II 42.....	677	484
419	369	326	....	....	I 242..	....	II 424.....	678	911
420	368	324	....	....	I 223..	XXV 44 ...	II 442.....	679	369
420	368	324	XXXI 33...	I X 26....	I 254..	VII 26	II 433.....	680	14.
420	371	328	....	....	I 490..	XXV 4....	I 47	681	124
423	368	325	....	....	I 270..	*Pro.* 288..	II 447...	682	913
423	382	341	....	....	I 259..	XXV 429 ..	II 436....	683	118
423	368	325	....	....	I 287..	*Pro.* 294..	....	684	...
423	369	326	....	....	II 400.	XXV 34^{b}...	I 474.....	685	391
423	371	328	XXIX 47 ..	I IX 22 ...	I 206..	VI 49.....	I 424.....	686	46.
423	369	326	....	I VI 22 ...	I 200..	III 46.....	I 427.....	687	91.
423	369	326	XXXI 42 ..	I X 44....	I 204..	VII 44	I 447.....	688	81.
423	369	326	XXVIII 4..	II XVII 43.	I 204..	XXIV 42^{b}..	II 425.....	689	521
423	370	327	....	....	I 204..	XXV 9....	I 427.....	690	121
423	371	328	....	I IX 59 ...	I 204..	VI 56.....	I 424.....	691	44.
425	372	329	XXVIII 36.	II XVII 34.	I 252..	XXIV 24...	I 24	692	63.
425	372	330	XXIX 49 ..	I IX 24 ...	I 492..	VI 24.....	I 44	693	353
425	373	330	....	....	II 470 n.	....	....	694	232
425	376	334	....	II XVII 4..	II 400.	XXIV 4 ...	II 20.....	695	432
427	...	342	....	....	I 324..	....	II 423.....	696	896
427	370	327	.....	I VIII 6...	II 433.	V 5.......	I 83	697	311

M.	1° C	2° C	PORT-R.	BOSSUT	FAUG.	HAVET	MOLINIER	MIC.	BR.
427	370	328	....	....	I 248..	XXIV 95...	II 153....	698	188
427	371	328	....	....	I 191..	XXV 57...	I 47......	699	123
427	371	328	....	....	I 209..	XXV 42...	....	700	359
427	371	328	XXXI 35..	I x 28....	I 249..	VII 28....	II 134....	701	29.
427	372	329	....	....	I 270..	*Pro.* 288..	II 95 et...	702	894
							Pro. 121.	...	...
427	371	329	....	....	I 318..	*Pro.* 300..	II 114....	703	873
427	372	329	....	....	I 183..	VII 43....	I 67......	704	358
427	373	337	....	I ix 28...	II 388.	VI 25[b]....	I 127.....	705	21.
429	374	331	....	I x 15....	I 204..	VII 15....	I 87......	706	401
429	376	334	....	II xvii 76.	I 274..	XXIV 65...	II 116....	707	915
429	374	332	XXIX 24..	I ix 26...	I 199..	VI 23.....	I 125.....	708	144
429	380	339	....	....	I 318..	....	II 114....	709	877
429	380	340	XXXI 36..	I x 30....	I 249..	VII 30....	II 133....	710	24.
429	381	340	....	I viii 5...	II 133.	V 4.......	I 101.....	711	301
429	379	338	....	....	II 369.	XXV 187...	II 125....	712	507
429	381	340	XXVIII 44.	II xvii 40.	I 226..	XXIV 30...	II 60.....	713	530
431	377	336	XXIX 32..	I ix 4....	I 192..	VI 4......	I 95......	714	383
431	377	336	....	I x 9.....	I 254..	VII 9.....	I 22......	715	22.
431	378	337	....	....	I 274..	*Pro.* 289..	II 96.....	716	...
431	380	339	....	....	I 199..	XXV 8.....	I 43......	717	175
431	375	335	....	....	I 252..	XXV 24....	I 22......	718	64.
433	374	332	....	....	I 204..	XXV 40....	II 149....	719	368
433	378	336	....	....	I 202..	XXV 65....	I 127.....	720	119
433	378	337	XXIX 22...	I ix 37...	I 192..	VI 24.....	I 95......	721	382
433	373	330	....	I ix 28...	II 388.	VI 24.....	II 63.....	722	20.
433	375	334	....	....	.....	....	....	723	506
433	371	329	....	....	I 268..	....	II 101....	724	...
							Pro. 112.	...	...
435	381	340	....	....	I 325..	....	II 123....	725	923
435	382	342	....	....	I 269..	XXV 77...	II 118....	726	912
435	382	342	....	suppl. 12..	I 269..	XXIV 73...	II 118....	727	917
					I 272..	*Pro.* 288..	....	...	...
435	382	342	....	....	I 269..	*Pro.* 288..	II 117....	728	922
437	384	344	....	....	I 273..	*Pro.* 289..	II 123....	729	...
437	383	343	....	suppl. 24..	I 318..	XXIV 85...	II 114....	730	876
437	384	344	....	....	I 270..	....	II 124....	731	904
437	368	326	XXIX 16..	I ix 20...	I 207..	VI 17.....	I 116.....	732	377
437	369	324	XXVIII 35.	I ix 51...	I 216..	VI 48.....	I 42......	733	372
437	381	341	....	....	I 274..	*Pro.* 289..	II 95.....	734	...
437	382	341	....	....	I 214..	XXV 58...	I 43......	735	215
439	383	383	....	....	I 273..	....	II 95.....	736	884n
439	382	341	....	....	II 383.	XXV 106..	II 101....	737	788
439	369	324	XXIX 33..	I ix 37...	I 205..	VI 34.....	I 105.....	738	452
439	384	344	....	I x 35...	I 254..	VII 35....	II 133....	739	31.
439	382	341	....	I x 38....	I 206..	VII 37....	II 152....	740	17.
439	463	261	....	....	I 288..	*Pro.* 294..	II 142....	741	831
439	383	343	XXIX 24..	I ix 30...	I 194..	VI 27.....	I 44......	742	352
439	...	...	....	....	II 371.	XXV 188..	I 247.....	743	654
440	367	323	....	....	I 258..	VI 15[c]....	I 119.....	744	35.
440	365	324	....	....	I 194..	XXV 6.....	I 124.....	745	182

M.	1ᵉ C	2ᵉ C	PORT-R.	BOSSUT	FAUG.	HAVET	MOLINIER	MIC.	BR.
440	366	322	....	....	I 195..	XXV 7....	I 111.....	746	129
440	366	322	....	....	I 195..	XXV 92ᵇ ..	I 293.....	747	448
440	366	322	....	I ix 21 ...	I 205..	VI 18.....	I 87	748	159
440	366	322	....	....	I 266..	*Pro.* 287..	II 120....	749	210
440	367	324	....	I x 7.....	I 252..	VII 7.....	I 22	750	65.
440	368	...	XXIX 8 ...	I viii 17..	I 204..	V 16......	II 150....	751	333
441	367	325	XXXI 9 ...	I x 8.....	II 230.	VII 8.....	II 88.....	752	833
441	365	321	....	....	I 259..	XXV 25ᵗ...	II 135....	753	59.
441	365	321	XXIX 15 ..	I ix 19 ...	I 194..	VI 16.....	I 111.....	754	109
				I vii 5 ...	II 43..	IV 6......	I 112.....	755	
441	365	321	....	....	I 211..	XXV 68 ...	I 48	756	13.
441	365	321	....	....	I 212..	XXV 69 ...	I 123.....	757	42.
441	33.	30.	XXXI 11 ..	I viii 20..	I 213..	V 19......	I 103.....	758	302
441	300	[illegible]	....	....	I 213..	VIII 7	II 142....	759	95.
442	48.	68.	XXI 4.....	II 14	II [illegible]	VIII 11....	I 70	760	420
442	46.	67.	....	....	II 89..	....	I 67......	761	157
442	380	339	....	....	I 324..	....	II 122....	762	870
442	380	339	....	....	I 266..	*Pro.* 287..	II 96.....	763	898
442	379	338	....	....	II 178.	XXV 138 ..	II 56.....	764	516
442	379	338	....	....	I 243..	XXV 208...	II 105....	765	...
442	379	339	XXIX 25 ..	I ix 31 ...	I 187..	VI 28.....	I 113.....	766	180
442	171	205	....	....	II 273.	XXV 163 ..	II 7	767	756
442	147	177	....	....	II 327.	XXV 99ᵇ...	I 270.....	768	655
442	255	471	....	II xvii ...	II 389.	XXIV 10ᵗ..	II 64.....	769	449
443 / 444	391	339	XXXI 24 ..	I x 17....	I 252..	VII 17 et 17ᵇ	II 117....	770 / 770ᵇ	18.
445	255	471	....	II xiii 5..	II 157.	XX 5	I 294.....	771	562
443	255	471	....	....	II 157.	....	....	772	577
443 / 444	388	353	XXVII 16 .	II xvi 7 ..	II 284.	XXIII 23 ..	II 69.....	773	817
444	254	470	....	....	II 96..	....	I 70	774	419
444	254	471	....	....	II 96 n.	....	....	775	321
444	254	471	....	II iii 3...	II 116.	X 7.......	I 344.....	776	428
447	463	261	XXVII 14..	II xvi 6 ..	I 287..	*Pro.* 294..	II 114....	777	850
					II 215.	XXIII 21 ..	II 72.....	...	...
447	465	264	....	II xvi....	I 282..	XXIII 28 ..	II 94.....	778	844
					I 284..	XXIV 46ᵗ..	II 67.....	...	...
					II 234.	....	....	...	...
447	466	265	XXVIII 14.	II xvii 17	II 179.	XXIV 15ᵇ..	II 82.....	779	285
447	466	265	....	....	II 99..	XXV 34 ...	I 345.....	780	390
447	466	266	....	....	I 260..	XXV 75 ...	II 49.....	781	533
447	466	265	....	II xvi 10..	I 272..	XXIII 44 ..	II 125....	782	887
447	467	266	....	....	I 279..	*Pro.* 292..	II 121....	783	...
449	456	255	....	....	I 281..	XXV 203 ..	I 309.....	784	807
449	456	255	....	....	I 282..	XXV 203 ..	I 309.....	785	805
449	457	255	....	....	I 282..	XXIV 83 ..	II 95.....	786	883
449	457	255	....	....	II 235.	XXV 61ᵇ ..	II 68.....	787	814
449	457	256	....	suppl. 22..	I 282..	XXIV 83...	II 95.....	788	884
449	457	256	....	II xvi 10..	I 282..	XXIII 37 ..	II 82.....	789	832
449	453	251	....	II xvi 10..	II 225.	XXIII 38 ..	II 83.....	790	834
						XXIII 34 .	....	...	...

M.	1ᵉ C	2ᵉ C	PORT-R.	BOSSUT	FAUG.	HAVET	MOLINIER	MIC.	BR.
451	455	254	XXVII 11 17	II XVI					
				6 8 et 9	I 281	XXIII 24	II 108	791	852
					II 214	XXIII 19	II 67	...	...
451	110	135	II 3	II IV 3	II 349	XI 3	I 290	792	251
453	458	256	...	...	I 283	...	II 94	793	...
453	458	257	...	...	I 283	...	II 95	794	875
453	458	257	...	...	I 283	...	II 95	795	890
453	458	257	...	...	I 222	XXIV 74	II 125	796	508
453	458	257	XXVII 11	II XVI 6	II 215	XXIII 20	II 86	797	826
453	458	257	...	...	I 283	...	II 95	798	845
453	459	259	...	...	II 233	XXV 61	II 68	799	813
					I 283	XXIII 29	...	...	...
453	459	257	...	...	I 325	...	II 123	800	881
453	458	257	...	...	I 283	...	II 95	801	844n
453	459	257	...	II XVI 10	II 328	XXV 179	II 86	802	820
453	...	...	...	...	II 134	...	II 153	803	300
455	108	134	II 1	II IV 1	II 144	XI 1	I 279	804	491
455	449	247	...	...	II 223	XXV 148	II 112	805	893
455	449	247	...	...	II 223	XXV 148	II 112	805	806
455	449	247	XXVIII 50	II XVII 45	II 382	XXIV 35	I 264	806	665
455	453	252	XXVII 8	II XVI 5	II 224	XXIII 14	II 81	807	823
457	103	130	III 1	II V 1	II 144	XII 6	I 280	808	489
457	103	130	XVII 5	II XII 9	II 337	XIX 9^{b}	I 179	809	597
467 } 457 }	107	133	XVII 7	II XII 10	II 336	XIX 10^{b}	I 178	810	599
459	109	134	XII 1	II X 1	II 248	XVI 1	I 256	811	650
							I 243	...	...
459	448	245	XXVII 5 7	II XVI 3 4	II 226	XXIII 8	II 74	812	808
						XXIII 5	I 265	...	...
						XXIII 5^{b}	II 74	...	...
461	445	242	...	...	II 353	XXV 50	I 287	813	588
461	460	243	XXVII 8	II XVI 5	II 353	XXIII 12	II 84	814	836
461	445	243	II 353	...	...	XXV 184	II 42	815	837
461	445	243	...	...	II 353	XXV 184	II 42	816	861
461	451	249	XXVII 3	II XVI 2	II 224	XXIII 2	II 79	817	835
461	451	250	...	...	II 225n	XXV 92^{t}	I 16	818	192
463	454	252	...	...	II 215	XXV 146	II 86	819	819
463	454	255	...	II XVI 9	II 246	XXIII 30	II 80	820	840
463	467	266	XXVIII 8	II XVI					
				5 9 et 10	II 224	XXIII 13	II 81	821	841
					I 287	XXIII 25	II 144	...	...
465	109	134	...	...	II 144	XXV 87	I 279	822	493
465	109	134	II 2	II IV 2	II 14	XI 2^{b}	I 279	823	433
465	195	6	XXI 4	II I 4	II 87	VIII 12	I 66	824	427
465	110	136	II 4	II IV 4	II 142	XI 4	I 289	825	486
465	445	248	XXVIII 7 3	II XVI 4	II 223	XXIII 10	II 78	826	821
465	109	135	XVII 4	II XII 9	II 335	XIX 9	I 180	827	598
465	108	133	...	suppl. 19	I 225	XXIV 81	I 105	828	453
467	103	130	...	...	...	...	...	829	235
467	108	134	...	...	...	...	...	830	551
467	108	133	...	II X 4	II 314	XVII 7	II 24	831	528

M.	1e c	2e c	PORT-R.	BOSSUT	FAUG.	HAVET	MOLINIER	MIC.	BR.
467	105	130	....	....	II 486.	XXV 93 ...	I 486.....	832	592
467	108	133	....	suppl. 49..	I 225..	XXIV 80...	I 205.....	833	451
467	465	264	....	....	II 263.	....	II 42.....	834	573
467	105	129	XVII 2....	II XII 7...	II 334.	XIX 7^{b}....	I 479.....	835	595
469	450	248	....	....	II 234.	XXV 454 ..	II 79.....	836	842
					I 286..	....	....	...	...
469	465	264	....	....	II 234.	XXV 454 ..	II 73.....	837	822
469	27.	45.	....	....	II 42..	XXV 79 ...	I 63.....	858	128
471 473	443	240 244	XXVII 7...	II XVI....	II 249.	XXIII 34 ..	II 74.....	839	843
			4 5 8 et 10 ..	9 et 5	II 224.	XXIII 47 ..	....	...	...
				4 3 et 4 ...		XXV 447 ..	....	...	...
						XXIII 6...	....	...	...
						XXIII 9 ...	....	...	...
						XXIII 4^{b} ..	....	...	...
						XXIII 4^{t}	....	...	...
						XXIII 32 ..	....	...	...
						XXIII 44 ..	....	...	...
481	195	5..	III 20.....	II V 40 ...	II 91..	XII 47	I 284.....	840	525
481	196	8..	....	I IV 9....	II 93..	I 9^{b}	I 74	841	465
481	193	4..	XVIII 46 ..	II XIII 8..	II 479.	XXIV 49...	I 320.....	842	288
				II XVII 24.	.....	....	....	...	...
481	185	217	VI 3......	II VI 7 ...	II 476.	XIII 44....	II 55.....	843	286
481	194	4..	IX 4......	II XVII 66.	I 228..	XXIV 55...	I 294.....	844	478
481	196	7..	....	....	II 364.	....	I 340.....	845	290
483	185	217	VI 4......	II VI 5 ...	II 232.	XIII 9	II 49.....	846	470
483	186	217	VI 4......	II VI 8 ...	II 479.	XIII 42....	II 55.....	847	227
483	197	9..	....	suppl. 40..	I 480..	XXIV 74...	I 448.....	848	415
485	191	2..	XIV 7.....	II X 5....	II 343.	XVII 40...	II 20.....	849	740
485	185	217	....	....	II 233.	XXV 42 ...	II 79.....	850	827
485	163	195	XVI 40....	II XII 6...	II 309.	XIX 6.....	I 223.....	851	701
485	191	2..	....	....	II 325.	XXV 476 ..	II 5	852	794
485	195	6..	XXI 3.....	II I 3	II 90..	VIII 44....	I 68	853	438
485	191	1..	XXVIII 40.	II XVII 36.	II 387.	XXIV 26^{t}..	II 64.....	854	241
485	185	217	VI 2......	II VI 6 ...	II 477.	XIII 40....	II 56.....	855	984
485	199	10.	....	....	II 43..	XXV 26^{b} ..	I 64.....	856	130
485	198	10.	XX 2	II XV 2...	II 346.	XXII 9....	II 49.....	857	546
487	195	6..	XXI 2.....	II I 2	II 88..	VIII 40....	I 296.....	858	437
487	197	8..	....	....	II 394.	XXV 409^{b}..	II 64.....	859	74.
487	196	7..	....	I IV 9	II 49..	I 9.......	I 74	860	421
487	196	7..	III 44.....	II V 5....	II 446.	XII 9	I 285.....	861	424
487	197	9..	....	I IX 46 ...	I 207..	VI 43^{b}	I 89	862	162
487	193	4..	II 2	II IV 2 ...	II 444.	XI 2......	I 279.....	863	442
487	192	3..	....	II XI 4 ...	II 203.	XVIII 49 ..	II 9	864	749
489	197	8..	XXI 2.....	II I 2	II 94..	VIII 8.....	I 475.....	865	413
489	196	7..	XXI 2.....	II I 2	II 99..	VIII 9.....	I 469.....	866	395
489	197	8..	....	....	II 93..	IX 6......	I 474.....	867	220
489	185	217	....	....	I 230..	XXV 24 ...	II 60.....	868	280
489	164	195	XVI 4 et 2..	II XII 4...	II 322.	XIX 4.....	II 46.....	869	802
489	154	184	XI 3......	II VIII 48.	II 493.	XV 47	I 494.....	870	625
489	191	1..	....	....	II 270.	....	I 499.....	871	707

M.	1e C	2e C	PORT-R.	BOSSUT	FAUG.	HAVET	MOLINIER	MIC.	BR.
489	191	1	...	...	I 230	...	I 154	872	203
491	153	184	XI 2	II viii 18	II 192	XV 16	I 190	873	624
491	154	184	...	...	I 230	...	I 154	874	204n
491	154	184	X 23	II viii 16	II 191	XV 13b	I 188	875	703
491	154	185	...	...	II 191	...	I 189	876	702
491	154	184	...	...	II 193	XXV 140	I 192	877	629
491	153	183	XI 4	II viii 18	II 193	XV 18	I 194	878	626
491	153	183	...	...	II 354	XXV 185	I 288	879	587
491	199	10	XX 2	II xv 2	II 317	XXII 8	II 19	880	548
495 / 496	...	...	...	...	...	...	...	881	514
...	37b	57	...	...	I 260	XXV 74	I 47	882	343
...	37b	57	XXIII 2	I iv 2	II 83	...	I 72	883	339n
...	39	60	...	...	I 223	XXV 15	I 67	884	344
...	45	65	XXIII 8	I iv 8	II 90	I 8	I 73	885	423
...	53	75	XXIX 12	I ix 16	II 40	VI 13	I 58	886	170
...	65	87	...	...	II 96	XXV 33	I 174	887	361
...	82	...	...	...	...	...	...	894	747n
...	90	116	...	...	I 236	...	I 89	888	162n
...	101	129	...	...	I 224	XXV 17b	I 41	889	206
...	165	197	...	...	II 326	XXV 178	II 26	890	773
...	171	205	...	...	II 274	XXV 164	II 14	891	695
...	171	205	...	...	II 326	XXV 178	II 26	892	727n
...	179	211	XXVIII 55	II xvii 49	I 227	XXIV 39	II 41	893	472
...	179	212	...	...	...	...	...	894n	747n
...	191	1	...	...	II 384	...	I 17	895	197
...	191	1	...	...	II 194	...	I 189	896	630
...	193	5	...	...	II 131	XXV 84	I 68	897	426
...	209	419	I 1	II ii 1	II 5	IX 1	I 1	898	194
...	217	427	I 1	...	II 15	IX 2	I 12	899	195
...	219	429	VIII 1	II vii 1	II 118	XIV 2	I 159	900	229
					I 225	XXV 18	II 57	...	...
...	220	431	II 5	II iv 4	II 141	XI 4b	I 289	901	431
			III 1	...	...	...	...	...	...
...	220	439	...	II v 6	II 369	XII 12	I 295	902	560
				II xvii 11	...	...	...	...	...
...	221	434	XV 7	II xi 2	II 348	XVIII 12	II 4	903	783
...	221 (*Voir* manusc. page 205)								
...	222	435	...	I vii 6	II 23	IV 7	I 155	904	199
...	223	435	...	II viii 1	II 196	XV 1	I 187	905	621
...	225	437	VIII 3 et 4	II vii 2 3	II 190	XIV 6	I 267	906	628
					II 189	XIV 5	I 269	...	...
...	225	433	...	...	II 82	XXV 82	I 72	907	399
...	226	438	XVIII 23	II xiii 11	II 156	XX 17	I 319	908	848
...	226	438	XVIII 19	II xiii 10	II 156	...	I 319	909	565
...	226	458	...	...	II 156	XXV 89	I 315	910	559n
...	226	438	...	...	II 157	...	...	911	201
...	226	439	XXVIII 9	II xiii 5	II 157	XX 5b	I 294	912	560n
...	226	...	...	II xvii 13	I 324	XXIV 12	II 93	913	863
...	236	439	XVIII 7	II xiii 4	II 154	XX 4	I 295	914	557
...	227	439	...	...	II 155	...	I 17	915	558

M.	1e C	2e C	PORT-R.	BOSSUT	FAUG.	HAVET	MOLINIER	MIC.	BR.
...	227	439	XVIII 6	II XIII 3	II 455	XX 3b	I 349	916	586
...	227	440	...	II X 5	II 368	XVII 8	II 49	917	769
...	227	440	XVIII 4	II XIII 2	II 455	XX 2	I 321	918	559
...	228	440	II 12	II IV 10	II 355	XI 10b	I 344	919	556
			XVIII 3	II XVII 21	II 357	XXIV 19b	I 287	...	...
				II III 2	II 354	XI 10	I 439	...	...
				II XV 2	II 445	X 5	I 440	...	...
				II XIII 2	II 446	XXII 3	II 20	...	...
				II XVII 9	II 447	XXII 6	I 320	...	...
					II 447	XXII 10	I 296	...	...
					II 447	XX 2	...	...	...
						XXIV 9	...	...	...
...	232	445	...	II XVII 9	II 442	XXIV 9b	I 279	920	494
...	253	469	...	...	II 445	...	I 322	921	88n
...	255	400	...	...	II 340	...	I 200	922	713n
...	253	469	XX 2	II XV 2	II 354	XXII 4	I 441	923	544
...	253	470	...	II XVII 6	II 457	XXIV 6	II 43	924	584
...	254	470	XIV 8	II X 5	II 330	XVII 11	II 5	925	739
...	254	470	...	II III 3	II 446	X 6	I 343	926	243
...	255	471	XXIII 5	I IV 5	II 80	I 5b	I 67	927	404
...	256	472	III 14	II V 5	II 458	XII 10	I 287	928	441
...	256	472	...	II XVII 10	II 49	XXIV 40	I 348	929	574
...	256	473	...	...	II 458	...	I 293	930	500
...	256	473	XI 1	II VIII 47	II 492	XV 14	I 492	931	622
...	257	473	X 20	II VIII 14	II 204	XV 11b	I 243	932	676
...	257	473	...	...	II 205	...	I 256	933	688
...	257	473	...	II XVII 10	II 86	XXIV 10b	I 90	934	406
...	257	473	...	...	II 86	...	II 65	935	137
...	257	473	...	...	II 86	XXV 32t	I 474	936	74n
...	257	474	...	...	II 265	XXV 96	I 280	937	590
...	257	474	...	...	II 490	XXIV 46b	I 484	938	594
...	258	474	...	II IV 42	II 364	XI 12	I 340	939	289
...	259b	477	...	...	II 393	XXV 474	I 223	940	726
...	314	...	...	...	II 403	...	...	941	90.
...	335	287	...	...	I 235	XXIV 400	II 448	942	76.
...	342	296	...	...	II 263	XVI 43b	II 243	943	669
...	349	304	...	...	II 283	...	...	944	202
...	352	307	XXVIII 23	II XVII 23	I 275	XXIV 21	II 446	945	908
...	352	307	...	...	II 458	XXV 90	I 285	946	440
...	352	307	...	...	I 277	*Pro.* 294	II 420	947	907
...	366	323	...	I IX 6	II 432	VI 6	I 96	948	312
...	370	327	...	...	II 431n	...	...	949	94n
...	375	333	...	I VIII 48	I 496	V 47	I 422	950	323
				I IX 60	...	...	...	...	...
...	376	335	XXVIII 44	II XVII 37	I 274	XXIV 27	II 54	951	906
...	376	335	...	...	II 388	XXV 408	II 64	952	61.
...	377	335	III 9	II V 4	II 406	XII 7	I 293	953	445
...	382	341	...	...	...	...	...	954	830
...	394	365	...	...	II 384	XXV 498	II 44	955	179
...	396	369	...	II XVII 75	I 229	XXIV 64	II 53	956	11.
...	403	377	...	...	II 205	XXV 443	I 257	957	899

M.	1° C	2° C	PORT-R.	BOSSUT	FAUG.	HAVET	MOLINIER	MIC.	BR.
...	403	378	XXVIII 47.	II xvii 44.	I 324..	XXIV 31b..	I 322.....	958	858
...	403	377	....	....	II 206.	XXV 143 ..	I 257.....	959	847
...	437	232	....	....	II 234.	....	II 67.....	960	810
...	...	468	....	....	I 284..	*Pro.* 292..	II 104....	961	519
...	...	555	....	....	I 343..	*Pro.* 300..	*Pro.* 122.	962	...
...	...	611	....	....	I 278..	....	II 402....	963	...
2° Manuscrit Guerrier.			....	I x 44....	I 369..	....	II 148....	4000	77
2° Manuscrit Guerrier.			....	....	I 477..	XXV 56 ...	II 143....	964	276
2° Manuscrit Guerrier.			....	....	I 244..	XXV 59 ...	I 443.....	965	216
2° Manuscrit Guerrier.			....	....	I 277..	*Pro.* 294..	II 403....	970	891
2° Manuscrit Guerrier.			....	....	I 277..	*Pro.* 294..	II 420....	971	909
2° Manuscrit Guerrier.			....	....	I 277..	*Pro.* 294..	II 405....	972	892
2° Manuscrit Guerrier.			....	....	I 286..	XV 78.....	I 345.....	973	488
						Pro. 293..	....	...	...
Portefeuille Vallant.			....	....	I 477..	X 9 n......	I 94	974	320
Manuscrit de Sainte-Beuve			....	I v 8.....	II 56..	II 8	I 429.....	975	100
...	...	...	X 45......	II viii 44.	......	....	....	976	603
...	...	...	XXVI 4 ...	I vii 4 ...	......	....	....	978	171n
...	...	...	XXVI 4 ...	I vii 4 ...	II 86..	....	I 59......	979	168n
...	...	...	XXVIII 4..	II xvii 17.	II 204.	....	I 293.....	980	560n
...	...	...	(4678) XXVIII	II xvii 62.	I 229..	XXIV 54 ..	II 144....	983	275
...	...	...	XXIX 44...	I viii 7...	I 484..	V 6.......	I 408.....	984	319
...	...	...	(4678) XXXI	I x 29....	I 254..	VII 29	II 433....	985	19.
...	...	...	....	II xvi 40..	I 280..	....	II 99.....	986	854
...	...	...	....	suppl. 2 ..	I 254..	XXIV 68...	II 454....	987	43.
...	...	...	....	suppl. 44..	I 274..	XXIV 72 ..	II 448....	988	918
...	...	...	....	suppl. 27..	I 247..	XXXIV 87 .	II 434....	989	16.

布萊茲・帕斯卡爾年表

Blaise Pascal, 1623-1662

年代	生平紀事
一六二三	•六月十九日出生於法國奧維涅（Auvergne）州的克勒蒙－菲朗（Clermont-Ferrand）城。 •他的父親艾提安為克勒蒙城法庭庭長，對科學和數學有很大的興趣，以博學知名。
一六三一	舉家移居巴黎。
一六三四	寫了一篇關於聲學問題的論文，探討振動體一經摸觸立即停止發音的原因。
一六三九	•完成《圓錐曲線論》的論文，並在文中提出以他的名字命名的定理。這個帕斯卡爾定理，帕斯卡爾稱之為「神祕的六邊形」，即圓或橢圓的任意內接六邊形的三組對應邊的交點是在一條直線上。 •《圓錐曲線論》繼承並發展了數學家德札爾格的工作，引出推論四百餘條；笛卡兒看到後曾大為讚嘆。 •在科學界顯露頭角，並與當時有名的科學家和思想家笛卡兒、霍布斯、伽森狄、德札爾格、費馬、梅爾森、羅伯瓦等人建立了聯繫。
一六四〇	寫成了數學水準很高的〈圓錐截線論〉一文，這是他研究德札爾格關於綜合射影幾何的經典工作的結果。

一六四一	• 為了減輕父親工作的負擔，開始設計計算機；他曾先後草擬過五十種模型，終於根據齒輪系的轉動原理製成了世界歷史上第一架計算機，能夠手搖計算出六位數字的加減法。 • 隨家移居盧昂。
一六四六	他重複做了托里拆利的實驗，細心研究水銀柱在各種高度不同的地方的變化，使氣壓及其變化的規律問題獲得了明確的科學概念。
一六四七	重返巴黎居住。
一六四八	以實驗證明水銀杵的高度是被大氣壓力所支持，而不是由於什麼「自然畏懼真空」的緣故。
一六五三	出版《大氣重力論》與《液體平衡論》二書。
一六五四	• 完成一系列數論和概率論的研究工作，提出「帕斯卡爾三角形」（即二項式係數的三角形排列法）。 • 十一月二十三日乘馬車遇險，兩匹馬均墜死巴黎塞納河中，而帕斯卡爾本人卻奇蹟般地倖免於難。
一六五五	出版《與沙西先生的談話》一書。
一六五六	開始撰寫《致外省人信札》一書。

年代	生平紀事
一六五八	開始撰寫《思想錄》一書。
一六六一	出版《寫在簽名的形式》一書。
一六六二	八月十九日清晨因病去世，埋在聖艾蒂安教堂的墳墓裡。
一六六五	其書籍《數學三角形論》經費馬修訂後於該年出版，書中第一次奠定了關於數學歸納法的證明方法。

索引（下）

一、人名索引

七畫

九畫

十畫

十一畫

十二畫

十三畫

十四畫

十五畫

十六畫

十七畫

十九畫

二十畫

二十三畫

二、名詞索引

經典名著文庫 131

思想錄（下）

Pensées

作　　者 —— 帕斯卡爾（Blaise Pascal）
譯　　者 —— 何兆武
發 行 人 —— 楊榮川
總 經 理 —— 楊士清
總 編 輯 —— 楊秀麗
文庫策劃 —— 楊榮川
副總編輯 —— 黃文瓊
責任編輯 —— 吳雨潔
特約編輯 —— 廖敏華
封面設計 —— 姚孝慈
著者繪像 —— 莊河源
出 版 者 —— 五南圖書出版股份有限公司
地　　址 —— 臺北市大安區 106 和平東路二段 339 號 4 樓
電　　話 —— 02-27055066（代表號）
傳　　眞 —— 02-27066100
劃撥帳號 —— 01068953
戶　　名 —— 五南圖書出版股份有限公司
網　　址 —— https://www.wunan.com.tw
電子郵件 —— wunan@wunan.com.tw
法律顧問 —— 林勝安律師事務所　林勝安律師
出版日期 —— 2020 年 12 月初版一刷
定　　價 —— 500 元

版權所有・翻印必究（缺頁或破損請寄回更換）
繁體字版經由商務印書館有限公司授權出版發行

國家圖書館出版品預行編目資料

思想錄 / 帕斯卡爾（Blaise Pascal）著；何兆武譯．--
初版．-- 臺北市：五南，2020.12
冊；公分．--（經典名著文庫；130-131）
譯自:Pensées
ISBN 978-986-522-335-9（上冊：平裝）．--
ISBN 978-986-522-336-6（下冊：平裝）

1. 巴斯卡（Pascal, Blaise, 1623-1662）　2. 學術思想
3. 哲學

146.33　　109016802